丁若镛《论语古今注》训诂研究

刘周霏 著

陕西师范大学出版总社　西安

图书代号　ZZ24N0680

图书在版编目（CIP）数据

丁若镛《论语古今注》训诂研究/刘周霏著．—西安：陕西师范大学出版总社有限公司，2024.5
ISBN 978-7-5695-4317-9

Ⅰ.①丁…　Ⅱ.①刘…　Ⅲ.①《论语》—研究　Ⅳ.①B222.25

中国国家版本馆CIP数据核字（2024）第078030号

丁若镛《论语古今注》训诂研究
DING RUOYONG LUNYU GUJINZHU XUNGU YANJIU

刘周霏　著

策划编辑	冯新宏
责任编辑	邱水鱼
责任校对	冯新宏
封面设计	鼎新设计
出版发行	陕西师范大学出版总社 （西安市长安南路199号　邮编 710062）
网　　址	http://www.snupg.com
印　　刷	西安报业传媒集团
开　　本	787 mm×1092 mm　1/16
印　　张	13
插　　页	2
字　　数	270千
版　　次	2024年5月第1版
印　　次	2024年5月第1次印刷
书　　号	ISBN 978-7-5695-4317-9
定　　价	58.00元

读者购书、书店添货或发现印刷装订问题，请与本社高等教育出版中心联系。
电　话：（029）85307864　85303622（传真）

目 录

第一章　丁若镛和《论语古今注》/ 1
第一节　丁若镛和《论语古今注》研究概述 / 2
第二节　丁若镛与朝鲜半岛《论语》研究概述 / 17
第三节　丁若镛学术研究概述 / 25

第二章　《论语古今注》的训诂内容 / 37
第一节　考察旧注 / 39
第二节　解释词义 / 47
第三节　分析句读 / 54
第四节　串讲大义 / 60
第五节　引证据史 / 65
第六节　说明语法 / 70
第七节　说明修辞 / 81
第八节　校勘版本 / 86

第三章 《论语古今注》的训诂方法 / 105

第一节 形训 / 106

第二节 声训 / 111

第三节 义训 / 115

第四章 《论语古今注》的训诂特点 / 122

第一节 博引诸家，态度客观 / 123

第二节 尊崇孔子，合理解经 / 142

第三节 重视训诂，更重义理 / 154

第五章 从《论语古今注》的训诂看丁若镛的经学思想 / 159

第一节 实学的追求 / 160

第二节 仁学的主张 / 165

第三节 理学的维度 / 170

第四节 《论语古今注》对"训诂通义理"道路的启示 / 180

参考文献 / 185

附录 / 194

后记 / 201

第一章
丁若镛和《论语古今注》

第一节
丁若镛和《论语古今注》研究概述

一、丁若镛其人

丁若镛（1762—1836），字归农、美镛，又字颂甫，号茶山，又号三眉、俟庵、紫霞道人、籜翁、苔叟、门岩逸人、铁马山樵，后世多尊称其为"丁茶山"。堂号与犹，谥号文度公。

丁若镛出生于全罗道罗州，来自两班家庭，其父丁载远是儒家学者，曾任晋州牧使者，其母为海南尹氏斗绪之孙女。丁若镛自小天资聪颖，4岁熟读千字文，7岁能作诗。9岁时，丁若镛的母亲离世，父亲闲居在家5年之久，其间丁若镛跟随父亲学习传统的儒家经典。15岁时，娶丰川洪氏为妻，然后随其父亲复仕户曹佐郎迁居京师，与南人①名士往来交流密切。16岁时，在都城汉阳结识李家焕（1742—1801）、李承薰（1756—1801）等实学家，接触星湖李瀷②（1682—1763）之学，丁若镛《自撰墓志铭》云："时李公家焕，以文学声振一世，姊夫李承薰，又饬躬励志，皆祖述星湖李先生之学，镛得见其遗书，欣然以学问为意。"③22岁考中经义进士，凭借才学受到正祖

---

① 南人，又称"午人"（午对应南），是朝鲜王朝中期以后从东人中分离的一个朋党。朝鲜时代的朋党之争始于宣祖统治时期，1575年（宣宗八年）士林势力全面主导政局，朝堂分为以金孝元为首的"东人"和以沈义谦为首的"西人"。后来，"东人"分化为"南人"和"北人"，"西人"分化为"老论"和"少论"，四派之间相互攻讦、排挤诬陷，党争持续近300年，历史上称之为"四色党争"。

② 李瀷（1682—1763），号星湖，是继柳馨远之后的实学巨擘。其经济实用之学祖述李栗谷、柳馨远，并认为："我朝惟李栗谷、柳磻溪为识务之最，而或抑而不施，或蕴而未显，是为可恨。"参见李瀷：《星湖先生全集·附录》，景仁文化社，1974年，第197页。

③ 丁若镛：《自撰墓志铭》集中本，见《与犹堂全书》第一集，第9页。

大王的赏识和宠信。23岁在马岘和汉阳的接壤处斗尾峡遇识李檗（1754—1785），李檗信奉天主教，丁若镛在李檗处借阅了大量西洋书籍，并对天主教一度很感兴趣。同年夏天，丁若镛应王命在经筵开讲《中庸》，大获成功，为正祖所信，此后一直在成均馆，长达6年。

1789年，丁若镛于殿试居甲科第二人。1790年春，旋入翰林，为艺文馆检阅，后升司谏院正言、司宪府持平，奉旨作《大学》《中庸》《诗经》讲义，深受正祖大王肯定与器重。1792年，任弘文馆修撰，赴内阁修赓和诗卷。是年冬，值修水原华城，丁若镛赴任设计制造出起重机。1794年7月，授成均馆直讲。8月，差备边司郎。10月，为弘文馆校理修撰。后被任命为京畿暗行御史，丁若镛为官正直，担任暗行御史期间弹劾官吏贪污舞弊，但也因此得罪了朝中权臣。1795年正月除司谏，不久被擢为通政大夫同副承旨。2月，除兵曹参议，圣眷不衰。4月，周文谟神父事件①发生后，朝廷大肆镇压迫害与西教有关人士，丁若镛受此牵连，被降职外任金井察访。在金井对天主信众怀柔改宗，被教主视为叛逆者。1796年12月，调回任兵曹参知，不久移任右副承旨，升左副承知。1798年，党争日剧，正祖欲使其居外数年以避锋芒，正祖说："向来之疏，文词善而心事明，诚未易也。正欲一番进用，议论苦多，不知何故。且休惆怅。且迟一二年，无伤也。行且召之，无用惆怅然

---

① 周文谟（真福，1752—1801），江苏昆山人，第一位在朝鲜李朝传播天主教的神父。因朝鲜天主教徒李家焕、李承薰、池璜等的请求，北京教区的传教士开始谋求派遣神父进入朝鲜，乾隆五十六年（1791）二月，北京主教汤士选（Alexandre de Gouveia）派遣澳门的Jean dos Remediis潜入朝鲜失败，遂挑选北京神学院第一期毕业生（据说长相似朝鲜人）周文谟为神父，于1794年2月从北京出发，成功潜入朝鲜。据《纯宗实录》卷二记载，纯宗问李秉模："（周文谟）容貌何如？"秉模曰："臣則未见，而闻其容貌，则勒须颇长，丰容温阔，如文士样，盖渠以苏州人。"由于周文谟的努力，朝鲜的传教事业得以积极地展开，正祖十九年（1795）六月因一名信徒的背叛，朝鲜当局获知了周秘密入朝的事情，周文谟逃脱，崔仁吉、尹有一、池璜三名朝鲜天主教徒被逮捕、处死。后周文谟藏匿于一女信徒姜完淑家中，依然秘密传教。纯祖元年（1801）朝鲜发动镇压天主教徒的大迫害（辛酉邪狱），最初周文谟打算逃回中国，但考虑其逃脱后迫害运动将不会停止，于是在汉阳主动投案自首，殉教。

也。"①丁若镛遂受命出任谷山都护使,在任上关心民瘼、改善民生。1799年,又调回都城任刑曹参议。之后因朝内党争不断、谗忌者多,丁若镛一度携妻儿归乡讲学。堂号为"与犹堂",取自《老子》"豫兮若冬涉川,犹兮若畏四邻",以表自己立身谨慎的人生态度。虽然丁若镛身在马岘故里,但正祖仍时常派内阁吏前来传达自己的眷恋和慰问,君臣之谊深切感人。

1800年6月28日,正祖突然驾崩,丁若镛从此开始了多舛的人生之途。1801年,反对派得势后开始残酷镇压南人派,史称"辛酉邪狱"②。丁若镛的三哥丁若钟在辛酉邪狱期间被斩首,二哥丁若铨则遭到流放,丁若镛也被发配到庆尚北道长馨县。同年10月,他又因黄嗣永帛书事件③而被押至全罗南道汉阳县,后再次被发配到康津县,在此度过了十八个春秋。1808年,丁若镛徙居茶山,居处士尹博之山亭"茶山草堂",修缮东西两庵,藏书千余卷,著书以自娱,并自号"茶山"。在流放期间,他近距离接触到了下层社会,创作出了许多反映百姓疾苦的现实主义文学作品,并深耕儒家经典之学,其《自撰墓志铭》言:"取六经四书,沉潜究索,凡汉魏以来,下逮明清,其儒说之有补经典者,广搜博考以定讹谬,著其取舍,用备一家之言。"④直至1818年,57岁的丁若镛才得以获释返乡,后来不复为官,潜心治学,课徒授业。丁若镛晚年回归故里之后,开始总结自己一生的学术研究,60岁时自撰《墓志铭》,记录下自己的一生经历,并将所有著书整理为《与犹堂集》。1822年,他回顾自己走过的历程,为自己起了一个叫作"俟庵"的别号,据《中庸》"百世以俟圣人而不惑"而来。1836年4月7日,丁若镛逝世,享年75岁,为后世留

---

① 丁若镛:《自撰墓志铭》集中本,见《与犹堂全书》第一集,第19页。
② 1801年,正祖过世之后,即位的纯组年幼,贞纯大妃金氏听政,正月朝廷颁布"五家作统法"下令捉拿天主教徒,且多处以极刑,史称"辛酉邪狱"。参见蔡茂松:《韩国近世思想文化史》,东大图书公司,1995年,第526—538页。
③ 黄嗣永出身两班,党色为南人,信奉天主教。在辛酉邪狱期间黄嗣永试图向北京教区主教发送求救信(黄嗣永帛书),被发现后遭凌迟处死,其妻为丁若镛之弟(同父异母)丁若铉之女丁命连。
④ 丁若镛:《自撰墓志铭》集中本,见《与犹堂全书》第一集,第28页。

下了丰澹的文化遗产"茶山学"。《与犹堂集》多达503卷①,全部由汉字写成,因此,丁若镛也是韩国用汉字撰写著作最多的思想家。

秉承着"君子既学之,患其不博也"的学问精神,丁若镛治学广博,著述涉及经学、小学、诗词、农事、政治、天文、物理、医学、音乐等领域。丁若镛将自己平生著述归纳为:"六经四书,以之修己,一表二书,以之为天下国家,所以备本末也。""一表二书"指汇集其政治学思想的著作《经世遗表》《牧民心书》和《钦钦新书》,"六经四书"则指其经学著述。《与犹堂集》503卷,其中经学著述就几乎占过半,据丁若镛《自撰墓志铭》统计:"以先大王所批《毛诗讲义》十二卷为首,而别作《讲义补》三卷,《梅氏尚书平》九卷,《尚书古训》六卷,《尚书知远录》七卷,《丧礼四笺》五十卷,《丧礼外编》十二卷,《四礼家式》九卷,《乐书孤存》十二卷,《周易心笺》二十四卷,《易学绪言》十二卷,《春秋考征》十二卷,《论语古今注》四十卷,《孟子要义》九卷,《中庸自箴》三卷,《中庸讲义补》六卷,《大学公议》三卷,《熙政堂大学讲录》一卷,《小学补笺》一卷,《心经密验》一卷,已上经集共二百三十二卷。"②可见,以中国儒家经典为主体的注释和评议是茶山学的重要组成部分。

丁若镛在《贻学游家诫》中总结著述心得:"余年二十时欲尽取宇宙间事,一齐打发,一齐整顿,至三十、四十此意不衰。风霜以来,凡系民国之事,若田制、官职、军制、财赋之等,遂得省念,唯经传笺注之间,犹有拨难返正之愿。"丁氏将自己的学术研究分为两个阶段:40岁以前,其著述关注与国计民生密切相关的田制、官职、军制、财赋等经世义理之学。在仕途屡遭患难之后,其学术重心转入了儒家经注考据之学。丁若镛在《示二子家诫》中说道:"著书之法经籍为宗,其次经世泽民之学。"以从事于儒家经典

---

① 丁若镛的《与犹堂集》手抄本现存首尔大学奎章阁韩国学研究院。1936年,新朝鲜社刊行活字本,丁茶山外玄孙金诚镇编,郑寅谱、安在鸿校,全帙154卷,76册。1960年,韩国文献编纂委员会影印,4册。1970年,汉城景仁文化社影印,6册。参见蔡茂松:《韩国近世思想文化史》,东大图书公司,1995年,第471页。

② 丁若镛:《自撰墓志铭》集中本,见《与犹堂全书》第一集,第28—29页。

的笺注为学术的正途。

丁若镛一生遍注群经，创造了朝鲜王朝近代儒学的高峰，最主要的是形成了融合各方学问的独特理论体系。丁若镛从小攻读儒家经典与诗律，16岁接触实学①思想，私淑星湖李瀷，一方面向李森焕（1729—1814）学习了星湖经学，一方面向权哲身（1736—1801）学习了星湖的实践道学，并且与李家焕、李承薰等有名的实学家来往密切。而后他深入研究柳馨远（磻溪，1622—1673）的《磻溪随录》，也从北学派②受到了不少启发，这些思想奠定了其实学思想基础。另外，当时西方科技及天主教思想已经进入朝鲜，因其科技的实用性及思想的新奇，吸引了许多文人了解讨论，丁若镛也通过李檗接触到利玛窦的《天主实义》及相关的西学思想。除此之外，丁若镛还对日本学者颇为关注。其在《日本论一》中写道："日本今无忧也。余读其所谓古学先生伊藤氏所为文及荻先生、太宰纯等所论经义，皆灿然以文，由是知日本今无忧也。虽其议论间有迂曲，其文胜则已甚矣。"③《论语古今注》中也屡次引用日本学者的见解。因此，丁若镛的宝贵之处不仅仅局限于著作之丰厚，于六经四书皆有专著，作为朝鲜王朝后期有名的思想家，丁若镛受中国儒学（朱子学与汉学）、朝鲜实学、西学和日本古学派的影响，"是具有东亚

---

① "实学"这一用语是在性理学、实学及开化等韩国传统思想的内在发展论中出现的术语。韩亨祚（1985）在《茶山思想的发展历程》中提出，实学指的是宋学以来修己治人的学问，而朝鲜时期的学风可以分为前期实学和后期实学，如果说前期实学是以朱子学为基石的话，那么后期实学就可说是脱朱子学的修己治人的学问，它是通过儒教伦理的恢复来构造社会制度的变通。李佑成（1982）在《实学研究序说》中提出，实学派并非指李朝后期全国性的学风，而是由首尔和京畿地区游离于中央权力之外的士大夫发起的学派。它可分为以星湖李瀷为大宗的经世致用学派、以朴趾源为中心的利用厚生派以及以金正喜为主自成一家的实事求是学派，并且主张只把18世纪后期的特定历史现象限定为实学。现有研究大部分把茶山学划分为实学，并把实学的性质定义为瓦解腐朽封建的朱子学世界观的学风，因而茶山学也就被评价为摆脱过时朱子学的革新思想，并被贴上"脱朱子学"或"脱性理学"这两个带有反思意味的标签。参见白敏祯著，李永男译：《丁若镛哲学思想研究》，苏州大学出版社，2013年，第174页。

② 18世纪朝鲜后期的北学派是朝鲜实学中的"利用厚生"派，代表人物有洪大容、朴趾源、朴齐家。

③ 丁若镛：《日本论一》，见《与犹堂全书》第一集，第10—11页。

及西学视野的学者"①，其著作与思想极具代表性与研究价值。

二、《论语古今注》其书

1.《论语古今注》之体例

《论语古今注》是丁若镛在52岁那年（1813）完成的著述，一共40卷。丁若镛在发配黑山岛的途中给二哥丁若铨写信，说到自己的著书过程："平生蒐辑《论语》古今诸说，不为不多，每临一章，尽考古今诸说，取其善者而节录之，取其讼者而论断之，始谓此外无可新补者。"②丁若镛在《论语古今注》中将庞大的前人注释资料收集、归录然后述评，各自分辨其是非。得当的注解就节录引用，不确的说法则进行反驳质疑。因此，《论语古今注》体例分明：正文先具《论语》原文，继而通释《论语》原文字词，对前人注释"取其善者而节录之"，如有需要补充自己见解之处则以"补曰"赘其后。若前人注释有可议之处，则"取其讼者而论断之"，提出异议则以"驳曰"或"质疑"赘其后，并附上"引证"援引文献，或是"事实"援引信史来佐证自己的观点。兹将《论语古今注》的六种体例分述如下：

（1）"补曰"：或出现在《论语》原文之后，或出现在丁若镛引别家注解之后，以补充丁若镛自己对于原文的理解，或是对于别家注解的看法。

（2）"驳曰"：出现在丁若镛所反对的别家注解之后，其中包咸、皇侃、邢昺等人的"古注"最常被驳。（"补曰"和"驳曰"详细举例见本书第二章"考察旧注"）

（3）"质疑"：有两类，第一类是对经典原文义理的质疑，比如《卫灵公篇第三十一》"君子谋道不谋食"章，质疑："耕者虽有时而馁，亦有时而不馁；学者虽有时而禄，亦有时而不禄，何得曰：'耕也，馁在其中；学也，禄在其中乎？'"③向来解经者遵循"注不破经"的原则，不去质疑《论语》原

---

① 蔡振丰：《朝鲜儒者丁若镛的四书学——以东亚为视野的讨论》，华东师范大学出版社，2012年，第23页。

② 丁若镛：《答仲氏》，见《与犹堂全书》第一集，第62页。

③ 丁若镛：《论语古今注》卷八，见《与犹堂全书》第二集，第133页。

文之主张，而丁若镛此言显然打破了这一原则。第二类是对诸家解读《论语》的质疑，多用来质疑朱子之说。比如《卫灵公篇第二十七》"小不忍则乱大谋"章，质疑"小不忍如妇人之仁、匹夫之勇皆是"这一说法。丁若镛认为，"妇人之不忍"是"残忍之忍"，即孟子所谓的"不忍人之心"，"匹夫之不忍"是"含忍之忍"，即愤恨冲动，孔子所说的"小不忍"之"忍"当是"匹夫之不忍"。①

（4）"引证"：列举出经书或史书中与《论语》原文有关的言语，用以佐证茶山自己的观点。比如《卫灵公篇第三十一》"吾尝终日不食"章，丁若镛认为"思而不学""学而不思"都是有弊端的，但是孔子在这一章是"重学而轻思"的，然后引了《大戴礼记·劝学篇》中的"孔子曰：'吾尝终日思矣不如须臾之所学'"②来佐证自己的观点。

（5）"事实"：列举出经书或史书中《论语》原文提及的事件，以及对此事实的说法，多以史实为主，以证经文在当时的脉络事实。比如《阳货篇第一》"阳货欲见孔子"章，丁若镛引《左传》昭公二十七年至定公九年，孟懿子阳虎伐郓、阳虎逐仲梁怀等历史事件，说明了阳虎为乱鲁国、政变失利、逃亡齐国的全过程。③"事实"体例前3卷皆无，自第4卷方出，与"引证"颇类似，区别在于"引证"一般证经文义理，"事实"则证经文事件。

（6）"考异"：这是最能体现丁若镛校勘意识的部分，丁若镛在"考异"中对《论语》的不同版本进行考证。比如《卫灵公篇第十七》"群居终日言不及义"章，皇侃本"好行小慧"作"好行小惠"。丁若镛认为"小惠"是"车马衣轻裘与朋友共""遇旧馆人之丧脱骖以予"这种让人高兴的小恩惠，并非孔子所鄙视的不义之举，孔子说的是"行险侥幸"的小聪明，所以皇本说不可取。④

---

① 丁若镛：《论语古今注》卷八，见《与犹堂全书》第二集，第129页。
② 丁若镛：《论语古今注》卷八，见《与犹堂全书》第二集，第132页。
③ 丁若镛：《论语古今注》卷九，见《与犹堂全书》第二集，第13—17页。
④ 丁若镛：《论语古今注》卷八，见《与犹堂全书》第二集，第119页。

第一章 丁若镛和《论语古今注》

正文之中还有行间小字，小字则有五种情况：

（1）于《论语》原文之后进行各版本的对比校勘。如《学而篇》：

> 子贡曰："贫而无谄，富而无骄，何如？"子曰："可也。未若贫而乐，富而好礼者也。"子贡曰："《诗》云：'如切如磋，如琢如磨'，其斯之谓与？"子曰："赐也，始可与言《诗》已矣，告诸往而知来者。"石经作"贫而乐道"。①

（2）于援引各家观点之后标注出处。如《为政篇》"子夏问孝"章释"曾是以为孝乎"之"曾"：

> 曾，词之舒也。《说文》云。②

（3）于正文观点之后再予以补充说明，或是自我发明，或是引用他书。"自我发明"如《卫灵公篇》丁若镛对"耕也，馁在其中；学也，禄在其中"的说解，于正文后用小字补充己意：

> 补曰：足食者必不肯躬耕，方其耕时，馁在其中矣。不足故急于谋食。乏食者必不遑就学，方其学时，禄在其中矣。有余故暇于谋道。③

"引用他书"如《学而篇》"有子曰：'其为人也孝弟'"章释"有子"：

> 何曰："有子，弟子有若。"《史记·弟子传》云："有若，少孔子四十三岁。"郑玄曰："鲁人。"④

（4）标注篇章之间有观点重出或可以互见者。如《卫灵公篇》"吾未见好德如好色者"章：

> 朱子曰："已矣乎，叹其终不得而见之也。"○补曰：德者，道心之所好也。

---

① 丁若镛：《论语古今注》卷一，见《与犹堂全书》第二集，第 41 页。
② 丁若镛：《论语古今注》卷一，见《与犹堂全书》第二集，第 57 页。
③ 丁若镛：《论语古今注》卷八，见《与犹堂全书》第二集，第 133 页。
④ 丁若镛：《论语古今注》卷一，见《与犹堂全书》第二集，第 22 页。

色者，人心之所好也。道心恒弱，故难诚，人心恒炽，故无伪。已见《子罕篇》。①

（5）标注训诂方法。如《为政篇》"子曰：'为政以德'"章释"政"与"德"：

> 补曰：政者，正也。六书之谐声。发号施令正百官以正万民者也。○补曰：德者，直心也。字义然。身先孝弟率天下以仁者也。子曰："道之以德，有耻且格。"②

在以上体例之下，丁若镛建立起了自己的《论语》训诂系统。

2.《论语古今注》之"古今注"

"积年蒐辑"而成的《论语古今注》博引了诸家注解，从书名来看，"古今"可泛指书中所引注家在学术史上的古今纵贯，亦可将书中所引注解分为"古注"与"今注"两大阵营。丁若镛在《论语古今注》中将中国的汉宋之学称之为"古学"与"今学"。丁若镛在书中引许孚远（字孟中，号敬庵，1535—1604）言"学而不思则有冥行，思而不学则堕玄想"，按语说道："上节深中古学之病，下节深中今学之病。"③故书名所言"古今注"，"古注"则指汉儒及后世继承汉学思想的学者之注解，"今注"则指宋儒及后世继承宋学思想的学者之注解，简言之，"古注"以何晏（190—249）《论语集解》为中心，"今注"以朱熹（晦庵，1130—1200）《论语章句集注》为中心。

考虑到朝鲜王朝以朱子学为主流的学术背景以及《论语古今注》中的引用篇幅，我们先分解"今注"。虽然说《论语古今注》的"今注"以朱子《论语章句集注》为中心，但《论语古今注》中所引的理学家的注解却远远多于《论语章句集注》的内容。"今注"阵营除了主要代表程、朱二子及朱子所引的杨时等人，还有真德秀（西山）、陆九渊（象山）、张栻（南轩）、

---

① 丁若镛：《论语古今注》卷八，见《与犹堂全书》第二集，第116页。
② 丁若镛：《论语古今注》卷一，见《与犹堂全书》第二集，第42页。
③ 丁若镛：《论语古今注》卷一，见《与犹堂全书》第二集，第64页。

第一章　丁若镛和《论语古今注》

金履祥（吉父）、王应麟（伯厚）等宋代学者，以及程复心（林隐）、陈栎（定宇）、倪士毅（弘远）等元代学者。而从《论语古今注》的引书情况来看，书中所引"今注"应该基本上来自《四书大全》。

永乐十二年（1414）十一月，明成祖朱棣命翰林院学士胡广、侍讲杨荣、金幼孜等纂修《五经大全》《四书大全》及《性理大全》，次年编成，随后颁之学宫，影响巨大。《四书大全》是奉敕之作，在明代备受尊崇，是科举首选的教材，但颇受学者非议，在学术史上的评价并不高。顾炎武对其"上欺朝廷，下诳士子"的评价受到了学者的普遍认同，官修《天禄琳琅书目》、秦笃辉《经学质疑录》、皮锡瑞《经学历史》等都引顾氏之论为据，《四库全书总目》对其评价则是"滥膺编录，所纂《五经四书大全》并剽窃坊刻讲章，改窜姓名，苟充卷帙"①，所以后世学者往往轻忽其存在。然而《四书大全》在东亚范围内的影响却相当深远，尤其是在世宗八年（1426）被正式引入朝鲜王朝之后，成为官方科举教科书，丁若镛《十三经策》言"今之学者，徒知有《七书大全》不知有《十三经注疏》"②则体现了这一学术环境，朱子学更是成为统治朝鲜王朝的主流思想。

在此先介绍一下《四书大全》的编纂背景。朱子作《四书章句集注》之后，对朱子四书学作疏解的著作迭出，朱子弟子黄榦即有《论语通释》。真德秀之《四书集编》首先采朱子语录附于朱子《四书章句集注》之下，但仅《大学》一书，祝宗道仿其体例而补足成《四书附录》一书。其后又有蔡模的《四书集疏》、赵顺孙的《四书纂疏》、吴真子的《四书集成》等。陈栎、胡炳文惩此前诠注四书作品泛滥冗赘之失，分别作《四书发明》《四书通》，陈栎的门人倪士毅又将二书合而为一，加以删正，名为《四书辑释》。③胡广等《四书大全》则以倪氏《四书辑释》为蓝本而成，仅稍作增删。《四书大全·凡例》言：

---

① 永瑢等：《四库全书总目》，中华书局，1965年，第797页。
② 丁若镛：《十三经策》，见《与犹堂全书》第一集，第36页。
③ 顾炎武著，黄汝成集释：《日知录集释》，岳麓书社，1994年，第649—650页。

《四书大全》，朱子集注诸家之说，分行小书。凡《集成》、《辑释》所取诸儒之说，有相发明者采附其下，其背戾者不取。凡诸家语录文集内有发明经注，而《集成》、《辑释》遗漏者，今悉增入。①

《四书大全》以四书为原文，以朱熹《四书章句集注》为纲目，所列采录书目达106家，其中大部分是元代学者的研究成果。长期以来，元代在理学发展史上的地位容易被人忽视，言理学必宋明，其实元代学者在其中有较为重要的承上启下之作用。元代在仁宗延祐年间复科举，以《四书章句集注》试士，悬为令甲，朱子学的统治地位进一步得到了巩固。同时，元代学者对四书的研究也取得了丰硕的成果。"元代《四书》学成果的整合，又主要是通过《四书大全》实现的"，该书在某种意义上是元代四书学成果的集大成之作。②而《论语古今注》中所引的宋元诸儒之说，不出《四书大全》之106家。书中也多引胡广之语，比如《宪问篇》题后言："凡四十七章。○胡云：'此篇疑原宪所记。'"③且书中具体条例的注释也可证明《论语古今注》对《四书大全》注释的继承性，比如《为政篇第八》："子夏问孝，子曰：'色难。有事，弟子服其劳；有酒食，先生馔，曾是以为孝乎？'"《四书大全》注释：

食音嗣。《通考》吴氏程曰："馔当雏晥、雏恋二反。曾旧音增，《集注》读如字。下篇曾谓同。"○程氏复心曰："曾音层，与曾谓泰山之曾同音。《释文》尝也。又不料之词，反词也。"……（朱注）旧说，承顺父母之色为难，亦通。新安陈氏曰："后说添承顺父母字方可解。"④

《论语古今注》中丁氏于己注后引包咸说，又引陈氏之语驳之：

包曰："色难者，谓顺承父母颜色乃为难。"○驳曰：非也。陈氏云：

---

① 周群、王玉琴校注：《四书大全校注·四书集注大全凡例》，武汉大学出版社，2009年，第9页。
② 周群：《〈四书大全〉平议》，载《华夏文化》2013年第4期，第11页。
③ 丁若镛：《论语古今注》卷七，见《与犹堂全书》第二集，第5页。
④ 陆陇其：《三鱼堂四书大全·论语大全》卷二《为政》，清康熙嘉会堂刻本，第19—20页。

第一章 丁若镛和《论语古今注》

"此说添承顺父母字方可解。"

于包咸、马融说之外,又引吴程、程复心之语:

> 吴程曰:"曾旧音增,《集注》读如字。"○程复心曰:"曾音层,与曾谓泰山之曾同音。《释文》尝也。又不料之词,反词也。"①

可以看出,《论语古今注》直引《四书大全》的内容并稍加删减。《四书大全》所言"新安陈氏"即陈栎,字定宇,倪士毅的老师。丁若镛在《论语古今注》中引用时直说"陈氏",不令作他解,也体现了朝鲜王朝的学者对作为官方读本的《四书大全》内容的熟稔程度。

并且从《论语古今注》引用的内容来看,丁若镛所参考的应该是清人陆陇其的三鱼堂本《四书大全》。《三鱼堂四书大全》是以明初胡广等编纂的《四书大全》为底本,删其繁复舛谬,而益以《四书蒙引》《四书说约》《四书存疑》《四书浅说》等有补于朱子旨义者而成。《论语古今注》中多次引用蔡清(1453—1508)《四书蒙引》之语,比如《卫灵公篇第十五》"躬自厚而薄责于人"章:"蔡曰:'责己厚则身益修而无可怨,责人薄则人易从而不招怨。'见《蒙引》。○案:蔡说是也。"②此引蔡清《四书蒙引》之说即来自三鱼堂本《四书大全》。再比如《子罕篇第十》引明代顾梦麟(1585—1653)《四书说约》:"沈虹野曰:'见之我坐而见彼之行过也,过之彼坐而我行过之也。'"③也是来自三鱼堂本《四书大全》。陆陇其论及三部《大全》时说:"《〈四书〉、〈五经〉、〈性理〉大全》虽纂辑之臣如胡、杨、金、萧,无大儒在其间,故不无繁冗遗漏之病,而大义炳如,非程朱之学不载,足为学者准绳。盖当时承宋元诸儒理学大明之后,黑白昭然,不必登堂入室之士然后能知圣人之道,永乐之政未有善于此时者也。自成弘以上学术一而风俗同,

---

① 丁若镛:《论语古今注》卷一,见《与犹堂全书》第二集,第57—58页。
② 丁若镛:《论语古今注》卷八,见《与犹堂全书》第二集,第118页。
③ 丁若镛:《论语古今注》卷四,见《与犹堂全书》第二集,第125页。按沈虹野说见顾梦麟《四书说约》,三鱼堂本《四书大全》乃转引自《四书说约》。

岂非其明效耶。"① 《四书大全》的学术价值虽然值得商榷，但是其汇次了有关程朱之学的诸家论说，给后来的学者如丁若镛提供了相当的研究便利。

丁若镛《十三经策》："今之学者，徒知有《七书大全》不知有《十三经注疏》，虽以春秋、三礼之照耀天地而不列乎七书之目，则废之而不讲，外之而不内，此诚斯文之大患，世教之急务也。"② 《论语古今注》之于传统朱子学的突破，则在于跳出了四书学的框架，将程朱之前的汉唐"古注"纳入了研究视野，并且放在相当重要的参考位置。《论语古今注》的"古注"主要来自梁朝皇侃（488—545）的《论语义疏》和宋邢昺（932—1010）的《论语注疏》，两书皆是基于何晏《论语集解》所作。魏何晏的《论语集解》收录了3世纪中叶的汉魏学者孔安国、包咸、马融、郑玄、王肃、陈群、周生烈等人的注释，并附有何晏自己的见解。所以《论语古今注》中的"古注"阵营则有孔安国、包咸、马融、郑玄、王肃、陈群、周生烈、孔颖达、何晏、皇侃、邢昺等主要秉持着"注不破经、疏不破注"的训诂原则的传统经学家。

除上述两大阵营之外，《论语古今注》还收录了许孚远（敬庵）、袁黄（了凡）、蔡清（虚斋）、李贽（卓吾）、葛寅亮（屺瞻）、苏浚（紫溪）、方应祥（孟旋）、徐光启（玄扈）、顾梦麟（麟士）等明代学者的注解，以及清初学者黄宗羲（梨洲）、顾炎武（亭林）、毛奇龄（大可）、颜元（习斋）、李塨（恕谷）、陆陇其（稼书）、王复礼（草堂）③、徐乾学（健庵）、李光地（晋卿）、万斯大（充宗）、万斯同（季野）、胡渭（朏明）等人的观点。换言之，"古今"二者实则兼及从汉至清汉学和宋学的关照。

值得注意的是，丁若镛对明代学者观点的汲取一部分来自《四书备考》，然而不知是否因为丁若镛所持版本未对著者作出清楚的说明，丁若镛认为

---

① 陆陇其：《松阳抄存》卷上，清同治至民国刻西京清麓丛书本，第12—13页。
② 丁若镛：《文》卷八，见《与犹堂全书》第一集，第36页。
③ 王复礼（1643—1720），字需人，号草堂，又号四勿学者。康熙间杭州人，不仕，以游学为乐。工诗，常与诸名流酬唱，有《江心雅集》等。著《四书集注补》4卷，李慈铭《越缦堂读书记》评道："皆驳朱（熹）法，而必考其说之所本，不似西河（毛奇龄）之肆詈。所订正者，亦俱博稽众说，最得其平。"参见李慈铭：《越缦堂读书记》，上海书店，2000年，第134页。

第一章 丁若镛和《论语古今注》

《四书备考》是明代学者仲和卿的作品,实乃大误。①

《四书备考》刊刻于明崇祯年间,是一部考证四书中人物、名物、典故和经文的举业书籍,卷端题"陈仁锡增定,弟义锡、礼锡、智锡参订"。陈仁锡(1581—1636),字明卿,号芝台,长洲(今江苏苏州)人,万历二十五年(1597)举人,天启二年(1622)探花及第,官至国子监祭酒。他笔耕不辍,著述颇丰,是明代的著名学者。有关《四书备考》的作者,清代黄虞稷的《千顷堂书目》、朱彝尊的《经义考》、徐乾学的《传是楼书目》、《明史·艺文志》、《四库全书总目》,以及今人《中国古籍善本书目》《经学辞典》《中国古籍版刻辞典》《陈仁锡著述刻书考略》等论著,根据此书卷端题名均著录为"陈仁锡"。然而,细读陈仁锡的《序》及陈智锡的《跋》,便知作者另有其人。《四书备考》现存最早的版本为明崇祯刻本,正文28卷,附《四书考异》1卷,书前有崇祯七年(1634)陈仁锡的《叙》以及《引用书目》《凡例》《目录》。陈仁锡在《叙》中言明此书最初由其二弟陈义锡编辑,命名为《四书考》,其《叙》言:

> 余往时偕仲氏和卿策蹇黄金台左,余则稽前贤语录,心勒腕裁,积成帙以百计。仲亦封履邸舍,阅祁寒暑雨,尽猎古籍而腾之,命曰"四书考"。②

"和卿"为陈义锡之字。关于陈义锡的生平,史料记载甚少。他曾师从名儒葛寅亮,问学杭州湖南书院。可惜他英年早逝,令陈仁锡悲恸不已:"不虞天之摧我仲,……石火之身,其无凭也哉?"③陈仁锡曾作诗《怀仲弟和卿》和《题和卿小像》缅怀其弟。陈义锡殁后,陈仁锡用《四书考》教授侄子济

---

① 比如《先进篇第二十六》:"【考异】仲和卿曰:'《集韵》引《论语》作悕尔,舍瑟而作。出《四书备考》。'○案:此直是误字。"参见丁若镛:《论语古今注》卷五,见《与犹堂全书》第二集,第92页。

② 陈仁锡:《无梦园遗集》卷二,见《续修四库全书》第1383册,上海古籍出版社,2002年,第377页。

③ 陈仁锡:《无梦园遗集》卷二,见《续修四库全书》第1383册,上海古籍出版社,2002年,第377页。

世，并将遗稿交由三弟陈礼锡增补。所以丁若镛所引的"仲和卿"就像陈仁锡对其仲弟陈义锡的称呼"家仲和卿""予仲和卿"之类，并非学者之名。

尤为瞩目的是，日本古学派对丁若镛的影响也体现在了《论语古今注》里，书中引日本古义学派伊藤维桢（仁斋，1627—1705）的《论语古意》3处，古文辞学派荻生徂徕（茂卿，1666—1728）的《论语征》50处，以及徂徕的弟子太宰春台（纯，1680—1747）的《论语古训外传》148处。① 张崑将认为丁若镛并未有机会得到伊藤仁斋和荻生徂徕的著作，对于古学派这两位大儒的认识，丁若镛大都是通过阅读太宰纯的著作而来。所以丁若镛在《论语古今注》中所引用的古学派之言语多来自太宰纯的《论语古训外传》，并且在《论语古今注》中的注经模式也显然受到了太宰纯的影响。② 金彦钟也认为丁若镛所见的古学派《论语》著作，"唯有太宰纯之《论语古训外传》一书而已。此由茶山《论语古今注》中所引用之古学派经说，皆不出于太宰纯之书可知。然太宰纯之《论语古训外传》，乃集成古学派《论语》说者也。伊藤维桢、荻生茂卿之主要新义，亦载其中。故以之代表古学派《论语》新说，自无不可"③。

另外，《论语古今注》40卷，前39卷是对于《论语》的注解以及附《论语对策》。正文之前先附有175则"原义总括"，是丁若镛读《论语》所阐发的新义理。《论语对策》是以"王若曰"和"臣对曰"记录的对话体，以一问一答的形式记录了内阁月课丁若镛和正祖上课时关于《论语》经义的探

---

① 关于《论语古今注》引用日本古学派观点的统计数字，学者有不同的法说。韩国学者郑焿《论语古今注之分析及其孔子思想1、2》统计茶山引用朱子398次为最多，邢昺372次第二，孔安国305次第三，郑玄150次第四。其他如包咸117次，太宰纯82次，荻生徂徕37次。但河宇凤《丁若镛の日本儒学研究》统计伊藤仁斋3次，荻生徂徕50次，太宰纯148次。因河宇凤的统计除了"藤曰""荻曰""纯曰"，还包括"××谓""××云"之类，因此以何说为准。参见张崑将：《丁茶山与太宰春台对〈论语〉的解释比较》，见《东亚视域中的茶山学与朝鲜儒学》，台湾大学出版中心，2006年，第53页。

② 张崑将：《丁茶山与太宰春台对〈论语〉的解释比较》，见《东亚视域中的茶山学与朝鲜儒学》，台湾大学出版中心，2006年，第43页。

③ 金彦钟：《丁茶山〈论语古今注〉原义总括考征》，学海出版社，1987年，第470页。

讨。第40卷名为《春秋圣言蒐》,是丁若镛整理的散见于其他经典中的孔子言论。丁若镛在第40卷卷首写道:"孔子之言散见他书者亦多,然其在《礼记》、《孟子》者学者既皆习见而尊信之。其在诸子、《家语》者真伪参错,或不可尽信。唯春秋三传及《国语》所载既隐晦而不彰,亦记述有征,今兹搜采附之篇末,庶考检省劳也。"①《论语》是主要记载孔子言行的书,因其是语录体,比较简明且少有详细背景,而同时代其他文献中也多有记载孔子的事迹,所以注释家经常会借助同时代其他文献来解读原文。丁若镛认为《礼记》《孟子》这种权威经典已经众所周知了,其他家的典籍和《孔子家语》又真假难辨,所以只将春秋三传与《国语》中有关孔子的言论搜集在一起,方便与《论语》中孔子的语录参看。

第二节
丁若镛与朝鲜半岛《论语》研究概述

一、《论语》在朝鲜半岛的早期传播

战国末期,燕人卫满率领移民进入朝鲜半岛,并且在公元前194年推翻了箕氏的统治,建立了史称"卫满朝鲜"的政权统治,《论语》此时已然成书,或许随卫满等人进入了朝鲜半岛。但直到汉朝,才有确凿的证据出现,证明《论语》传入了朝鲜半岛。公元前108年,为了方便治理,汉武帝在朝鲜半岛设立乐浪、玄菟、临屯、真番四郡。②1992年,平壤贞柏洞出土的乐浪《论语》竹简是目前朝鲜半岛发现的最古老的《论语》遗存,上头写有《先进》《颜渊》两篇的内容。经考察,这些竹简应是汉四郡时期乐浪郡下层官吏

---

① 丁若镛:《论语古今注》卷十,见《与犹堂全书》第二集,第168—169页。
② 班固撰,颜师古注:《汉书·地理志下》,中华书局,1962年,第1658页。"玄菟、乐浪,武帝时置,皆朝鲜、濊貉、句骊蛮夷……郡初取吏于辽东,吏见民无闲臧。"

的随葬品，时间为公元前45年①，比中国的定州竹简只晚10年。

公元前1世纪，朝鲜半岛形成了高句丽（前37—668）、百济（前18—660）、新罗（前57—935）三大政权，统治者很早就开始建立有关儒学的教育体系。也有韩国学者认为《论语》大致是在三国时代（高句丽、百济、新罗）与儒家思想之东传一同进入韩国的。②并且《论语》在传入初期，与其他经典相比并未受到特别重视。《旧唐书·东夷列传》"高句丽"条载："俗爱书籍，至于衡门厮养之家，各于街衢造大屋，谓之扃堂，子弟未婚之前，昼夜于此读书习射。其书有五经及《史记》、《汉书》、范晔《后汉书》、《三国志》、孙盛《晋春秋》、《玉篇》、《字统》、《字林》，又有《文选》，尤爱重之。"在三国时代由于受到汉代儒教之影响，五经才是中心。韩国《三国史记》载，高句丽小兽林王二年（372）"立太学，教育子弟"③，这一事实也证明儒学在彼时已经很兴盛。百济与其他两国相比更重视《论语》，百济第13代国王近肖古王（？—375）曾把王仁④派到日本去传播儒教。据说当时王仁带去日本的书是《千字文》和10卷《论语》，这是《论语》在韩国历史上第一次隆重登场。关于王仁带去日本的《论语》，流传着以下两种说法：一种认为是郑玄的《论语》注释本，另一种则认为是皇侃的《论语义疏》。由于以上两种说法都是基于旁系资料而作出的推论，所以至今仍难以作出准确判断。只能通过记录推测三国时代传至韩国的《论语》不仅包括经文，也包括注释本。2005年，仁川出土3—4世纪百济时期的《论语》木简残片，表明这一时期《论语》的有关研究还传到了都城以外的周边地区。武王四十一年（640）"二月，遣子弟入唐，请入国学"。还设立名为"孔子庙堂"的武官职位，负责守卫孔庙及国学。新罗统一半岛之后，历代统治者都很重视国

---

① 李成市、尹龙九、金庆浩撰，刘思孟译：《平壤贞柏洞364号墓出土竹简〈论语〉》，见《出土文献研究（第十辑）》，中华书局，2011年，第179页。

② 李昤昊撰，葛小辉译：《朝鲜时代朱子学派与实学派对〈论语〉的解读》，儒家网网址：https://www.rujiazg.com/article/3795，2014年1月16日。

③ 杨昭全：《韩国文化史》，山东大学出版社，2009年，第21页。

④ 日本史书《古事记》里将他称为"和迩吉师"或者"百济国王照古主"，《日本书纪》里则记录为"王仁"。

第一章 丁若镛和《论语古今注》

学教育,对《论语》的重视也超过前代。682年,神文王(?—692)设立国学,《论语》《孝经》为指定必修科目。788年,元圣王设读书三品科,按考生上品、中品、下品的成绩,分别授以三个等级的官爵,上品和中品皆需通晓《论语》。这也许与唐代重视《论语》和《孝经》的教育制度有关,也因为新罗彼时以佛教治国,而统治阶级认为《论语》中所蕴含的儒家伦理理念"忠"与"孝"可以对佛教思想的脱俗性起到很好的补充作用。

到了高丽王朝,《论语》仍被视为一部重要经典,与统一新罗相同,国子监仍把《论语》与《孝经》视为必修科目。光宗九年(958)实行科举制,设立"何论科",即考察生员对于何晏《论语集解》的掌握情况,中举者赐进士出身,对攻读《论语》的学子是一种莫大的鼓励。[1] 文宗时期,被尊为"海东孔子"的崔冲(985—1068)兴办私学,为众多平民子弟讲授儒家经典,使《论语》等经典教育能够深入民间。忠烈王时期,安珦(1243—1306)出使元朝时将《朱子全书》带回高丽,被认为是将程朱理学传入高丽的第一人。[2] 此后,安珦门下的白颐正(1249—1323)、禹倬(1263—1342)、权溥(1262—1346)等人致力于朱子学,特别是白颐正,"留燕都凡十年……在元得以学之(程朱之学),多求程朱性理书以归"[3],并且培养了李齐贤(1287—1367)、李毂(1298—1351)等高丽明贤。李齐贤的《栎翁稗说》认为至少到13世纪时《四书集注》就已经传入高丽。由权溥出版发行之后,在高丽学者之间广为流传。《高丽史》记载:"尝以朱子《四书集注》,建白刊行……自溥倡",溥即权溥。14世纪起,高丽士大夫以《四书集注》为中心学习,四书还成为科举科目,为《论语》的传播提供了优渥的社会文化背景。李齐贤的学生李穑(1328—1396)任成均馆大司成,推广性理学,并多次在书筵进讲《论语》,进一步扩大了这一经典的影响。

---

[1] 李成茂著,张琏瑰译:《高丽朝鲜两朝的科举制度》,北京大学出版社,1993年,第18页。

[2] 金香花、刘斌:《〈孟子〉在朝鲜半岛的接受、版本与诠释特点》,载《许昌学院学报》2017年第6期,第112页。

[3] 李选:《芝湖集》卷五(影印标点韩国文集丛刊本),民族文化推进会,1997年,第415页。

以上是《论语》在李氏王朝之前朝鲜半岛传播的大致情况。纵观三国时代到高丽前期《论语》的传入史，就会发现虽然有读《论语》注释本的痕迹，但是根本上是以经文为中心的。我们可以通过当时学者应用《论语》经文的各种著述活动以及在日常事务中自如引用《论语》经文的一系列现象看到这一点。但是后来在中国发生了宋、元王朝的更替，从而根本上改变了以经文为中心的《论语》传播局面，开始转向《论语》注释书。换言之，朱子学逐渐占据了朝鲜王朝儒学系统的统治地位。

朝鲜王朝伊始，儒学成为统治理念之后，流传最广的是朱子的《小学》和四书五经。①《论语》在朝鲜的流传概貌同四书大体是一致的。朝鲜时代最早的四书刊本是高丽末期权溥刊行和流布的，但传本已失传。后来的四书刊本以永乐十三年（1415）明朝刊行的《四书五经大全》的复刻本为主。

1415年，明朝永乐帝敕命编撰的《四书五经大全》及《性理大全》完工，三部《大全》共260卷120册，其中包含《论语》20卷7册。朝鲜王朝最早引入三部《大全》是在世宗一年（1419），但正式引入是在世宗八年（1426）。②永乐内府刻本三部《大全》现今在韩国仍有流传，《论语大全》现藏于诚庵古书博物馆。③

据《朝鲜王朝世宗实录》，世宗九年（1427），庆尚道监事将新刻的《性理大全》进献给了世宗，随后世宗即下令以《性理大全》的版刻为例进行《五经大全》的翻刻。世宗十年（1428），世宗又敕命江塬道监事负责《四书大全》的版刻。所以三部《大全》就分别由庆尚道负责《性理大全》《易书大

---

① 蔡雁彬：《朝鲜时代儿童的伦常教育读本》，载《东亚人文学》2012年第10辑，第288页。"退溪在《伊山院规》开篇说：'诸生读书，以四书五经为本原，《小学》、《家礼》为门户。'"

② 《朝鲜王朝世宗实录》载，世宗八年（1426，明宣德元年）十一月二十四日，"癸丑，进献使金总制金时遇，奉勅而回，上出迎于慕华楼如仪。其勅曰：勅朝鲜国王，今赐王'五经四书'及《性理大全》一部，共一百二十册。《通鉴纲目》一部计十四册，至可领也"。胡广等人编《四书大全》38卷18册，《五经大全》152卷75册，《性理大全》70卷27册。

③ 宋日基：《明永乐内府刻本〈四书大全〉的韩国传入与流通》，见《宫廷典籍与东亚文化交流国际学术研讨会论文集》，故宫博物院，2013年，第513页。

全》《春秋大全》,全罗道负责《诗大全》《春秋大全》(实为《礼记大全》),江原道负责《四书大全》。[①] 此后,以世宗时期在江原道版刻刊行的《四书大全》作为底本数次被复刻刊行。天朝上国的颁赐,朝廷官方的推广,再加上作为科举考试的必读书目,"由是士之诵习无非孔孟程朱之言"[②]。

二、朝鲜学者有关《论语》的诠释著作

随着儒家经典在朝鲜的传播与扩散,《论语》作为五经錧辖、六艺喉衿,其对朝鲜学者的影响不可谓不深,"从三国时期开始韩国接受《论语》以来在很长的一段时间里一直将《论语》视作是生活的实践伦理来看待,而并非将它看作是探究学问"[③]。从对《论语》在韩国的传播情况的考察中可以发现,大部分只是停留在熟练引用《论语》原文或者只是在日常生活里灵活应用的程度,并没有根据《论语》之注解而解释《论语》。

性理学传入之后,李穑首先根据朱熹的《论语集注》对《论语》进行解读,在他之后这种对待学问的态度在诸多学者之间广泛流行起来。高丽学者还引进了胡炳文的《论语通》等书籍,并对其进行学习。在这些学者当中最具代表性的人物就是被称为韩国性理学之祖的郑梦周(1338—1392)。与此同时,在高丽后期以李穑和郑梦周为首的一群学者逐渐形成学术共同体,从而也形成了以此为基础的统一的政治势力,他们被称为新兴士大夫。这些新兴士大夫对《论语》的解读从根本上改变了在韩国理解《论语》的旧有面貌,在儒学史上具有划时代的意义。如果说在他们之前《论语》在韩国是以经文为中心而传播扩散的话,在他们之后则转变为以对朱熹《论语集注》的解读为中心。后来围绕是否建立新王朝(朝鲜王朝)的问题,新兴士大夫分裂为赞成派和反对派,但性理学仍是他们共同的理念根基。朝鲜王朝建立以后,

---

① 宋日基:《明永乐内府刻本〈四书大全〉的韩国传入与流通》,见《宫廷典籍与东亚文化交流国际学术研讨会论文集》,故宫博物院,2013年,第517页。

② 奇大升:《高峰集》(影印标点韩国文集丛刊本),民族文化推进会,2001年,第73页。

③ 李昤昊:《韩国〈论语〉学与东亚〈论语〉学》,载《台湾东亚文明研究学刊》2008年第6期,第257页。

新兴士大夫作为建国主体将性理学指定为国策，并且大量出版发行了性理学集大成者朱熹的《论语集注》，与此同时开始了将其译为朝鲜语的活动——谚解。谚解是指用朝鲜语完整翻译儒家经典，或为汉文书籍注吐和注音，并解释原文意义。例如：

子자曰왈学학而이时시习습之지명不불亦역乐열乎호아。

"자왈학이시습지，불역열호"是注的音，"명""아"这类韩语助词就是注的吐。

从世宗大王时期开始对四书进行谚解，此后到了宣祖六年（1573），宣祖命柳希春提交《四书谚解》，柳希春推荐李珥完成此事，但是李珥还未来得及完成任务就在1584年离开了人世，所以国家于同年设立校正厅，进行经典谚解。此后4年内国家集中力量投入学术，终于在1588年完成了《四书三经谚解》（包含《论语》），并于1590年出版发行。此被称作校正厅本《论语谚解》。除了校正厅本《论语谚解》，还有李珥的栗谷本《论语谚解》。栗谷本《论语谚解》是李珥在生前完成的，虽然比校正厅本《论语谚解》更早完稿，但是到了1749年才得以出版。校正厅本的使用还是大大多于栗谷本，在京乡各地主要出版发行的是校正厅本，且直到朝鲜王朝末期，校正厅本《论语谚解》仍作为《论语》标准的国语译本，对诸多学者和学生发挥了《论语》教科书的作用。

朝鲜半岛有关《论语》的著作直到12世纪初期才开始出现，现在可知最早的《论语》学著作为高丽金仁存的《论语新义》，现已失传。而今可知的相关著作，大部分为《韩国经学数据集成》收录。成均馆大学大东文化研究院从1988年开始，计划将过去学者对儒教经典卓越的见解注释数据汇集成书，20世纪后期完成了比较完整的经学数据汇集，即《韩国经学数据集成》。《韩国经学数据集成》包含《大学》《中庸》《论语》《孟子》《书经》《诗经》六集，《论语》为第二集注释数据集成①，总共107项17册。② 从17世纪到19

---

① 《韩国经学数据集成》组成部分：第一集《大学》《中庸》，第二集《论语》，第三集《孟子》，第四集《书经上》，第五集《书经下》，第六集《诗经》。

② 沈贞玉：《韩国〈论〉〈孟〉研究典籍解题》，曲阜师范大学博士论文，2016年，第32页。

第一章　丁若镛和《论语古今注》

世纪，朝鲜时贤如李滉、李珥、李德弘、金长生、郑经世、李廷龟、朴知诫、赵翼、李惟泰、吴益升、朴世堂、宋时烈、韩汝愈、李世龟、郑齐斗、李显益、尹凤九、李瀷、李縡、鱼有凤、李恒老、韩元震、金昌协、宋文钦、任圣周、安鼎福、柳长源、魏伯珪、洪大容、赵有善、朴胤元、鱼周宾、李书九、丁若镛、朴文镐、崔左海等，皆有诠解《论语》之作。

其中，对后世影响较大的有李滉的《论语释义》、李珥的《论语谚解》、尹鑴的《论语读书记》、朴世堂的《思辨录》、柳长源的《四书纂注增补》、丁若镛的《论语古今注》以及朴文镐的《论语集注详说》。

李滉（1501—1570）是朝鲜朱子学的代表人物，退溪学派宗师，门生众多。李滉的《论语释义》是迄今为止朝鲜半岛留存于世的最早的《论语》注释之作，可以说直到《论语释义》出现，有关《论语》注释的学术著述才得以涌现。其主要内容是对《论语》原文作谚解，无论在体例上还是内容上多承袭朱熹的《论语集注》。校正厅本《论语谚解》主要采用的就是李滉《论语释义》的翻译，因此后来的《论语》注书在引用朝鲜本国学者见解时，多绕不开李滉的学问。

李珥（1536—1584），栗谷学派宗师，其母是申师任堂（1504—1551），朝鲜王朝著名女书画家、文学家和诗人。李珥的《四书谚解》于1749年出版。他将疑义之处按篇摘出，以谚解释义，与当时的通行本谚解有所出入。宣祖六年（1573），宣祖命柳希春提交《四书谚解》，柳希春推荐李珥完成此事，李珥对《论语》的独特见解即反映在他的《四书谚解》里。不过李珥在完成谚解初稿之后就去世了，之后由校正厅接手剩下的工作。

尹鑴（1617—1680）的《论语读书记》和朴世堂（1629—1703）的《思辨录》在当时引起的反响都比较大，因为他们的著作与主流注本呈现出不同的见解，被认为是批判朱子学的研究。尹鑴与朴世堂的确反对当时固化了的朱子学观点，并试图从其他路径找寻被后学歪曲的孔孟本意，可这并不代表他们一味否定朱子学。在当时那个朝堂党派斗争激烈的政治背景下，批判官学是一个很好的政治靶子，尹鑴和朴世堂也因此死于政敌的攻讦。不过，两人的进步思想为朝鲜播下了实学的种子，使后来实学派的学者跳出桎梏、各抒己见，出现了洪大容（1731—1783）的《论语问疑》、李瀷（1682—1763）的《论语疾书》、丁若镛的《论语古今注》等著作。

柳长源（1724—1796）作为退溪学派的传人，是朝鲜王朝后期朱子学的代表人物。《四书纂注增补》的注释材料主要来自《论孟精义》《中庸辑略》《四书或问》《朱子大全》《朱子语类》等朱子学说更专精的文献，所以严格来说，《四书纂注增补》是一部介绍以朱熹为中心的性理学家的见解的编作。

丁若镛的《论语古今注》是本书研究的主体。朝鲜后期，代表儒教崭新学风的实学出现，朝鲜的实学家开始寻求能改变以往以朱子学为中心的学术方法。直到丁若镛的出现，朝鲜实学才得以集大成。丁若镛主张归于孔子的本位精神，采用纵观古今、环顾四方的广阔视角对《论语》进行注解。《论语古今注》一书既对汉代、宋代、明清诸儒的注解进行取舍，又有对日本古学派学者观点的批判，以开阔的视野出入古今中外，相对客观地表达出了自己对《论语》的注释与理解。

朴文镐（1846—1918）也善朱子之学，其《论语集注详说》是基于朱子学的研读方法而作。此书压缩了《永乐大全》的小注，又添补了历代中国学者（多为宋儒）和韩国学者（李滉、宋时烈、金长生、金昌协、韩元震等）的学说。总之，朴文镐在坚持朱子解释的基础上，兼容诸家，同时提出了自己的独创见解。

作为官方教材的《四书大全》使朝鲜王朝的知识分子在朱子学的理念影响下成长，所以，纵观李朝学者有关《论语》的学术著作，大多逃不脱与朱子学的关联。这些研究大体上可以分为两种，一种以朱子学为中心诠释经典，代表人物有退溪学派和栗谷学派的学者，也被称作韩国的朱子学派；一种试图冲破朱子学的桎梏，致力求解于经文本身，代表人物有实学派的相关学者。韩国学者李昤昊总结了两派的经学特色：朱子学派主要表现为哲学的解释学、绝对尊崇朱学、尊崇师说、排斥异端四个方面；实学派主要表现为政治学的解释学、相对尊崇朱学、重视经文、包容异端四个方面。①一派因循，一派反

---

① 参见唐明贵：《韩国〈论语〉学研究概述》，载《东北亚外语研究》2019年第3期，第8页。

思,但都是东亚儒学史上价值斐然的文化景观。

第三节
丁若镛学术研究概述

一、国内有关丁若镛的研究[①]

丁若镛作为朝鲜后期儒学实学派集大成的人物,毕生著述宏富,学术涉及多个领域。但是相对来说,丁若镛在中国的知名度并不高。而中国有关丁若镛的研究,虽然成果不算丰硕,但也涉及丁若镛实学、政治学、伦理学、文学和经学等多个方面。学者的研究之前大多数集中在其哲学思想方面,然而随着社会的发展,学界有关丁若镛经学文本的研究成果也逐渐变多。

1. 实学

众所周知,丁若镛被视作19世纪朝鲜实学的标志性人物,因此对于其思想研究最具有代表性的就是实学思想。朱七星的《朝鲜封建社会末期实学思想的集大成者——茶山丁若镛》[②]认为,丁若镛继承了星湖学派和北学派的理论,形成了经世致用的学术思想和先进的唯物主义思想。复旦大学邢丽菊的《朝鲜实学的发展与茶山丁若镛》[③]认为,"一表二书"(《经世遗表》《牧民心书》《钦钦新书》)是丁若镛经世论的代表作,反映了丁若镛对于国家的政治抱负,主张将学问落实到实际,推动国家的发展。中国人民大学姜日天的

[①] 虽然有些学术研究的作者是韩国人,但是发表在中国的刊物上或是以中国的学术单位署名,因此暂定纳入国内现状。

[②] 朱七星:《朝鲜封建社会末期实学思想的集大成者——茶山丁若镛》,载《延边大学学报(哲学社会科学版)》1979年第A1期,第23—29页。

[③] 邢丽菊:《韩国实学的发展与茶山丁若镛》,见《实学文化丛书——传统实学与现代新实学文化(二)》,中国言实出版社,2017年。

《丁若镛的天道观与18、19世纪韩国实学形而上学》①认为,丁若镛实学思想的纲领是包括天气之道、天然之道、天工之道等内容的天道观,发展了先秦以来儒家关于自然、命运、天道的思想体系。单江东的《礼失而求诸野:评韩国硕儒丁若镛的〈与犹堂全书〉》②对《与犹堂集》的内容进行分类概括,主要还是讨论丁若镛的"实学"和"牧民学"思想。同时,比较中国实学代表学者与丁若镛的实学思想也是学界较为关注的议题。中国人民大学安允儿的《王徵与丁若镛——16至18世纪中韩两位实学家对西洋奇器的研究与制造》③,比较了在西学传播的背景下,中韩两位实学家对东西方学术的融贯以及对西洋奇器的研究制造。南京师范大学王静的硕士论文《顾炎武和丁若镛的实学思想比较研究》将二者的实学思想分为哲学、经世学、经学和文学四个部分进行具体分析,并且探究了从郡县论、井田法等具体社会改革方案到考证学的治学方法,丁若镛受到顾炎武实学思想诸多方面的影响。但是丁若镛对顾炎武的实学思想不是全盘接受而是批判性地学习,并结合朝鲜社会的实际情况,发展成为自己独特的实学思想体系。④

2. 政治学

在实学思想家之外,丁若镛还是朝鲜王朝的政治家,他提出了治理国家的"牧民学",并且面对弊病丛生的朝鲜王朝,一直在寻求改革之法,因此有部分学者着眼于研究丁若镛的政治及改革思想。张春海的《试析〈牧民心书〉中丁茶山的行政思想》提出丁茶山的"牧民思想"仍然没有脱离传统儒家思想的范畴,是儒家德治思想在传统社会行政实务中的具体化。⑤ 蒋丽梅的

---

① 姜日天:《丁若镛的天道观与18、19世纪韩国实学形而上学》,载《湖湘论坛》2010年第3期,第86—89页。
② 单江东:《礼失而求诸野:评韩国硕儒丁若镛的〈与犹堂全书〉》,载《中国图书评论》2015年第9期,第121—125页。
③ 安允儿:《王徵与丁若镛——16至18世纪中韩两位实学家对西洋奇器的研究与制造》,载《韩国研究论丛》2007年第1期,第295—306页。
④ 王静:《顾炎武和丁若镛的实学思想比较研究》,南京师范大学硕士论文,2020年。
⑤ 张春海:《试析〈牧民心书〉中丁茶山的行政思想》,载《当代韩国》2001年第4期,第81—84页。

《丁若镛〈易〉注中的政治思想研究》考察丁若镛《易》注关于社会政治的思考，突出论述其对君臣之道、为民教民的看法。丁若镛将儒家"仁政"思想和卦象的爻位联系起来，使个人身份和完满德性结合成就理想的君臣、君民关系，儒家本体论式的价值观念为实践性的存在论所取代，形成一种独特的交互性的儒家角色伦理学。① 清华大学朴鸿硕的《简论丁若镛的民本思想》②，将丁若镛的民本思想概括为富民思想、牧民思想、教民思想、闲民思想，将百姓的安居乐业看作官吏工作的基石。朝鲜大学金弘明的《茶山丁若镛的田制论》③ 认为，丁若镛提出的均田论等思想是朝鲜社会从未实现过的平等理想，具有很大的进步意义。此外，张晓波的《览镜自鉴：朝鲜丁若镛眼中的中朝科举制度及其科举改革主张》④ 探究其科举改革主张，南京大学刘丽媛的硕士论文《正伦纲而敦风教——丁若镛司法断狱思想研究》研究其司法改革思想，延边大学孙旭东的硕士论文《丁若镛教育改革思想探析》分析其教育改革思想。

3. 哲学（伦理学）

丁若镛作为朝鲜的儒学家，学者们也很关注其与不同文化环境下哲学的思想碰撞以及丁若镛学术著作中所蕴含的伦理思想。彭林的《论丁若镛对朱熹〈中庸章句〉心性说的批评》⑤ 提出，丁若镛诘难朱熹的《中庸》心性说，但是根据郭店楚简《性自命出》《尊德义》等出土文献分析，还是朱熹的说法更接近于《中庸》的本意。艾文贺的《儒家伦理哲学的新旧基础——以伊

---

① 蒋丽梅：《丁若镛〈易〉注中的政治思想研究》，载《周易研究》2019 年第 5 期，第 42—48 页。
② 朴鸿硕：《简论丁若镛的民本思想》，载《山东师范大学学报（人文社会科学版）》2008 年第 5 期，第 73—76 页。
③ 金弘明：《茶山丁若镛的田制论》，载《当代韩国》1994 年第 2 期，第 80—83 页。
④ 张晓波：《览镜自鉴：朝鲜丁若镛眼中的中朝科举制度及其科举改革主张》，载《暨南史学》2019 年第 1 期，第 215—228 页。
⑤ 彭林：《论丁若镛对朱熹〈中庸章句〉心性说的批评》，载《清华大学学报（哲学社会科学版）》2005 年第 6 期，第 27—33 页。

藤仁斋、戴震和丁若镛为例》①比较了戴震、伊藤仁斋和丁若镛三位来自中、日、韩的儒家学者基于以人为本的伦理学说。李伟、代大为的《试论朝鲜王朝茶山丁若镛对王阳明"心学"之融合与发展》从丁若镛的"性嗜好说""权衡""知则必行，行则必知"等理论出发，验证了丁若镛的经学思想中含有诸多王阳明"心学"的思想内涵。②韩国白敏祯著、李永男翻译的学术专著《丁若镛哲学思想研究》将丁若镛的哲学体系看作对朱子学和西学的批判与整合，并且对丁若镛哲学体系中的心性论、修养论和经世学的内涵作出了探索。③杨儒宾的《丁若镛与阮元——相偶性伦理学》将丁若镛"二人为仁"的仁学观点和与他同一时期的乾嘉学者阮元所提出的"相人偶"之说相互参看，发现竟有类似性，二者都可视为儒学传统中最重要的"他者"思想家，对理学具有相同的批判性。④

高明文的《丁若镛思想中孔子的天命与仁的关系》⑤认为，丁若镛从孔子的言论与《诗经》的联系，提出"天"与"上帝"一脉相承，"为法律不健全且执行力低下的朝鲜王朝建立实用型道德秩序"。方浩范的《茶山丁若镛经学哲学思想》⑥认为，丁若镛的哲学思想包括经学和经世学，其中"仁学""神形妙合""性嗜好""天理人欲"是重要构成内容。金彦钟的《丁茶山的仁义礼智观》⑦认为，丁若镛提出了"仁义礼智，成于行事，非在心之理"的人性

---

① 艾文贺、张黛英、刘昊、王韵婷：《儒家伦理哲学的新旧基础——以伊藤仁斋、戴震和丁若镛为例》，载《社会科学战线》2019年第2期，第1—17、281、294页。

② 李伟、代大为：《试论朝鲜王朝茶山丁若镛对王阳明"心学"之融合与发展》，载《延边大学学报（社会科学版）》2022年第5期，第40—45、142页。

③ 白敏祯著，李永男译：《丁若镛哲学思想研究》，苏州大学出版社，2013年。

④ 杨儒宾：《异议的意义——近世东亚的反理学思潮》，台湾大学出版中心，2012年，第327—362页。

⑤ 高明文：《丁若镛思想中孔子的天命与仁的关系》，载《当代韩国》2016年第3期，第61—71页。

⑥ 方浩范：《茶山丁若镛经学哲学思想》，载《周易研究》2014年第5期，第76—83页。

⑦ 金彦钟：《丁茶山的仁义礼智观》，载《儒学评论》2018年第12辑，第251—256页。

观点。蔡振丰的《由丁茶山的儒学诠释论东亚伦理学的发展》经过对丁茶山的儒学诠释及东亚学术发展的考察,说明了17世纪以来的东亚儒学确实存在与西方世界不同的伦理学论题:"东亚伦理学"以人伦之仁、自律之善作为探讨的核心,它与孔、孟之学有合而不分的关系;"东亚伦理学"在其发展中不断吸收本土与外来的思想,诸如道学、佛学、神道教、西学等,因此它也是对传统学问批判与新创的延伸;同时,"东亚伦理学"的实践场所是"人伦的社会",因此它也不能回避"人伦的社会"之空间性与历史性所产生的种种问题。①潘佳淇的《丁若镛的心性修养论研究》对丁若镛心性论和修养论的理论构造作出了系统的总结概括,丁若镛的心性论分为对"心"的认识、对"性"的认识和对"人欲"的认识三大部分,并且他主张通过求"仁"的修养目的、行"恕"的修养原理、主体"慎独"的修养方法和"中庸"的修养过程这一系列方式帮助人们追求更高的道德标准,以求顺应上帝和天的意念。②

4. 文学

丁若镛作为朝鲜王朝重要的现实主义诗人,《与犹堂集》中有8卷都是丁若镛的诗歌集,其诗歌创作深受杜甫影响。因此,国内也有学者研究丁若镛的诗歌。比如李晓萍的《朝鲜诗人丁若镛"三吏"与杜甫"三吏"之比较研究》、李永男的《丁若镛与顾炎武的"社会诗"之比较》、王紫桐的《朝鲜丁若镛寄赠诗研究》、崔书萌的《丁若镛的社会诗研究》等。探讨中国古代文学对丁若镛文学作品影响的研究也不少,陈静的《丁若镛上梁文研究》则对丁若镛现存的4篇上梁文作出了探索,发现这些上梁文既继承了宋代"正体"上梁文的形式,又在六合诗上发挥了自身的创造性,将五句的方位诗改变为四句四言方位诗,并且使用不同的方位词,使得六合诗在押韵上大有不同,体现出朝鲜文人对上梁文的传承与创新。③李永男与韩国茶山研究专家

---

① 蔡振丰:《由丁茶山的儒学诠释论东亚伦理学的发展》,载《外国问题研究》2019年第3期,第4—12、118页。

② 潘佳淇:《丁若镛的心性修养论研究》,延边大学硕士论文,2020年。

③ 陈静:《丁若镛上梁文研究》,载《集宁师范学院学报》2020年第1期,第37—40页。

金相洪教授共同编写的《丁若镛文学与中国文化》则主要探讨了茶山丁若镛的文学与中国唐宋和明清文化之关联，通过丁若镛与中国文化，特别是唐宋八大家和明末清初思想家的比较，阐明其影响关系，同时对丁若镛的作品及文学思想在朝鲜古典文学乃至十八九世纪东亚文坛的影响作出新的评价和定位。① 陈冰冰、郝君峰的《苏轼的〈鱼蛮子〉和丁若镛的〈耽津渔歌〉的对比考察》从诗歌意象、主体意识和艺术手法等方面对二者作对比研究，发现丁若镛的汉诗创作虽然在很大程度上受到了中国古诗的影响，但是却又突出表现了自己的仁爱精神和社会责任感。②

5. 经学

前面已经说到，在丁若镛一生的学术著作中，经学文献研究其实占据了很大一部分，但是却没能引起各学界与之体量相匹配的研究重视。韩国学者李俸珪介绍韩国茶山学的研究概况时说："回忆以往的研究史可以发现，过去学者们只对经世论进行重点研究，而现在研究的重点正在逐步扩大到经学和与科学史相关联的领域。"③ 中国台湾学者黄俊杰认为汉语学术界关于韩国儒学的研究还有很大的空间，过去的学术著作大多是有关思想文化方面的通论性作品。④ 虽然仍有不足，但情况正逐渐好转，正如韩国学界对丁若镛学术研究的视野越来越开阔，国内有关茶山学的研究也越来越多元，尤其是对其经学文献的研究。丁若镛的易学研究是国内学者较为重视的领域，丁若镛也是杰出的易学家，在继承前人易学的基础上，对象数学作出了新的理解，重建了以太极为本体、以爻变为核心的象数体系。其对《周易》象数性解释的核心是《四笺小引》中的"推移""物象""互体""爻变"，学者们围绕这一系列易学观点将丁若镛与中国古代易学家作了许多对比研究，比如方仁、张悦

---

① 李永男、金相洪：《丁若镛文学与中国文化》，广西师范大学出版社，2015年。
② 陈冰冰、郝君峰：《苏轼的〈鱼蛮子〉和丁若镛的〈耽津渔歌〉的对比考察》，载《世界文学评论》2010年第1期，第258—262页。
③ 李俸珪：《茶山学研究的争端——以近代学的视角为例》，见《茶山的四书经学——第三届茶山学国际学术研讨会论文集》，2005年，第204页。
④ 黄俊杰：《东亚视域中的茶山学与朝鲜儒学·引言》，台湾大学出版中心，2006年，第2页。

的《丁若镛对京房辟卦说的批判》①，林忠军的《论虞翻卦变说对若镛易学之影响》②《中国爻变说与韩国丁若镛爻变哲学》③，林在圭、张悦的《丁若镛与吴澄的〈周易〉解释方法比较》④，辛源俸的《朱熹、毛奇龄和丁若镛的〈周易〉占筮观比较研究》⑤。

虽然涉足的人较少，但总归国内学界也关注到了丁若镛的《诗》学和《尚书》学研究。深圳大学郑令媛的硕士论文《丁若镛〈诗经讲义〉与朱子〈诗〉说对比研究》将丁若镛《诗经讲义》同朱子《诗》说进行了全面对比，从诗旨、诗义，训诂、名物，以及朱子《诗》说矛盾处三个方面梳理了丁若镛《诗经讲义》对朱子《诗》说的质疑，并且从正祖条问、实学思潮以及西学的影响三个方面对丁若镛质疑朱子《诗》说的原因进行了探析。⑥朱岩的《韩国奎章阁本〈书义〉性质与作者再考》在考证时提及丁若镛《尚书》学文献的著作风格，认为丁氏遭贬谪时期的《尚书》学著作质疑精神很强，且言辞犀利果断，体现出鲜明的个性，有果敢犀利之风，《梅氏尚书平》《尚书知远录》《尚书古训》中的论述语气坚定，喜用不容置疑的反问句，批评前人学者的言辞非常锐利。⑦扬州大学谯云云的硕士论文《丁若镛〈尚书古训〉词义考证研究》⑧重点考察了茶山在《尚书古训》中运用的考证词义的方

---

① 方仁、张悦：《丁若镛对京房辟卦说的批判》，载《周易研究》2016 年第 3 期，第 72—80 页。

② 林忠军：《论虞翻卦变说对若镛易学之影响》，载《孔子研究》2019 年第 3 期，第 66—77 页。

③ 林忠军：《中国爻变说与韩国丁若镛爻变哲学》，载《学术月刊》2018 年第 10 期，第 30—38 页。

④ 林在圭、张悦：《丁若镛与吴澄的〈周易〉解释方法比较》，载《周易研究》2016 年第 2 期，第 45—55 页。

⑤ 辛源俸：《朱熹、毛奇龄和丁若镛的〈周易〉占筮观比较研究》，载《周易研究》2014 年第 5 期，第 38—48、57 页。

⑥ 郑令媛：《丁若镛〈诗经讲义〉与朱子〈诗〉说对比研究》，深圳大学硕士论文，2017 年。

⑦ 朱岩：《韩国奎章阁本〈书义〉性质与作者再考》，载《图书馆杂志》2022 年第 5 期，第 133 页。

⑧ 谯云云：《丁若镛〈尚书古训〉词义考证研究》，扬州大学硕士论文，2020 年。

法，有"征引考证法"和"据理考证法"两大类，"征引考证法"包括"引古训证义""援史料辨义"和"据经文训义"三类，"据理考证法"包括"据语理考证"（含基于语音、文字、词汇的考证，基于语境的考证和基于语法的考证）和"据事理考证"（含据科学道理、据典章制度、据历史事实和常情伦理等）。

其他还有零星散布的对丁若镛所撰的小众著述的研究，比如汇集了丁若镛音乐思想的《乐书孤存》，宁太兴的《丁若镛的〈乐书孤存〉研究》[①]发现，在书中丁若镛批判了秦汉以后典籍中的大部分音乐理论，因为他认为这些理论偏离了先秦时期的古法，这是丁若镛对先秦时期孔孟儒学的提倡在音乐思想上的投射。丁若镛为纠正汉语字词在朝鲜王朝被错误使用的字学研究《雅言觉非》和中朝谚语编著《耳谈续纂》，也有学者的研究关照到。

总体而言，国内有关丁若镛的研究还是一片亟待进一步开发的蓝海，虽然大家涉足的领域很宽泛，但大部分是孤立而非体系的、初探而非深入的。并且除了上述所提及的，丁若镛仍有很多著述尚未进入国内学者的研究视野，比如其礼学与春秋学研究。

二、有关丁若镛《论语》学的研究

1. 国内现状

国内有关丁若镛《论语》学的研究比较少，目前还没有以《论语古今注》为研究主体的著作。任振镐的《〈论语〉及其注释书在韩国古代的发展经过》中提到了丁若镛的《论语古今注》，认为此书注解参考汉儒和宋儒，体现了作者客观的学术立场。[②] 曲阜师范大学韩国留学生沈贞玉的博士论文《韩国〈论〉〈孟〉研究典籍解题》[③]中概括地介绍了《论语古今注》的基本信息，列

[①] 宁太兴：《丁若镛的〈乐书孤存〉研究》，华中师范大学硕士论文，2018年。
[②] 任振镐：《〈论语〉及其注释书在韩国古代的发展经过》，载《阴山学刊》1997年第4期，第10—12页。
[③] 沈贞玉：《韩国〈论〉〈孟〉研究典籍解题》，曲阜师范大学博士论文，2016年，第32—35页。

举了书中"上知下愚,是谋身之工拙,非性品之高下"等五条义理来说明丁若镛如何用实学派的观点解读《论语》。

国内有关丁若镛《论语》学的讨论还是集中在中国台湾地区。

以《论语古今注》为研究对象的目前只有台湾师范大学金彦钟的博士论文《丁茶山〈论语古今注〉原义总括考征》①。这篇论文主要研究《论语古今注》的175则原义总括,将这些原义整理提举、诠释疏通,对比丁若镛与其他学者的注解,将175则原义分为"发前所未发之创说""自得见而偶合先儒及时儒之已发者""从何晏见解所载说而发挥其意蕴者""从朱子集注说而发挥其意蕴者""从其他华儒说者"。从原义总括出发,提纲挈领地阐述了丁若镛的经学思想,以及其与所引注家见解的异同。

中国台湾大学蔡振丰的《朝鲜儒者丁若镛的四书学——以东亚为视野的讨论》②中对《论语古今注》的讨论也占了相当大的篇幅。该书比较了丁若镛与朱熹的四书诠释的异同,广泛地引用了《论语古今注》中的见解来说明丁若镛的"仁""心""性""天"等哲学思想。

有关丁若镛《论语》学的学术论文见于《东亚文明研究丛书》和《茶山学术会议论文集》中。中国台湾大学黄俊杰编的《东亚视域中的茶山学与朝鲜儒学》一书收录了2005年台湾大学举办的同名学术研讨会中所发表的论文。书中收录了7篇在东亚视域中讨论丁若镛思想的论文,其中有3篇论文研究丁若镛的《论语》学。第一篇是来自韩国首尔国立大学琴章泰的《〈论语〉的诠释与茶山的人格论》,研究丁若镛对《论语》的诠释。他认为丁茶山作为朝鲜后期实学的代表人物,所提出的"洙泗旧学"观点,主张在对朱子经学进行批判的同时,最终回归孔子精神,并且认为丁若镛对《论语》的阐释主要是以人格论为核心基础的。第二篇是黄俊杰的《丁茶山对〈论语〉"克己复礼"章的诠释及其思想史的定位》,以丁若镛对《论语·颜渊篇》"克己复礼"章的解释为中心,指出丁茶山对于原文的解释"对朱子学既因袭

---

① 金彦钟:《丁茶山〈论语古今注〉原义总括考征》,学海出版社,1987年。
② 蔡振丰:《朝鲜儒者丁若镛的四书学——以东亚为视野的讨论》,华东师范大学出版社,2012年。

而又创新",但是对于孔子仁学的掌握又与朱子不同。第三篇是中国台北医学大学张崑将的《丁茶山与太宰春台对〈论语〉的解释比较》,张崑将分析了丁茶山与太宰春台对《论语》的解释,总结了两人在解经方法与义理诠释两方面的异同。义理诠释的差异在于"心性论的思路",解经方法的差异则在于对古注的取舍,丁若镛虽多处引用太宰春台的注解,但驳斥多于肯定。

2. 国外现状

韩国有关丁若镛的研究专著很多,但大多是对其实学、西学等思想方面的研究。比如李乙浩的《茶山学의理解》、姜万吉的《茶山의政治经济思想》、崔益翰的《实学派和丁茶山》、琴章泰的《茶山实学探究》、崔奭祐的《茶山丁若镛의西学思想》等。李永男在其所翻译的《丁若镛哲学思想研究》书后附上了其对韩国学界有关丁若镛的哲学研究综述《补论:关于丁若镛的既往研究倾向及反省》[①],通过儒学的问题意识、与西学的关系、西学和儒学两者间的关联性三个方面对既往研究史作了客观的考察,对茶山学的研究倾向,则按照对西学和朱子学的继承与批判进行了有限的描述。

有关丁若镛《论语》学的研究一般都放在丁若镛四书学里一起讨论,比如李乙浩的《丁茶山의经学:〈论语〉、〈孟子〉、〈大学〉、〈中庸〉研究》和郑一均的《茶山四书经学研究》。也有以《论语古今注》为研究主体的专著,比如金暎镐的《丁茶山의〈论语〉解释에관한研究:〈论语古今注〉를中心으로》[②],探讨了丁若镛的解经思路以及对于《论语》原文的解读。

论文方面,金彦钟回韩国之后也发表了不少关于丁若镛《论语》学的论文,有《丁茶山의〈论语古今注〉에受容된古学派经说小考》[③]和《茶山〈论语

[①] 白敏祯著,李永男译:《丁若镛哲学思想研究》,苏州大学出版社,2013年,第172—205页。

[②] 金暎镐:《丁茶山의〈论语〉解释에관한研究:〈论语古今注〉를中心으로》,成均馆大学校大学院出版社,1994年。

[③] 金彦钟:《丁茶山의〈论语古今注〉에受容된古学派经说小考》,见《渊民李家源先生七秩颂寿纪念论丛》,1987年。

古今注〉所吸收的萱园学派的论语学说》①，讨论《论语古今注》中吸收的日本古学派（尤其是古文辞学派，也叫萱园学派）的《论语》诠解；《辨析茶山丁若镛的论语精义九条》②试图通过讨论丁若镛《自撰墓志铭》中精要概括的九条义理来了解丁若镛《论语》说的核心；《丁茶山의朱子〈论语集注〉批判》③则通过比较《论语古今注》与《论语集注》中的义理分析，说明丁若镛的反朱子学倾向。

郑琮的《丁茶山著〈论语古今注〉의构造의分析과그孔子思想（其一、其二）》④，主要分析了《论语古今注》的全体构造、书中原典及事例的引用情况，以及丁若镛和孔子思想的联系。

通观丁若镛的学术研究现状，我们可以看到，对于丁若镛的思想及文学等方面，国内已有不少学者研究论述，但对其《论语》学的研究寥寥。中国台湾地区对丁若镛的《论语》学、四书学颇为关注，但也多从哲学角度剖析，其训诂学方面的成就则鲜有人问津。金彦钟的《丁茶山〈论语古今注〉原义总括考征》是唯一一本以《论语古今注》为研究主体的著作，但其以《论语古今注》卷首175则原义为研究主体，对《论语古今注》的训诂成就则较少关注。纵览丁若镛的研究，对中国儒家正统"十三经"均有释解评议，留下了《孟子要义》《论语古今注》《诗经讲义》《尚书古训》等经典著作。这些讲经解经的文本中蕴藏着丁若镛丰富的训诂成果，同时，也给后代留下了很多训诂资料。丁若镛的《论语古今注》在援引汉儒、宋儒、日本古学派和韩儒等各家训释的基础上，发挥自己的见解，可以说是朝鲜王朝《论语》注释的

---

① 金彦钟：《茶山〈论语古今注〉中所吸收的萱园学派的论语学说》，载《茶山学》2002年第3期，第70—111页。

② 金彦钟：《辨析茶山丁若镛的论语精义九条》，见《茶山的四书经学》，商务印书馆，2008年。

③ 金彦钟：《丁茶山의朱子〈论语集注〉批判》，载《汉字汉文教育》2014年第33期，第473—506页。

④ 郑琮：《丁茶山著〈论语古今注〉의构造의分析과그孔子思想（其一）》，载《茶山学报》1980年第3期，第3—44页；《丁茶山著〈论语古今注〉의构造의分析과그孔子思想（其二）》，载《茶山学报》1980年第4期，第87—130页。

集大成者。因此，本书将从《论语古今注》的训诂内容、训诂方法两方面着手，运用文献分析法、对比分析法和归纳法，探讨丁若镛的训诂特点、成就及其经学思想。

文献分析法将是本书主要的研究方法，通过分析《论语古今注》中丁若镛对于《论语》的训释，以及其对前人训释的议论，总结《论语古今注》中的训诂方法和特色，以及丁若镛的训诂中体现的治经精神。本书的研究论述中的对比分析法则主要涉及三个方向的对比：第一，针对同一《论语》原文，对比分析丁若镛和各注家的注释，对丁若镛有争议的训释部分提出质疑，言之成理的部分予以肯定，不确定的训释部分阙疑慎言，仅列出各家说法。第二，通过丁若镛对汉儒、宋儒、日本古学派、韩儒四方注释的取舍对比分析，以察丁若镛与各注家在学术思想上的关系，以及其对各注家的态度。第三，通过丁若镛的《论语古今注》与朝鲜王朝其他学者对于《论语》的诠释著作的对比分析，以察《论语古今注》在朝鲜儒学研究史上的优越性。在进行了文献分析、举例论证、对比分析和统计分析之后，用归纳法总结丁若镛的训诂方法、训诂特点，丁若镛与汉儒、宋儒、日本古学派、韩儒的学术渊源以及丁若镛的经学思想。

本书以期弥补丁若镛训诂学研究上的不足，也希望能够对以东亚为视野的儒学研究起到一点促进作用。

第二章
《论语古今注》的训诂内容

何为训诂？孔颖达在《诗经·周南·关雎》的疏中这样解释："诂者，古也。古今异言，通之使人知也。训者，道也。道物之形貌以告人也。……训诂者，通古今之异辞，辨物之形貌，则解释之义尽归于此。"黄侃先生则说："诂者，故也，即本来之谓。训者，顺也，即引申之谓。训诂者用语言解释语言之谓。"①从古至今，"训诂"的基本工作是不变的，即"用易知易懂的语言来解释古代难知难懂的文献语言"②。训诂是传统语言文字学的一个重要组成部分。早在宋代，已有学者指出"训诂"是传统"小学"里的一个重要门类。如欧阳修的《崇文总目叙释·小学类》言：

> 《尔雅》出于汉世，正名命物，讲说者资之，于是有训诂之学。文字之兴，随世转易，务趋便省，久后乃或亡其本，《三苍》之说，始志字法，而许慎作《说文》，于是有偏旁之学。五声异律，清浊相生，而孙炎始作《字音》，于是有音韵之学。篆、隶、古文，为体各异，秦、汉以来，学者务极其能，于是有字书之学。先儒之立学，其初为法，未始不详而明，而后世犹或讹失，故虽小学，不可阙焉。③

晁公武的《郡斋读书志》也说："文字之学凡有三：其一体制，谓点画有纵横曲直之殊；其二训诂，谓称谓有古今雅俗之异；其三音韵，谓呼吸有清浊高下之不同。……三者虽各名一家，其实皆小学之类。"④时有古今，注释经典的办法，无不是从文字训诂之法开始的，诚如戴东原语："由文字以通乎语言，由语言以通乎古贤圣之心志，譬之适堂坛之必循其阶，而不可以躐等。"⑤

一般而言，有两种训诂材料，第一种是"附在文献正文后面的注释，前

---

① 黄侃述，黄焯编：《文字声韵训诂笔记》，武汉大学出版社，2013年，第181页。
② 王宁：《训诂学原理》，中国国际广播出版社，1996年，第32页。
③ 欧阳修：《崇文总目叙释·小学类》，见李之亮笺注：《欧阳修集编年笺注》第7册，巴蜀书社，2007年，第79—80页。
④ 晁公武撰，孙猛校证：《郡斋读书志校证》卷一，上海古籍出版社，1990年，第145—146页。
⑤ 戴震著，赵玉新点校：《戴震文集·古经解钩沈序》，中华书局，1980年，第146页。

人所称的'传'、'说'、'解'、'诠'、'疏'、'证'、'微'、'诂'、'注'、'义证'、'正义'之类"[1]；第二种是根据一定的原则条例编集而成的训诂数据集或者专书，如以义相从的《尔雅》，以部首相从的《说文解字》之类。《论语古今注》则属于前者。且丁若镛十分重视训诂之学，有"字义之训诂不明，则义理因而晦"之语，因而《论语古今注》拥有丰富的训诂内容。

第一节
考察旧注

《论语古今注》一书可以说就是丁若镛对古今《论语》旧注的考察之书。丁若镛在书中参考、引用了大量前贤的注释和观点，斟酌各家是非。在《论语古今注》中，丁若镛认可的注解，一般直接征引节录；或是征引之后，在结尾处下"其说是、可从"之类的肯定之语。有时在援引了旧注之后，丁若镛还想补充发言，就会在征引之后言"补曰"或"按/案……"（不管有没有引用别家注解，丁若镛凡是发表自己的见解之时，都会先言"补曰"）。而丁若镛否定的旧注，则在引用之后言"驳曰：非也"，接着叙述其不妥缘由。书中各体例条目，"驳曰"数目繁多，皆是丁若镛言各家旧注可商榷之处，所谓"取其讼者而论断之"。

一、直接援引例

（1）1.4 曾子曰："吾日三省吾身：为人谋而不忠乎？与朋友交而不信乎？传不习乎？"

马曰："曾子，弟子曾参。"○朱子曰："曾子以此三者日省其身。传

---

[1] 王宁：《训诂学原理》，中国国际广播出版社，1996年，第33页。

谓受之于师，习谓熟之于己。"邢曰："吾每日三自省察己身。"①

按：朱熹《论语集注》："尽己之谓忠。以实之谓信。传，谓受之于师。习，谓熟之于己。曾子以此三者日省其身，有则改之，无则加勉，其自治诚切如此，可谓得为学之本矣。"②丁若镛直接征引朱子的注解，不自行另注。

（2）2.1 子曰："为政以德，譬如北辰，居其所而众星共之。"

包曰："德者无为，犹北辰之不移而众星共之。"○驳曰：非也。③

许石城云："说者泥注，无为二字遂谓为政二字，纯落空不几柱下漆园之致乎。"○苏紫溪云："德是修身为本也。身正而天下国家皆正，故譬如北辰居所而众星共。不必添无为意。"○方孟旋云："北辰之譬谓其建极，何有无为民归的说话。"○邵端简云："传注增了无为一语，添得文人学士许多障碍。"○案：明儒之论已如此矣。④

按：丁若镛反驳孔子为政没有无为的意思，"纮父云：子张问政，子曰：居之无倦，正与居其所而无为者相反"⑤。并且丁若镛认为孔子赞扬的尧舜之治是积极进取、奋发事功的。又接连引用许石城、苏浚、方应祥、邵端简的见解，以说明无为为政一语"实当时儒臣变乱儒说，参易圣经，大启惠帝荒政及清谈虚无神州陆沉之渐"⑥。孔子所主张的为政应是有为的、积极的，无为之类的主张是黄老之学，"非吾家之言"。引用数家旧注之后，丁若镛案"明儒之论已如此矣"，表明自己的赞同态度。

二、补充说明例

（1）1.14 子曰："君子食无求饱，居无求安，敏于事而慎于言，就有

---

①丁若镛：《论语古今注》卷一，见《与犹堂全书》第二集，第26页。
②朱熹：《四书章句集注·论语集注》，中华书局，2018年，第48页。
③丁若镛：《论语古今注》卷一，见《与犹堂全书》第二集，第43页。
④丁若镛：《论语古今注》卷一，见《与犹堂全书》第二集，第46页。
⑤丁若镛：《论语古今注》卷一，见《与犹堂全书》第二集，第46页。
⑥丁若镛：《论语古今注》卷一，见《与犹堂全书》第二集，第46页。

道而正焉,可谓好学也已。"

孔曰:"有道,有道德者。正,谓问其是非。"○按:食与居皆所以养小体也。先言此者,明克已在先。①

按:此处虽无"补曰",但丁若镛引孔安国注"有道"与"正"之后,接着下"按"语,补充他对于这一章原文立意的理解。君子于饮食不追求饱足;于居所不追求安逸;对工作勤奋努力,说话却谨慎;接近有道德有学问的人并向他学习,纠正自己的缺点,就可以称得上是好学了。丁若镛认为"食与居"都是用以养"形骸之外"之"小体"的,孔子之意是劝诫学子要克制约束自己,不贪图外在享受。"大体小体"说来自《孟子·告子上》:"体有贵贱,有小大。无以小害大,无以贱害贵,养其小者为小人,养其大者为大人。""从其大体为大人,从其小体为小人。"杜国庠先生认为孟子用来区分心和感官的关系的标准是"思":"什么是'小体'呢?那是'耳目之官'。什么是'大体'呢?那是'心之官'。拿什么来分大小贵贱呢?那是'思'与'不思'。"②孟子的这一学说由宋明理学完全继承,进而深深影响了朝鲜王朝的学者,丁若镛即多次论述"大体小体"与"君子"的关系,如对"君子谋道不谋食"的看法就是:"道者,大体之所遵,食者,小体之所享,故君子所谋在大而不在小也。"③

(2) 2.9 子曰:"吾与回言,终日不违如愚。退而省其私,亦足以发,回也不愚。"

孔曰:"回,弟子姓颜字子渊。"○朱子曰:"不违者,意不相背有听受无问难。"○补曰:退而省者,颜子退而孔子省之也。○纯曰:"私者,公之对。孔门弟子以进见孔子为公,其他朋友相与谓之私。"○孔曰:"察其退还与二三子说释道义发明大体。"○补曰:发如花之含花而

---

① 丁若镛:《论语古今注》卷一,见《与犹堂全书》第二集,第40页。
② 杜国庠:《杜国庠文集》,人民出版社,1962年,第26页。
③ 丁若镛:《论语古今注》卷八,见《与犹堂全书》第二集,第133页。

吐英也。《易》曰："含章可贞以时发也。"夫子之言简严如含花，颜子发其旨如吐英。①

按：丁若镛引朱熹《论语集注》、太宰纯《论语古训》、孔安国《论语集解》的注释，然后以"补曰"补充说明自己对于此章句的理解。

"退而省其私"一句并未出现动词的主语，所以各注家的注释在此产生了分歧。皇侃《论语义疏》对这一句的注释是："退谓回听受已竟，退还其私房时也。省，视也。其私谓颜私与诸朋友谈论也。……今观回退还私房与诸子复述前义。"皇侃认为是颜回退而省。朱子《论语集注》："私谓燕居独处，非进见请问之时……及退省其私，则见其日用动静语默之间，皆足以发明夫子之道。"朱子则认为是孔子退而省。杨逢彬《论语新注新译》说："'不违如愚'和'亦足以发'未出现的主语都是颜回，这是没有异议的。如皇说，则三句的主语一气贯穿，正和'回也不愚'相呼应。如朱说，则是孔子'退而省其私'，而颜回'皆足以发明夫子之道'，文气不相连贯。"所以，杨逢彬同意皇侃的"颜回退"之说。并且列举了文献中"退"的多种用例，说明"退"表示"退走"义时具有"客对主而言'退'、卑对尊而言'退'两个特点。……因此，孔子和学生讲学时，都是学生'退'"②。比如《论语·颜渊篇》："樊迟问仁……樊迟退。"《礼记·仲尼燕居》："仲尼燕居，子张子贡言游侍……子贡退。"丁若镛认为"退而省"是"颜子退而孔子省"，"省"是"察"的意思，"省其私"是"孔子观察颜渊与朋友私讲"的意思。这里又有分歧，皇侃认为"其私谓颜私与诸朋友谈论也"，朱子认为"私谓燕居独处"，丁若镛则觉得"燕居独处但当默然端坐其足以发不足以发，夫子何以知之"。然后举了《论语·里仁篇》"吾道一以贯之"章为例，认为"曾子退而答门人之问"就是"朋友之私讲"的"私"。③

---

①丁若镛：《论语古今注》卷一，见《与犹堂全书》第二集，第58页。
②杨逢彬：《论语新注新译》，北京大学出版社，2016年，第22—23页。
③《论语·里仁篇》："子曰：'参乎！吾道一以贯之。'曾子曰：'唯。'子出，门人问曰：'何谓也？'曾子曰：'夫子之道，忠恕而已矣。'"参见丁若镛：《论语古今注》卷一，见《与犹堂全书》第二集，第59页。

第二章 《论语古今注》的训诂内容

丁若镛对"私"的注解大体从皇侃所说,不过在"退而省"的主语问题上有自己的异议。然而,观古代文献中"退而+动词"用法的语例,一般两个动词都是跟从于同一个主语的。比如《左传·哀公元年》:"弗听。(伍员)退而告人曰……"《孟子·公孙丑下》:"非也。予崇,吾得见王,退而有去志。"《汉书·董仲舒传》:"古人有言曰:'临渊羡鱼,不如退而结网。'"司马迁《报任安书》:"退而论书策以舒其愤。"所以,丁说有待商榷。

(3) 15.32 子曰:"君子谋道不谋食。耕也,馁在其中矣;学也,禄在其中矣。君子忧道不忧贫。"

补曰:道者,大体之所遵,食者,小体之所享,故君子所谋在大而不在小也。○补曰:足食者必不肯躬耕,方其耕时,馁在其中矣。不足故急于谋食。乏食者必不遑就学,方其学时,禄在其中矣。有余故暇于谋道。不待既获而后计其粮而知馁,既仕而后受其饩而知禄也。○补曰:谋食者似智而馁已先显,谋道者似迂而禄已先及,故君子忧道不忧贫。①

按:丁若镛先以"补曰"补充对孔子原意的阐述,即将"道"与"食"区分为"大体之所遵"与"小体之所享",依孔子之意将二者分大小高下。继而再用"补曰"补充自己的见解。对这一章的理解,丁若镛与传统注家有很大的不同,杨伯峻将这一章解释为:"君子用心力于学术,不用心力于衣食。耕田,也常常饿着肚皮;学习,常常得到俸禄。君子只着急得不到道,不着急得不到财。"②其他注家除了个别字词的翻译有所差异,总体表达的意思都是孔子认为君子应以"谋道"为先,耕田饿肚不如求学食禄。丁若镛则认为这一章讲的不是"耕"与"学"能带来的结果,而是"耕"与"学"所拥有的前提。在丁若镛看来,饿肚子的人才会去耕田,不用为生计奔波的人才有余力就学,即"不足故急于谋食""有余故暇于谋道"。

如果就贴近孔子原意来看,传统注解当更为合适,因为孔子一向主张君

---

① 丁若镛:《论语古今注》卷八,见《与犹堂全书》第二集,第133页。
② 杨伯峻:《论语译注》,中华书局,2009年,第166—167页。

子对"道"的追求,对物质条件的轻视,如《论语》所说的:"君子食无求饱,居无求安,敏于事而慎于言,就有道而正焉,可谓好学也已。"(《学而篇》)"士志于道,而耻恶衣恶食者,未足与议也。"(《里仁篇》)"贤哉,回也!一箪食,一瓢饮,在陋巷,人不堪其忧,回也不改其乐。贤哉,回也!"(《雍也篇》)"子欲居九夷。或曰:'陋,如之何?'子曰:'君子居之,何陋之有!'"(《子罕篇》)"子曰:'君子固穷,小人穷斯滥矣。'"(《卫灵公篇》)孔子对精神层面的追求已经颇有些理想主义,包括《子路篇》"樊迟请学稼",都是孔子教导学生们应以"学而优则仕"为己任的证据。丁若镛的注解则明显受到其实学思想的影响,甚至符合马克思主义的基本原理,实事求是地、朴实地将物质温饱作为正常人的基本需求,将求学谋道看作是满足了温饱条件之后才有余力可作之事。

三、反驳说明例

(1) 1.1 子曰:"学而时习之,不亦说乎?"

邢曰:"称师曰子。"《公羊传》曰:"子沈子。"何休云:"称子冠氏上者,著其为师也。"直言子曰者,以其圣德著闻师范来世,不须言其氏,人尽知之也。獿云:"孔门称夫子曰子者,内辞也。如《春秋》称鲁君曰公。"○补曰:学,受教也。习,肄业也。时习,以时习之也。说,心快也。皇云:"怀抱欣畅也。"《兑》卦上开《夬》卦亦然,悦、快义相近也。《兑》卦象传云:"说以先民。"○补曰:朋,同道者也。《坤》卦注。自远方来,则其人必豪杰,致之者亦贤哲也。乐,深喜也。朱子曰:"悦是感于外而发于中,乐是充于中而溢于外。"人不知谓人不知我之学成也。愠,心有所蕴结也。《诗·桧风》云:"我心蕴结兮。"《易》曰:"不见是而无闷。程子云。"○补曰:君子,有德之称。郑玄《玉藻》注曰:"君子,大夫士。"又云:"君子,士已上。"《少仪》注曰:"君子,卿大夫。"《孟子》云:"非野人莫养君子。"君子云者,大君之子也。犹王者之称天子也。古惟有德者得在位,故后世虽无位,凡有德者称君子。

第二章 《论语古今注》的训诂内容

或曰："学者，业道之名。"贾谊《新书》引《逸礼》："小学业小道，大学业大道。"○驳曰：非也。《学记》曰："人不学不知道。"孔子曰："吾十有五志于学。"此方是业道之名。《说文》曰："学，觉也，谓先觉觉后觉也"，然此亦造字之原义，非此经之所宜引。①

按："反驳说明例"一般在"直接援引例"和"补充说明例"之后，丁若镛在引前人说解与自我补充对《论语》原文进行疏通之后，次引前人之说解不当者进行辩驳。有时直接说明反驳的对象，比如引"马曰""包曰""孔曰"等之后"驳曰"，有时仅引之为"或曰"。大部分情况丁若镛在"驳曰"之后进一步说解，有时则仅表示"非也"，但不进行说解。

此处的"或曰"，丁若镛未言出处，疑为毛奇龄《论语稽求篇》："学之言效，从来无此解，按：学者，业道之名。"②丁若镛补充贾谊《新书》文句辅助说明"学者，业道之名"为何意，然后否定此说，言"驳曰：非也"。因为丁若镛在前文已经说明了其对"学"的训释："学，受教也"，所以这里就不赘释。另补充《学记》之"学"、"吾十有五志于学"之"学"才应训为"业道之名"。《说文》的造字原义，也不适用于此。

（2）10.34 色斯举矣，翔而后集。曰："山梁雌雉，时哉时哉！"子路共之，三嗅而作。

补曰：色，骇貌。哀六年《公羊传》曰："见之色然而骇。"何休云："色然，惊骇貌。"翔者，飞之盘回也。○补曰：鸟之腾骞曰举。汉歌云："一举千里。"其下止曰集。周云："回翔审视而后下止。"此二句盖古语，以鸟之避害虑患喻君子之易退难进也。○补曰：山梁，山溪之小桥也。时哉时哉，谓可去之时也。孔子见射雉者行于山梁。《易》云："射雉一矢亡。"为诵古语曰："雉乎雉乎，时哉时哉"，悲其将死，欲其色举以避害也。○补曰：共者，供也。《周礼》云："庖人共六兽六禽。"嗅者，鼻歆其气也。

---

① 丁若镛：《论语古今注》卷一，见《与犹堂全书》第二集，第19—20页。
② 毛奇龄：《论语稽求篇》卷一，见影印文渊阁四库全书本第210册，商务印书馆，1974年，第136页。

邢氏云。○何曰："作，起也。"○补曰：雉竟死矣，子路谓孔子亟称时哉，意其以时物而思食之故，熟而进之，孔子非本意，不忍食，故三嗅而作。邢云："又不可逆子路之情，故三嗅其气。"①

韩曰："以为食具非其旨。吾谓'嗅'当为'呜呜'之'呜'，雉之声也。"○晁说之曰："石经'嗅'作'戛'，谓雉鸣也。"○刘勉之曰："'嗅'当作'狊'"，张两翅也。○朱子曰："若如晁刘之说，则共字当为拱执之意。"○董曰："共者，向也。众星共之、子路拱而立皆向之意。"○驳曰：韩晁刘董之说皆非也。呜呜者，鸟也。雉其有呜呼？戛然长鸣者，鹤也。雉其能戛乎？狊者，鸟伸也。张两翅。倦怠而后伸之。义见《尔雅疏》。惊飞者能狊乎？拱者，敛手也。曰执曰向都无古据，其可为训乎？②

按："韩曰"出自韩愈《论语笔解》，韩愈认为原文"嗅"当为"呜"字，意为雉鸟的叫声。朱子《论语集注》引晁、刘说，晁说之认为唐石经"嗅"为"戛"字，也是雉鸟的叫声。刘勉之认为"嗅"当为"狊"字，意为雉鸟张开两翅的样子。朱子按："如果按照晁、刘的解释，那共字就要训为'拱手'了。"丁若镛反对以上四说，认为"呜"和"戛"都不是雉鸟的叫声。"狊"意为鸟倦怠而伸张两翅，和鸟惊飞的情境不符。"拱"只有"敛手"的意思，"拱"训为"执"或者"向"都是无据之谈。丁若镛认为，"共"训为"供"，"嗅"训为"鼻歆其气"，"子路共之，三嗅而作"的意思是子路领会错了孔子的意思，给孔子呈上了煮熟的雉鸟，孔子只嗅了几下并没有吃就起身离开了。丁若镛对于韩愈的说解大多持反对意见，并且对于韩愈擅改《论语》原文的做法很不赞同，比如《子罕篇》："子曰：'可与共学，未可与适道；可与适道，未可与立；可与立，未可与权。'"韩愈认为："夫学而之道者，岂不能立耶？……吾谓正文传写错倒，当云'可与共学未可与立，可与适道未可与权'，如此则理通矣。"③丁若镛认为韩愈此等解法主要是基于自我

---

① 丁若镛：《论语古今注》卷五，见《与犹堂全书》第二集，第37页。
② 丁若镛：《论语古今注》卷五，见《与犹堂全书》第二集，第39页。
③ 韩愈：《论语笔解》，中华书局，1991年，第12页。

的概念理解，而非以文献为根据，可以说是"凭一己之见就断定经文错倒"①，这是不足取的，并且对此提出了批评："非也，经不可改也。"

第二节
解释词义

黄侃先生指出："训诂之事，在解明字义和词义。"②作为语言中最小的表意单位，词和词义是变化最大、反映社会最敏感的语言要素，"训诂能使古今如旦暮"，要想通古今异言，必然以解释词义为训诂的基础工作。丁若镛《论语古今注》作为《论语》的注释之书，自然对词义的解释作了大量工作。江沅《说文解字注后叙》："本义明而后余义明，引申之义亦明，假借之义亦明。"③对词义的关系作了简明的概括。《论语古今注》中解释本义和引申义的例子比较多，解释假借义的例子较少，兹略举几例如下。

一、解释本义

（1）6.2 哀公问："弟子孰为好学？"孔子对曰："有颜回者好学，不迁怒，不贰过，不幸短命死矣。今也则亡，未闻好学者也。"《释文》云："他本或无亡字。"

纯曰："亡如字读，谓今也则不在世。"《诗》云："予美亡此。"

邢曰："亡，无也。言今则无好学者矣。"○纯曰如是，则此句与下文语意重复。○案：既曰今则无好学者，又曰未闻好学者，诚重叠矣。④

---

① 方旭东：《章句之学不可忽——朱子〈论语集注〉"可与共学"章的章句问题》，载《厦门大学学报》2014年第4期，第105页。
② 黄侃述，黄焯编：《文字声韵训诂笔记》，武汉大学出版社，2013年，第195页。
③ 段玉裁：《说文解字注》，上海古籍出版社，1981年，第788页。
④ 丁若镛：《论语古今注》卷二，见《与犹堂全书》第二集，第202—203页。

按:"今则也亡",一般注家认为"亡"通"无",此句释为"现在没有这样(好学)的人了"。丁若镛则赞同太宰纯的意见,认为"亡"应该作本字解,如字读则此句意为"如今则不在世了",丁氏认为如果"亡"通"无",则与下句"未闻好学者"意义重叠了,夫子不必如此赘言。

(2) 10.20 君命召,不俟驾行矣。

补曰:马在轭中曰驾。两服两骖备然后得驾车,其间迟也。①

按:《说文·马部》:"驾,马在轭中。从马,加声。"②本义是把车套在牲口身上。③古代用四匹马牵引的车驾,中间夹着车辕的两马称为两服,旁边的两马称为两骖。《诗经·郑风·大叔于田》:"两服齐首,两骖如手。"《诗经·小雅·车攻》云:"四黄既驾,两骖不猗。"所以丁若镛说等"两服两骖"都准备好之后再行动的话就会迟了。

(3) 10.25 有盛馔,必变色而作。

补曰:馔者,饮食之陈列也。④

按:先秦古文字材料中尚未见"馔"字,"馔"最早出现在《说文·食部》正篆"籑"之下为其或体。《说文》云:"籑,具食也。"陈设、备办食物的意思。丁若镛将"馔"训为"饮食之陈列也",是解释"馔"之本义。

另外,《为政篇》"子夏问孝"章有"有酒食先生馔",丁若镛将这个"馔"训为"陈列"义,"馔,陈列也。凡长幼同会,有事则卑幼者例服其劳,有酒食则尊长所食,例先陈设,此乡党之恒礼也"⑤。《论语注疏》:"马(融)曰:'馔,饮食也。'"丁若镛认为不确,举《仪礼》中的例子为证以反驳:

---

① 丁若镛:《论语古今注》卷五,见《与犹堂全书》第二集,第30页。
② 許慎撰,徐鉉校定:《说文解字》,中华书局,2013年,第199页。
③ 李学勤:《字源》,天津古籍出版社,2012年,第860页。
④ 丁若镛:《论语古今注》卷五,见《与犹堂全书》第二集,第34页。
⑤ 丁若镛:《论语古今注》卷一,见《与犹堂全书》第二集,第57页。

"《士冠礼》曰：筵馔于西塾，《士昏礼》曰：醯酱馔于房中，《仪礼》诸篇凡言馔者皆陈列之义也，今训饮食可乎？"①丁若镛认为《仪礼》中的"馔"都作"饮食陈列"解，"有酒食先生馔"的意思是为长辈布置酒食，"馔"解作"陈列"。

段玉裁在《说文解字注》中辨析了一下《仪礼》和《论语》中出现的"馔""籑""餕"三字：

> 马云："饮食也。"郑作餕，食余曰餕。按：马注者，《古论》。郑注者，……则是从《鲁论》作餕者。何晏作馔，从孔安国、马融之《古论》也。据《礼经》特牲、少牢注皆云："古文籑作餕。"许书则无餕有籑、馔字，是则许于《礼经》从今文不从古文也。但《礼经》之"籑"训食余，而许籑、馔同字，训为具食，则食余之义无箸。且《礼经》言馔者多矣，注皆训陈，不言古文作餕。食余之字皆作籑，未有作馔者。然则《礼》馔、籑当是各字，馔当独出，训具食也。籑、餕当同出，训食余也，乃与《礼经》合。若《论语》鲁餕、古馔，此则古文假馔为餕。此谓养亲必有酒肉，既食恒餕，而未有原，常情以是为孝也。②

段玉裁认为，何晏、马融作"馔"是据《古论语》，郑玄作"餕"是据《鲁论语》。《仪礼》中出现的"馔"不再是"籑"的同字，而应独出，训作"具食"，陈列食物义。《仪礼》中的"籑"和"餕"应为同出，训作"食余"，意为吃剩下的食物。而《论语》中"先生馔"一文，《鲁论语》作"餕"，《古论语》作"馔"，应该是《古论语》假"馔"为"餕"。段玉裁的说法可参看之。

---

①丁若镛：《论语古今注》卷一，见《与犹堂全书》第二集，第57页。丁若镛所引《仪礼》文，"筵馔于西塾"出自《仪礼·士冠礼》："筵与席，所卦者，具馔于西塾。""醯酱馔于房中"出自《仪礼·士昏礼》："馔于房中，醯酱二豆，菹醢四豆。"此两处"馔"都是陈列（食物）之义。

②段玉裁：《说文解字注》，上海古籍出版社，1981年，第219—220页。

二、说明引申义

（1）2.11 子曰："温故而知新，可以为师矣。"

何曰："温，寻也。"《中庸》云："温故而知新。"郑注云："温，读如燖温之温。故学之熟矣，后时习之谓之温。"①

按："温"，本字为"昷"。《说文·水部》"温"字下只有"水名"的释义，"温"字本为河流的名字。"昷，仁也"，会意，篆书为昷，上面是个"囚"，意思是拿东西给囚犯吃，是一个仁行，所以温暖。段玉裁《说文解字注》"昷"字下言："凡云温和、温柔、温暖者，皆当作此字。温行而昷废矣。"何晏注："温，寻也。"邢昺《论语注疏》引《中庸》云："温故而知新。"郑玄注《中庸》云："温，读如燖温之温。"《左传·哀公十二年》："公会吴于橐皋。吴子使太宰嚭请寻盟。公不欲，使子贡对曰：'……盟若可寻也，亦可寒也。'"贾逵注云："寻，温也。"又《仪礼·有司彻》："乃燅尸俎。"郑注："燅，温也。……古文燅尸俎皆作寻，《记》或作燖。""燖"是用火烧熟的意思。《礼记·曲礼上》："凡为人子之礼，冬温而夏凊。""温"作"使温暖"解。后来"燖温"就引申为"温习"之义。

丁若镛说："何曰：寻，绎故者，又知新者可以为人师。"然后反驳何晏的这一注解，认为"寻"通"燖"，不是"紬绎之义"。

（2）2.23 子张问："十世可知也？"子曰："殷因于夏礼，所损益可知也。周因于殷礼，所损益可知也。其或继周者，虽百世可知也。"

补曰：因，仍也，袭也。②

按：《说文·口部》："因，就也。"段玉裁《说文解字注》："'就'下曰：'就，高也。'为高必因丘陵，为大必就基址。……'人部'曰：'仍，因也。'《论语》：'因不失其亲'，谓所就者不失其亲。"丁若镛将"因"注为

---

① 丁若镛：《论语古今注》卷一，见《与犹堂全书》第二集，第60页。
② 丁若镛：《论语古今注》卷一，见《与犹堂全书》第二集，第74页。

"仍也，袭也"，并引《孟子·离娄上》"为高必因丘陵"为补充说明。用的是"因"的引申义"承袭"的意思。需要注意的是，杨逢彬《论语新注新译》把"因不失其亲"的"因"解为"姻"的通假字，释为"姻亲"。

《字源》引《甲骨编》说"因"的商代甲骨字形为 、 ，"从人在衣中"，是"裀"的初文，本义指内衣。① 由"近身衣"的意思引申为"亲"，《广雅·释诂》云："因，亲也。"《仪礼·丧服》："继母之配父，与因母同。"郑玄注："因，犹亲也。"后又引申出"缘"（见《广韵·真韵》）、"仍"（见《广韵·真韵》）、"就"（见《说文》）等意义。

三、指明假借义

（1）5.7 子曰："道不行，乘桴浮于海，从我者其由与？"子路闻之喜，子曰："由也好勇过我，无所取材。"

补曰：子路闻之者，时不在坐，追闻之也。喜者，喜其知己。〇补曰：材财通。《孟子》云："有达财者。"财裁通。《泰》卦云："财成天地之道。""取材"谓裁度事理之当否也。孔子知子路喜，乃明言，所以独许子路之意曰桴可以济小水不可以涉大海，凡裁度事理者必不从我，独由也。好勇过我又遇事直前无所裁度，故我特许由从行，非谓门人之中惟由独贤也。②

按："无所取材"的注解关乎对整句话的理解。孔子说如果自己的道无法推行了，想乘着木排漂流海外的话，跟随他的，恐怕只有仲由。子路听到这个话很高兴。汉儒一般认为此处的"材"指木材，"无所取材"指没有渡海的桴材；宋儒一般认为此处"材"通"裁"，"无所取材"谓子路不能裁度事理。不过他们都认为此章所言子路高兴的是能和老师一起乘桴浮海，所以孔子后半句所说"无所取材"，实际上是认为子路没有听懂自己的话故以微言讽之。丁若镛则与他们不同，认为孔子赞赏的是子路这一腔明知不可为而

---

① 李学勤：《字源》，天津古籍出版社，2012 年，第 561 页。
② 丁若镛：《论语古今注》卷二，见《与犹堂全书》第二集，第 165 页。

为之的勇气，如果是为了传道的话，哪怕是乘桴浮海也愿意跟随老师。"材"通"裁"，意为"裁度"，"无所取材"的意思是子路不是遇到事情会仔细计量其可行性的人，所以乘桴浮海这种一听就做不到的事情只有子路会义无反顾地跟随。而孔子知道子路闻之喜，是师徒相知，所以明言自己独许子路的理由。

（2）7.17 子曰："加我数年，五十以学易，可以无大过矣。"

补曰："加"当作"假"。从《史记》。谓天庶几借我以数年之寿也。①

按："加我数年"之"加"，丁若镛认为当作"假"，"借"的意思。"从《史记》"是因为《史记·孔子世家》作"假我数年"。《史记·孔子世家》言及孔子学易："孔子晚而喜易，序彖、系、象、说卦、文言。读易，韦编三绝。曰：'假我数年，若是，我于易则彬彬矣。'"刘宝楠《论语正义》："《风俗通义·穷通卷》引《论语》亦作'假'。《春秋·桓元年》：'郑伯以璧假许田。'《史记·十二诸侯年表》作：'以璧加鲁，易许田。'"故刘宝楠按："是'加'、'假'通也。"②

（3）8.13 子曰："笃信好学，守死善道。"

补曰：善，犹修也。通作缮，亦修治也。③

按：丁若镛将"善"解作"修缮"，动词，认为"善"通"缮"。并且引《庄子·养生主》为例："《庄子》云：'庖丁善刀而藏之。'"庖丁善刀而藏，"善"通"缮"。后世宋祁还有诗《赢疾益间呈聂长孺学士》云："聊寻秘方枕，更缮养生刀。"丁若镛认为这一句的意思是"笃其信道之诚以好学也，守其至死不变之志以修道也"④。"善道"即"修道"，《中庸》有所谓"修道之谓教"。

---

① 丁若镛：《论语古今注》卷三，见《与犹堂全书》第二集，第69页。
② 刘宝楠撰，高流水点校：《论语正义》，中华书局，1990年，第268页。
③ 丁若镛：《论语古今注》卷四，见《与犹堂全书》第二集，第102页。
④ 丁若镛：《论语古今注》卷四，见《与犹堂全书》第二集，第102页。

第二章 《论语古今注》的训诂内容

国内的注家有关"善"的注释也有分歧，一种释为形容词"善"，比如邢昺《论语注疏》："'守死善道'者，守节至死，不离善道也。"则是将"善"解为"好"，形容词。皇侃《论语义疏》："宁为善而死，不为恶而生，故云守死善道也。"也将"善道"解为"正义的道"。另一种释为动词"善"，比如朱熹"不守死，则不能以善其道……盖守死者笃信之效，善道者好学之功"，将"善道"解为"以求善其道"。还有一种释为名词"善"，认为与"道"并立，将"善道"解为"善"与"道"。

（4）13.25 子曰："君子易事而难说也，说之不以道不说也，及其使人也器之；小人难事而易说也，说之虽不以道说也，及其使人也求备焉。"

补曰：事谓奉承也，说，媚悦也。

【考异】《曲礼》曰："礼不妄说人。"郑注曰："为佞媚也。君子说之不以其道则不说也。"○孔疏曰："此引《论语》文。"又曰："礼动不虚说，凡说人之德，则爵之。说人之寒，则衣之。若无爵无衣，则为妄说，近于佞媚也。"○案：此是异义，上说字游说也，下说字悦乐也。①

按："礼不妄说人"，"说"通"悦"，意为礼要求人们不随便取悦别人。郑注引《论语》文注之，一般注家将《论语》此章之"说"都看作是"悦"之通假字。此章解为"在君子手下做事很容易，但要取得他的欢心却很难。用不正当的方式去取悦他，他是不喜的；等到他用人的时候，能按各人的才德去分配任务。在小人手下做事很难，但要想讨好他却很容易。用不正当的方式去讨好他，他也会很高兴；但在用人的时候，却会百般挑剔、求全责备"。丁若镛在"考异"另备一说："上说字游说也，下说字悦乐也。"

---

① 丁若镛：《论语古今注》卷六，见《与犹堂全书》第二集，第182—183页。

第三节
分析句读

"章句不辨,义理莫明",分析句读是训释语义的主要手段。《礼记·学记》说"一年视离经辨志",就是强调"句读"对于研读经文的必要性。不同的句读对于章句的理解往往有很大的出入。在《论语古今注》中,如果是丁若镛认为容易误读的,就会在原文中用小字"句"标明,比如《泰伯篇》:"子曰:学句如不及惟恐失之。"① 又如:"子曰:巍巍乎舜禹之有天下也句而不与焉。"② 还有一种是在句中言"……字共一句",比如《颜渊篇》:"子贡曰:'必不得已而去于斯三者十字共一句何先?'曰:'去兵。'子贡曰:'必不得已而去于斯二者十字共一句何先?'"③ 并且丁若镛的部分断句,与国内的一些注家有所出入,以下略举几例。

(1) 1.10 子禽问于子贡曰:"夫子至于是邦也,必闻其政,求之与?抑与之与?"子贡曰:"夫子温、良、恭、俭,让以得之。夫子之求之也,其诸异乎人之求之与?"

郑曰:"言夫子行此五德而得之。"○驳曰:非也。让当属下句读。尧德曰:"钦明文思。"汤德曰:"齐圣广渊。"文王曰:"徽柔懿恭。"《左传》赞八元八凯之德皆四字为句。子贡美夫子之德,何必五字为句。子禽疑夫子求而得之,故子贡谓夫子让以得之。正以破其惑。不可以让字属上句读。

---

① 丁若镛:《论语古今注》卷四,见《与犹堂全书》第二集,第105页。
② 丁若镛:《论语古今注》卷四,见《与犹堂全书》第二集,第105页。
③ 丁若镛:《论语古今注》卷六,见《与犹堂全书》第二集,第107页。

第二章 《论语古今注》的训诂内容

【引证】贾谊《新书》曰:"欣懽可安谓之熅,安柔不苛谓之良,接遇慎容谓之恭,广较自敛谓之俭,厚人自薄谓之让。"《道术篇》。○按:西京官学皆以"让"字属上句读,然不敢勉从。《大戴礼·官人篇》云:"恭俭以让",亦与连言者不同。①

按:和绝大多数的学者不同,丁若镛将"夫子温良恭俭让以得之"一句读为"夫子温、良、恭、俭,让以得之"。丁若镛认为"温良恭俭"是夫子之德②,"让以得之"即"让而得之,谓虽退让而终亦得闻也"。郑玄曰:"言夫子行此五德而得之,与人求之异,明人君自与之。"皇侃《论语义疏》:"敦美润泽,谓之温。行不犯物,谓之良。和从不逆,谓之恭。去奢从约,谓之俭。推人后己,谓之让。言夫子身有此五德之美。"邢昺亦是如上解读五德,"言夫子行此五德而得与闻国政"。而后各家基本因循此注,无有改逆。

丁若镛所引"尧德曰:'钦明文思'"出自《尚书·尧典》,原文为:"曰若稽古帝尧,曰放勋钦明文思安安。"这一句是赞美尧帝的美德,马融云:"威仪表备谓之钦,照临四方谓之明,经纬天地谓之文,道德纯备谓之思。"郑玄云:"敬事节用谓之钦,照临四方谓之明,经纬天地谓之文,虑深通敏谓之思。"所引"汤德曰:'齐圣广渊'"出自《尚书·微子之命》:"乃祖成汤,克齐圣广渊。"孔安国传:"言汝祖成汤能齐德圣达,广大深远,泽流后世。""齐圣广渊"为"齐德、圣达、广大、深远"。所引"文王曰:'徽柔懿恭'"出自《尚书·无逸》:"文王卑服,即康功、田功。徽柔懿恭,怀保小民,惠鲜鳏寡。"③传曰:"'徽'、'懿'皆训为美。""徽柔懿恭"形容文王美德。至于《左传》所赞"八元八凯",应为"八元八恺",《左传·文公十八年》:"高阳氏有才子八人:苍舒、隤敳、梼戭、大临、龙降、

---

① 丁若镛:《论语古今注》卷一,见《与犹堂全书》第二集,第34—35页。
② 丁若镛:《论语古今注》卷十,见《与犹堂全书》第二集,第165页。正祖问到《乡党篇》中对于孔子的形象描述是否过于详细,茶山回答:"圣人之全体气象,虽尽于'温良恭俭'四字。"
③《尚书》之《尧典》《微子之命》《无逸》原文及注释皆引自孔安国传、孔颖达正义、黄怀信整理:《尚书正义》,上海古籍出版社,2007年,第34、520、634页。

庭坚、仲容、叔达，齐圣广渊，明允笃诚，天下之民谓之八恺。""高辛氏有才子八人：伯奋、仲堪、叔献、季仲、伯虎、仲熊、叔豹、季狸，忠肃共懿，宣慈惠和，天下之民谓之八元。""齐圣广渊""忠肃共懿"为其德。

所以，丁若镛认为当时的文献说人的美德，皆是用的四字句，故子贡美夫子，也用"温良恭俭"四字即可。此说视角独特，旁证亦多，比如《中庸》第三十一章云："唯天下至圣为能，聪明睿知，足以有临也。宽裕温柔，足以有容也。发强刚毅，足以有执也。齐庄中正，足以有敬也。文理密察，足以有别也。"赞圣人之德，皆是四字成句。然而也有例外，比如同处春秋时期的《孙子兵法·始计篇》有"将者，智信仁勇严也"一句，讨论为将者应该具备的五种德行。

"让"字在经传中多有"退让""辞让"之义，比如《诗经·小雅·角弓》："民之无良，相怨一方。受爵不让，至于已斯亡。"屈原《九章·怀沙》："知死不可让，愿勿爱兮。"用例在《论语》中也可见，如《泰伯篇》："泰伯，其可谓至德也已矣。三以天下让，民无得而称焉。"《先进篇》："为国以礼，其言不让，是故哂之。"亦有"让"作美德"谦让"之用例。比如《尚书·尧典》："允恭克让。"《左传·文公元年》："卑让，德之基也。"

（2）1.12 有子曰："礼之用，和为贵。先王之道，斯为美，小大由之。有所不行，知和而和，不以礼节之，亦不可行也。"

补曰：有所不行者，将言而转之也。亦不可行者，既言而决之也。礼主于严而行之以和，犹乐主于和而戒之在流也。

邢曰："每事小大，皆用礼而不以乐和之，则其政不行。"○驳曰：非也。马注亦无此意，特疏家误读耳。后儒欲一反《集注》还主邢说，分作三节看，大谬也。①

按：丁若镛同意朱熹《论语集注》的句读，反对邢昺的见解。丁若镛将

---

① 丁若镛：《论语古今注》卷一，见《与犹堂全书》第二集，第37页。

第二章 《论语古今注》的训诂内容

"用"训为"施行","小大"训为"天子诸侯大夫士",意为君王及臣子。"有所不行"是话题转折先行之语,"亦不可行"是讲完了之后所下判断之语。所以照此观之,丁若镛认为这一章的句读应是:"礼之用,和为贵。先王之道,斯为美,小大由之。/有所不行,知和而和,不以礼节之,亦不可行也。"(杨伯峻《论语译注》也属于这一类)

皇侃和邢昺则读为:"礼之用,和为贵。先王之道,斯为美。/小大由之,有所不行。/知和而和,不以礼节之,亦不可行也。"杨逢彬《论语新注新译》则从皇侃和邢昺之说,"皇侃《义疏》却认为'小大由之'应该下接'有所不行'。邢昺《疏》从之"①。杨逢彬先生这样断句的理由是:"'不……,亦不……'结构一般是两个相互呼应的复句,而《论语》原文这样断句的话,上下正好是相互呼应的两个复句。比如《左传·僖公二十三年》:'过卫,卫文公不礼焉。……及郑,郑文公亦不礼焉。'"

(3) 2.9 子曰:"吾与回言,终日不违如愚。退而省其私,亦足以发,回也不愚。"

金履祥曰:"吾与回言终日,六字为句。"○驳曰:非也。言终日三字词理不活。与回言为句,终日不违为句,然后读之浏亮。②

按:金履祥认为"吾与回言终日"应为一句,故此章句读为"吾与回言终日,不违如愚"。丁若镛则认为,此章句读为"吾与回言,终日不违如愚"。按前者,解为"吾与回终日言",意思是"我整天和颜回讲学,他从不提异议与疑问";按后者,解为"吾与回言,回终日不违",意思是"我同颜回讲学,颜回一整日都不提异议与疑问"。朱子《论语集注》:"……故终日言,但见其不违如愚人而已。"与前者同。后来国内各家基本是照前者的句读。皇侃《论语义疏》:"今孔子终日所言,即入于形器。故颜子闻而即解,无所谘问,故不起发我道。故言'终日不违'也。"丁若镛之见可能从此说。

---

① 杨逢彬:《论语新注新译》,北京大学出版社,2016年,第11页。
② 丁若镛:《论语古今注》卷一,见《与犹堂全书》第二集,第58—59页。

（4）10.17 厩焚，子退朝，曰："伤人乎？"不问马。

陆氏《释文》曰："一读至'不'字绝句。"不音否。○王阳明云："不字当连上句读，谓伤人乎否？然后问及于马，以圣人仁民而爱物也。"○驳曰：非也。①

按：《经典释文》和王阳明认为断句为"伤人乎否？问马"。丁若镛解此章引郑玄注和朱子注，郑曰："重人贱畜。"朱子曰："非不爱马，然恐伤人之意多，故未暇问。"又引吴浩《大学讲义》说："恐人救马而伤故问人。"②《盐铁论·刑德篇》云："鲁厩焚，孔子罢朝问人不问马，贱畜而重人也。"故丁若镛认为此章断句为"伤人乎？不问马"。

（5）12.8 棘子成曰："君子质而已矣，何以文为？"子贡曰："惜乎夫子之说君子也九字共一句！驷不及舌。文犹质也，质犹文也。虎豹之鞟犹犬羊之鞟。"

【质疑】《集注》云："子成之言乃君子之意。"崇本质是君子之意。然言出于舌则驷马不能追之。○案：既许以君子，又惜其失言，恐无是理。驷不及舌者，愕眙嗟咄之辞，所言是君子之意而惜之如是可乎？郑注邢疏皆九字一句，不可易也。棘子成本论君子如高叟本论诗。③

按：《论语集注》将"惜乎夫子之说君子也"断为"惜乎，夫子之说，君子也"，认为棘子成所言是君子义，子贡为赞扬义。丁若镛则认为既然赞许棘子成所言，又言"惜乎"，语意是不通的。因此"惜乎夫子之说君子也"应从郑注邢疏，此九字共一句，句法如《孟子》"固哉高叟之为诗也"，"惜乎夫子之说君子也"应解为"可惜呀！夫子您这样谈论君子"。

---

①丁若镛：《论语古今注》卷五，见《与犹堂全书》第二集，第25—26页。
②丁若镛：《论语古今注》卷五，见《与犹堂全书》第二集，第26页。吴氏曰："厩焚问马，人之常情，圣人恐人救马而伤，故问人伤否而已，更不问马，记之所以示教。"
③丁若镛：《论语古今注》卷六，见《与犹堂全书》第二集，第109—110页。

（6）13.15 定公问："一言而可以兴邦，有诸？"孔子对曰："言不可以若是其几也。人之言曰：'为君难，为臣不易。'如知为君之难也，不几乎一言而兴邦乎？"曰："一言而皇氏本有'可以'字丧邦，有诸？"孔子对曰："言不可以若是其几也。人之言曰：'予无乐乎为君，唯其言而莫予违也。'如其善而莫之违也，不亦善乎？如不善而莫之违也，不几乎一言而丧邦乎？"

王曰："以其大要一言不能正兴国"，邢云："一言不能兴国，故云'言不可以若是'。"几，近也，有近一言可以兴国。邢云："有近一言可以兴国者，故云其几也。"○侃曰："答曰'岂有出一言而兴得邦国乎？'言不可得，顿如此也，几，近也，然一言虽不可即使兴，而有可近于兴邦者，故云其几也。"○案：注疏"其几也"三字别为一句，其义非也。几希二字本皆微也。人之觊望在于微意，故几希二字又有觊望之义，此六书之假借也。《左传·哀十六年》曰："国人望君，如望岁焉，日日以几。"杜云："冀君来。"几者，望也。《史记·晋世家》曰："无几为君。"注云："几，望也。"几者，望也。丁度《集韵》谓："训几为望，则字与觊通。"去声读。然几之为字，本是希望之义，故《尔雅·释诂》曰："庶几，尚也。"疏云："尚谓心所希望也。"《孟子》曰："王庶几改之。"[1]

按：此章"言不可以若是其几也"，传统注家都认为应断为"言不可以若是，其几也"，意为"讲话没有这么大的作用，但也很接近了"。丁若镛则认为此处"其几也"不应别为一句，与传统注家将"几"训为"接近"不同，丁若镛将"几"训为"希望"，将"言不可以若是其几也"译为"言语之效不可以若是其希望也"，意思是"言语的作用不可能像所希望的那样"。

"幾"与"茶几"的"几"在现代简化为一字，然而原本的形体与意义却大不相同。"幾"从"兹"从"戍"，会意，"兹"是由两个"幺"构成的，"幺"的古文字是丝的形象，丝是古人所熟悉的极为微小的物质，所以

---

[1] 丁若镛：《论语古今注》卷六，见《与犹堂全书》第二集，第169—170页。

"幺"表示"小"的意思，而用两个"幺"构成"幺幺"，表示"小之又小"的意思；"戍"的甲骨文由"人"和"戈"构成，表示"人扛着戈守卫"的意思。守卫之际必须关注一切细微的动静，所以"幾"字本表示"隐微"之义。《周易·系辞下》："几者，动之微，吉之先见者也。"成语"见机而作"原作"见几而作"，意为看到事物的细微迹象即有所行动，其中的"几"就保留这一本义。"细微"即差不多，所以"几"又引申出"将近""几乎"之类意义，《国语·晋语四》："时日及矣，公子几矣。"王肃、邢昺等将《论语》此章"其几也"也训为此义。丁若镛则将"几"解为假借义"希望"，通作"觊（冀）"，文献中虽也有此等用法，如丁若镛所举《左传·哀公十六年》："国人望君，如望岁焉，日月以几。"《史记·晋世家》："无几为君。"《汉书·杜钦传》："为国求福，几获大利。"但《论语》此章还是以传统注家所解释为"接近"，句读和语义更通顺。

第四节 串讲大义

丁若镛在《论语古今注》中有时只对《论语》部分原文作出注解，比如《学而篇》：

1.6 子曰："弟子入则孝，出则弟，谨而信，泛爱众，而亲仁。行有余力，则以学文。"

朱子曰："谨者，行之有常也。信者，言之有实也。"○补曰：泛，不沉着也。《说文》云："泛，浮貌。任风波自纵也。"亲，密近也。○马曰："文者，古之遗文也。"邢云："《诗》、《书》、《礼》、《乐》、《易》、《春秋》六经是也。"[1]

---

[1] 丁若镛：《论语古今注》卷一，见《与犹堂全书》第二集，第29页。

此章只对"谨""信""泛""亲""文"等字词作出了释义。因此，有韩国学者说丁若镛的《论语古今注》"并非对《论语》全篇作注解，而是针对他感到有疑惑的地方作了注释"①。但此言涵盖《论语古今注》全书却是不准确的，因为《论语古今注》中仍有大部分篇章是对《论语》原文进行全文注解的，只是有一些章句丁若镛直接引用了他认为正确的前人注解和文献材料，自己就不再另注，也有在引用之后再进行补充说明的情况。所以《论语古今注》中串讲章句大义的情况大概分为三种，第一种是引用别家注解，第二种是引用与补充说明相结合，第三种是完全自行注解，兹各举例如下。

一、引用别家注解

（1）5.3 子谓子贱："君子哉若人！鲁无君子者，斯焉取斯？"

孔曰："子贱，鲁人，弟子宓不齐。"《家语》云："鲁人，少孔子四十九岁。"〇包曰："若人者，若此人也。"〇朱子曰："上斯此人，下斯此德。包云：'子贱安得此行而学行之。'盖能尊贤取友以成其德者。"《说苑》子贱为单父宰，所父事者二人，所兄事者五人，所友事者十一人，皆教子贱以治人之术。

【引证】《说苑·政理篇》云："孔子兄子有孔蔑者，与宓子贱偕仕。孔子过蔑而问之曰：'自汝之仕何得何亡？'对曰：'所亡者三'与下子贱所对相及孔子不悦往过子贱问如孔蔑，对曰：'所得者三，始诵之今得而行之，是学益明也；俸禄所供被及亲戚，是骨肉益亲也；虽有公事兼以吊死问疾，是朋友益笃也。'孔子喟然谓子贱曰：'君子哉若人，鲁无君子者则子贱焉取此。'"《家语·子路初见》篇亦有是语。②

按：这一章丁若镛直接引孔安国、包咸之注解说明孔子弟子子贱为鲁人宓不齐，并引朱子之语和《说苑》之材料解释"鲁无君子者，斯焉取斯"一句，较为全面地说明了子贱的贤德和鲁国环境对子贱的影响。

---

① 任振镐：《〈论语〉及其注释书在韩国古代的发展经过》，载《阴山学刊》1997年第4期，第10—12页。

② 丁若镛：《论语古今注》卷二，见《与犹堂全书》第二集，第161—162页。

（2）13.16 叶公问政。子曰："近者说，远者来。"

邢曰："楚叶县尹。当施惠于近者，使之喜说，则远者当慕化而来也。"○朱子曰："被其泽则说，闻其风则来。然必近者说而后远者来也。"①

按：这一章丁若镛直接引用了《论语注疏》中邢昺的注解："正义曰：此章楚叶县公问为政之法于孔子也。子曰：'当施惠于近者，使之喜说，则远者当慕化而来也'"，以及朱子的注解。然后不再另注，只在后面补充了这一章孔子说这话的背景："《家语》云：'荆之地广而都狭，民有离心，莫安其居。故夫子因问政而告之以此。'"②

二、引用与补充说明相结合

1.5 子曰："道千乘之国，敬事而信，节用而爱人，使民以时。"

补曰：道，导也。古之圣王导民为善以率天下，故谓治为道。○包曰："千乘之国者百里之国也。……"○补曰：敬事谓虑其始终，度其流弊也。然后行之无所阻挠则民信之矣。《缁衣》云："君子言必虑其所终而行必稽其所敝，则民谨于言。"○纯曰："节者，限也，如竹之有节，不可踰也。"○杨曰："《易》曰：节以制度不伤财不害民《节》卦文。盖侈用则伤财，伤财必至于害民，故爱民必先于节用。"○包曰："使民不妨夺农务。"③

【质疑】三句各为一事，先儒多以为五事，恐不然也。④

按：这一章经义串讲是引用与自解相结合。不是马融所谓"政教"，也非包咸所谓"道，治也"，丁若镛将"道"训为"导"（并且认为与《为政篇》"道之以德"的"道"同义）。"千乘之国"引包咸注，"敬事而信"丁若镛理解为君子办事考虑始终、审度得失，所以行事可靠，百姓信任他。"节

---

①丁若镛：《论语古今注》卷六，见《与犹堂全书》第二集，第170页。
②丁若镛：《论语古今注》卷六，见《与犹堂全书》第二集，第171页。
③丁若镛：《论语古今注》卷一，见《与犹堂全书》第二集，第27—28页。
④丁若镛：《论语古今注》卷一，见《与犹堂全书》第二集，第27—28页。

用而爱人"引太宰纯与《论语集注》中杨时的注解①，丁若镛认为"节用而爱人"为"一事"，居于人上挥霍奢侈，那么必是对人民有害的，"爱民必先节用"，只有节约用度才是爱民之举。"使民以时"引包咸注。

丁若镛"质疑"："三句各为一事，先儒多以为五事，恐不然也。"则认为此章议论治大国之法只讲了三个要点，分别为"敬事而信""节用而爱人""使民以时"，则行事严谨来取信于民，节约用度来爱护人民，按照农时来役使人民。先儒在这里指汉儒也指宋儒，邢昺《论语注疏》："包（咸）曰：'为国者，举事必敬慎，与民必诚信。……节用，不奢侈。国以民为本，故爱养之。……作事使民，必以其时，不妨夺农务。'"所以正义概括为五点："举事必敬慎""与民必诚信""省节财用不奢侈""爱养人民""使民必以其时"。朱熹《论语集注》："言治国之要，在此五者。"皇侃《论语注疏》："为人君者，事无小大悉须敬，故云敬事也。《曲礼》云：'毋不敬'是也。又与民必信，故云信也。虽富有一国之财，而不可奢侈，故云节用也。虽贵居民上，不可骄慢，故云爱人也。使民，谓治城及道路也。以时，谓出不过三日，而不妨夺民农务也。"中国的注家多从五事说，杨伯峻《论语译注》翻译为"严肃认真地对待工作，信实无欺，节约费用，爱护官吏，役使老百姓要在农闲时间"②，杨逢彬《论语新注新译》、潘重规《论语今注》所译类似。

三、自行注解

（1）2.15 子曰："学而不思则罔，思而不学则殆。"

补曰：学谓征之于载籍，思谓研之于自心。罔，受欺也。殆，危也。

---

① 《论语集注》原文为："杨氏曰：'上不敬则下慢，不信则下疑，下慢而疑，事不立矣。敬事而信，以身先之也。《易》曰：'节以制度，不伤财，不害民。'盖侈用则伤财，伤财必至于害民，故爱民必先于节用。然使之不以其时，则力本者不获自尽，虽有爱人之心，而人不被其泽矣。然此特论其所存而已，未及为政也。苟无是心，则虽有政，不行焉。'"参见朱熹：《四书章句集注》，中华书局，2010年，第49页。

② 杨伯峻：《论语译注》，中华书局，2009年，第4页。

不究本末而轻信古书则或堕于诬罔，不稽古先而轻信自心则所知者危殆，二者不可偏废也。①

按：丁若镛认为这一章句讲为学应学思并重。"学"是从书本中汲取知识，"思"是在内心里琢磨钻研。"罔"是迷惘受欺，"殆"是危险、危殆。所以这一章的意思就是学习的时候只看书不思考，就会陷入迷信，只思考不看书，思想就会很危险。

何晏将"殆"解释为"精神疲殆"，因为"终卒不得其义"，故徒使人精神倦怠。杨伯峻认为"精神疲殆"一说"似乎难以圆通"，《论语译注》说《论语》里的"殆"有两个意思，分别是"疑惑"和"危险"，但在这里还是选择"疑惑"。②王引之《经义述闻·通说上》说"殆"作"疑惑"解，并且举了《公羊传》何休注、《庄子·外篇·山木》及《史记·仓公列传》为据，但杨逢彬认为上述文献成书均晚于《论语》，《论语》同时代的《左传》《国语》《孟子》中未见有"殆"作"疑惑"者，所以杨逢彬不从王说，认为"殆"通"怠"，疲惫义。丁若镛也不同意"精神疲殆"说，而是将"殆"解释为"危险"，"危也，邪正是非未定故危"，"只凭一己之私见，不考先王之成宪，则必流而为异学，此圣人所以危之也"。③丁若镛认为，脱离典籍的思考容易流为异学的思想，而这是很危险的。

丁若镛说："疲怠则有之，疲殆何谓也？"④认为古人行文，用"疲怠"而不用"疲殆"。其实此言也不尽然，《论语》同时代的典籍中"殆"通"怠"的有之，比如《诗经·商颂·玄鸟》："商之先后，受命不殆。"《道德经》第二十五章："独立而不改，周行而不殆。"《左传·昭公五年》："君若骤焉，好逆使臣，滋敝邑休殆。"其中的"殆"都作"怠"解。

---

① 丁若镛：《论语古今注》卷一，见《与犹堂全书》第二集，第63页。
② 杨伯峻：《论语译注》，中华书局，2009年，第18页。杨伯峻还提到古人行文常常以"罔""殆"相对，比如《诗经·小雅·节南山》："弗问弗仕，勿罔君子。式夷式已，无小人殆。""无小人殆"因押韵需要所以调换了语序，理解时应为"无殆小人"。
③ 丁若镛：《论语古今注》卷一，见《与犹堂全书》第二集，第64页。
④ 丁若镛：《论语古今注》卷一，见《与犹堂全书》第二集，第64页。

（2）17.14 子曰："道听而塗说，德之弃也。"

补曰：浍上曰道，遂人云千夫有浍，洫上曰涂，遂人云百夫有洫，塗涂通。○补曰：听之于浍上而说之于洫上谓不能忍言，俄闻而俄播也。○补曰：不能慎言至于如此，于德最贱，所鄙弃也。①

按：《周礼·地官·遂人》中"遂人掌邦之野"言古代的水道和路道名称："凡治野：夫间有遂，遂上有径；十夫有沟，沟上有畛；百夫有洫，洫上有涂；千夫有浍，浍上有道；万夫有川，川上有路，以达于畿。"丁若镛在引《周礼》原文对"道""塗"释义之后，遂用"补曰"之语对全句大义加以讲解。"道听而塗说"释为"听之于浍上而说之于洫上"，即"俄闻而俄播"，指人把在道路上听到的消息四处传播。"德之弃也"，意指"于德最贱，所鄙弃也"，人不能慎言，是德行低下的表现。

第五节 引证据史

训诂不仅仅局限于解释词语章句，陆宗达先生认为训诂有一个必需的原则，那就是"核证于古代文献语言"。并且应该联系"古代社会的生活、习俗、历史和典章制度。因为离开了这些客观材料的依据，训诂便成为一种主观臆断甚至文字游戏，则毫不足取了"②。《论语古今注》有两个体例是丁若镛用以借助其他文献材料来说解《论语》原文的，一为"引证"，一为"事实"。"引证"用例甚多，遍布全书，"事实"则从《述而篇》"陈司败问"章开始出现。"引证"是引其他经书或史书中与《论语》原文相同的事例或有关的言语，用以佐证词或句的训释。"事实"一般是引史书中与《论语》原文有

---

① 丁若镛：《论语古今注》卷九，见《与犹堂全书》第二集，第68页。
② 陆宗达、王宁：《训诂与训诂学》，山西教育出版社，1994年，第25页。

关的史实，说明此章的历史背景，帮助理解文意。

一、引证

《论语古今注》全书"引证"的文献数目很多，经史子集皆有涉猎，多来自先秦两汉，间有唐宋材料，主要有《论语》《孟子》《周礼》《礼记》《大戴礼》《左传》《公羊传》《吕氏春秋》《说苑》《史记》《汉书》《后汉书》《白虎通》《盐铁论》《吴越春秋》《唐六典》《太平御览》，其中引自《礼记》的最多。

（1）2.17子曰："由，诲汝知之乎！知之为知之，不知为不知，是知也。"

【引证】《荀子·子道篇》：子曰："由志之，吾告汝，奋于言者华，奋于行者伐，夫色智而有能者，小人也。故君子知之曰知之，不知曰不知，言之要也；能之曰能之，不能曰不能，行之至也。"上文云子路盛服见于孔子，子曰："由，是倨倨者何也？夫江出于岷山，其源可以滥觞，及其至于江津，不舫舟，不避风，则不可以涉，非惟下流水多邪？今尔衣服既盛，颜色充盈，天下且孰肯以非告汝乎？"子路趋而出，改服而入，盖自若也。①

按：《荀子·子道篇》里言子路穿戴张扬的样子去见孔子，孔子于是举了长江发源之小流与下流之浩汤的例子来规劝子路，不装腔作势，不以不知为知，这才是君子的智慧啊！丁若镛在讲解"诲汝知之乎"章时，征引了《荀子·子道篇》里这一可与之参看的章节，给本章增加了故事背景，让读者对于子路的性格、夫子的训诫，有了全面深入的理解。

（2）7.9子食于有丧者之侧，未尝饱也。

【引证】《檀弓》云："食于有丧者之侧，未尝饱也。"

7.10子于是日哭，则不歌。

---

①丁若镛：《论语古今注》卷一，见《与犹堂全书》第二集，第67—68页。

【引证】《檀弓》云:"吊于人,是日不乐不饮酒不食肉。"〇案:是日不乐谓不听乐不奏乐。①

按:皇侃《论语义疏》和朱熹《论语集注》此两章合为一章,因为都是讲丧礼,所以一并讨论。上一章丁若镛言:"有丧者谓未葬者之主人也,体其哀故不多食。"意思是孔子在有丧事的人家旁边吃饭,不曾吃饱过,因为体谅人家的哀思。引《礼记·檀弓上》"食于有丧者之侧,未尝饱也"参看,杨天宇《礼记译注》注释曰:"'食'上疑脱'孔子'二字。"②据《论语》此章来看,疑是。

下一章丁若镛引朱子言,训"哭"为"吊哭",刘宝楠《论语正义》:"《毛诗·园有桃传》:'曲合乐曰歌。'谓人声与乐齐作也。"③丁若镛注:"哀乐不同日者,忠也。"郑玄注《檀弓》亦云:"君子哀乐不同日。"又何晏曰:"一日之中,或哭或歌,是亵于礼容。"此说亦通。《礼记·檀弓下》:"吊于人,是日不乐……行吊之日,不饮酒食肉焉。"④毛奇龄《论语稽求篇》谓:"《檀弓》即指夫子此事是也。"⑤

(3)9.26 子曰:"三军可夺帅也,匹夫不可夺志也。"

补曰:"不可夺志"谓"富贵不能淫,贫贱不能移,威武不能屈"。⑥

按:孔安国注此曰:"三军虽众,人心不一则其将帅可夺。"朱子《论语集注》:"侯氏曰:三军之勇在人,匹夫之勇在己。故帅可夺而志不可夺,如可夺,则亦不足谓之志矣。"⑦丁若镛引此二说,然后引《孟子·滕文公下》语补充匹夫不可夺志之志为"富贵不能淫,贫贱不能移,威武不能屈"。

---

① 丁若镛:《论语古今注》卷三,见《与犹堂全书》第二集,第58—59页。
② 杨天宇:《礼记译注》,上海古籍出版社,2004年,第83页。
③ 刘宝楠撰,高流水点校:《论语正义》,中华书局,1990年,第260页。
④ 杨天宇:《礼记译注》,上海古籍出版社,2004年,第100页。
⑤ 参见刘宝楠撰,高流水点校:《论语正义》,中华书局,1990年,第260页。
⑥ 丁若镛:《论语古今注》卷四,见《与犹堂全书》第二集,第138页。
⑦ 朱熹:《四书章句集注》,中华书局,2010年,第115页。

二、事实

《论语古今注》"事实"所引的文献皆来自史书，主要是《春秋》《左传》《史记·孔子世家》。因《春秋》叙事有时简略，丁若镛会在引《春秋》文之后再引《左传》《礼记》等其他文献补充说明。

（1）7.31 陈司败问："昭公知礼乎？"孔子曰："知礼。"孔子退，揖巫马期而进之曰："吾闻君子不党，君子亦党乎？君取于吴，为同姓，谓之吴孟子。君而知礼，孰不知礼？"巫马期以告。子曰："丘也幸，苟有过，人必知之。"

【事实】《春秋·哀十二年》："孟子卒。"《左传》曰："昭公取于吴，故不书姓，谓之吴孟子。"○《坊记》曰："子云：'取妻不取同姓，以厚别也。'故买妾不知其姓，则卜之。以此坊民，鲁《春秋》犹去夫人之姓曰吴，其死曰：孟子卒。"①

按：此章陈司败问孔子鲁昭公是否知礼，孔子回答："鲁昭公知礼。"陈司败于是等孔子离开之后跟巫马期说："我听说君子无所偏袒，然而孔子竟也偏袒吗？鲁君从吴国娶了位夫人，吴和鲁是同姓国家，于是称她吴孟子。鲁君若是知礼，谁不知礼呢？"陈司败这话是建立在"君取于吴，为同姓，谓之吴孟子"这一历史事件上的，于是丁若镛引《春秋》《左传》《礼记·坊记》文来说明这一史实。《春秋》经文："夏五月甲辰，孟子卒。"《左传》曰："夏五月，昭夫人孟子卒。昭公娶于吴，故不书姓。"杨伯峻注说："国君夫人必系以母家之姓，此昭公夫人若称'吴姬'或'孟姬'，显然违'同姓不婚'之礼，故改称'吴孟子'。"②《礼记·坊记》引鲁《春秋》"吴孟子卒"一事讲周礼"同姓不婚"。吴鲁同姓，鲁昭公明知有违礼数还犯之，陈司败所以说孔子"君子亦党乎"，认为孔子为国君遮掩丑行。

---

①丁若镛：《论语古今注》卷三，见《与犹堂全书》第二集，第82—83页。
②杨伯峻：《春秋左传注》，中华书局，1981年，第1670页。

（2）12.4 司马牛问君子。子曰："君子不忧不惧。"曰："不忧不惧，斯谓之君子已乎？"

【事实】《春秋·哀十四年》："夏五月，宋向魋入于曹以叛。六月，宋向魋自曹出奔卫。"○《左传》曰："宋桓魋之宠害于公。公使夫人骤请享焉而将讨之。魋先谋公，请以鞌易薄。公曰：'不可，薄，宗邑也。'乃益鞌七邑。请享公焉。以日中为期，家备尽往。司马子仲曰：'魋之不共，宋之祸也。'命其徒攻桓氏，子颀骋而告桓司马。司马欲入，子车止之。向魋遂入于曹以叛。六月，民叛之。向魋奔卫，司马牛致其邑与珪焉，而适齐。向魋奔卫，陈成子使为次卿。司马牛又致其邑焉，而适吴。吴人恶之而反，卒于鲁郭门之外。葬诸丘舆。"

○案：向魋之乱，子颀子车与焉。而司马牛不见焉。其兄奔卫，则牛也适齐，其兄奔齐，则牛也适吴。卒之道，死于鲁郭门之外，其情悲矣。"不忧不惧"之诲，"死生有命"之语恐在乱作之后，乱之未作，司马牛但当隐忧窃叹，岂忍宣言如是。[①]

按："事实"部分的史实帮助理解这两章章句的主角司马牛的心理。司马牛出身于宋国桓氏，兄弟五人都是当时的煊赫人物。司马牛的哥哥桓魋（又叫向魋）蠢蠢欲动，将要作乱，司马牛在孔子门下学习时常忧虑，所以当他问孔子"什么是君子"的时候，孔子对他说"能做到不忧不惧，就是君子"。孔子言下之意是自省无罪就没什么好忧惧的，你不和哥哥同流合污就已经是君子了。丁若镛在"事实"部分引《春秋》《左传》文说明司马牛之兄桓魋作乱的史实。《左传》这一部分原文很长，丁若镛主要挑选与司马牛有关的史实，略作简省，言其梗概。[②] 照史实来看，桓魋叛乱之后，弟弟子颀和子车都跟随了他，司马牛则坚决不和桓魋待在一个国家，虽然死于非命但是坚守住了自己的底线。

[①] 丁若镛：《论语古今注》卷六，见《与犹堂全书》第二集，第102—104页。
[②] 原文参见杨伯峻：《春秋左传注》，中华书局，1981年，第1686—1688页。

司马牛和子夏的对话（"四海之内皆兄弟"章）应该也是发生在桓魋叛乱之后。桓魋叛乱失败，家族败落，兄弟离散，所以司马牛才会忧叹道："人皆有兄弟，我独亡。"

第六节
说明语法

传统的训诂虽重在词义的疏通训释，间或也论及语法。《论语古今注》中涉及的语法分析情况主要是虚词和句法。《论语古今注》里探讨虚词时，用到的训诂术语是"……辞"，比如"曾者，舒辞""莫，疑辞"之类。

探讨句法时，用到的术语有"文例""文法""句法"，多数情况下都是言"文例"为句法。比如《为政篇》："子游问孝，子曰：'今之孝者，是谓能养。至于犬马，皆能有养。不敬，何以别乎？'"丁若镛案：

《坊记》曰："小人皆能养其亲，君子不敬何以别。"○按：小人谓氓隶也，君子谓贵人也，小人对犬马，君子对人子，文例正与此经同。①

用到"句法"一词的情况极少，暂时只发现一例，见《颜渊篇》："子贡问政，子曰：'足食，足兵，民信之矣。'子贡曰：'必不得已而去于斯三者何先？'曰：'去兵。'子贡曰：'必不得已而去于斯二者何先？'曰：'去食。自古皆有死，民无信不立。'"丁若镛分析句读：

补曰："去于斯"三者为一句。句法如《孟子》所云"择于斯二者"。②

言"文法"，比如《为政篇》："哀公问曰：'何为则民服？'孔子对曰：'举直错诸枉，则民服；举枉错诸直，则民不服。'"丁若镛案：

---

① 丁若镛：《论语古今注》卷一，见《与犹堂全书》第二集，第55—56页。
② 丁若镛：《论语古今注》卷六，见《与犹堂全书》第二集，第107—108页。

错者,器物之奠地也。训置则可,训废置何据乎? 诸者,语辞。《易》曰:"藉用白茅。"孔子曰:"苟错诸地则可矣。"错诸地、错诸枉同一文法。①

洪诚先生《训诂学》认为:"古代汉语不同于现代汉语的句法,主要表现在词序方面。词序变化的作用,有语法和修辞两种。"②丁若镛在训诂的过程中运用到了语法的原理,也做到了自觉地去寻求历史语法现象为训诂服务,但是因为时代的问题,丁若镛对于句法的分析带有朴素的主观意识。也正是因为考虑到时代问题,丁若镛在解释章句时能注意到词序相同因而句法相同这一点,已经很难能可贵了。

一、分析虚词

(1) 2.19 哀公问曰:"何为则民服?"孔子对曰:"举直错诸枉,则民服;举枉错诸直,则民不服。"

包曰:"举正直之人用之,废置邪枉之人。"邢云:"废置诸邪枉之人则民服,废置诸正直之人则民不服。"○驳曰:非也。错者,器物之奠地也。训置则可,训废置何据乎? 诸者,语辞。《易》曰:"藉用白茅。"孔子曰:"苟错诸地则可矣。"错诸地、错诸枉同一文法。今也训诸为众可乎?③

按:包咸注:"错,置也。举正直之人用之,废置邪枉之人,则民服其上。"邢昺进一步解释:"举正直之人用之,废置诸邪枉之人,则民服其上也。……举邪枉之人用之,废置诸正直之人,则民不服上也。"将"诸"训为"诸位、众多"。丁若镛认为不确,"诸"应为虚词,又以《周易·系辞》孔子训"藉用白茅"的语句为例,认为"错诸地"与"错诸枉"同一文法,"错诸枉"应注为"加之枉之上"。

---

① 丁若镛:《论语古今注》卷一,见《与犹堂全书》第二集,第69—70页。
② 洪诚:《训诂学》,江苏古籍出版社,2000年,第120—121页。
③ 丁若镛:《论语古今注》卷一,见《与犹堂全书》第二集,第69—70页。

（2）3.6 子曰："呜呼！曾谓泰山不如林放乎？"

杨子《方言》云："曾，何也。湘潭之原、荆之南鄙，谓何为曾。"〇案：曾者，舒辞，在有意无意之间。《方言》未必与此经合。[1]

按：杨雄《方言》卷十："曾、訾，何也。湘潭之原、荆之南鄙，谓何为曾，或谓之訾。若中夏言何为也。"陆宗达先生从其说，认为《八佾篇》此句释为："怎么能说泰山之神还不如林放知礼呢？""曾"即现代汉语中的"怎么"，盖先秦古籍中多以"曾"为"何"，比如《诗经·卫风·河广》："谁谓河广，曾不容刀？谁谓宋远，曾不崇朝？"[2] 皇侃《论语义疏》："曾之言则也。乎助语也。……故云则可谓泰山不如林放乎。"邢昺也认为："曾之言则也。……言泰山之神必不享季氏之祭。若其享之，则是不如林放也。"《王力古汉语字典》"曾"的第一个意义为"竟，乃"，例句举《诗经·卫风·河广》和《论语·为政》"曾是以为孝乎"。杨伯峻《论语译注》将这句话翻译为："竟可以说泰山之神还不及林放吗？"[3] 杨逢彬《论语新注新译》释为："难道说泰山之神还不如林放懂礼吗？"[4] 潘重规《论语今注》释为："是说难道泰山之神，还不如林放那样懂得礼，而要接受季氏这样僭越的祭祀吗？"[5] 丁若镛则认为"曾"是"舒辞"，《方言》里头的意义不适用于此，当从《说文》："曾，辞之舒也。"

另，丁若镛还将"曾谓泰山不如林放乎"之"曾"与"曾是以为孝乎"（《为政篇》）之"曾"放在一起讨论。"曾是以为孝乎"章，丁若镛辨析如下：

吴程曰："曾旧音增，《集注》读如字。"〇程复心曰："曾音层，与曾谓泰山之曾同音。《释文》尝也。又不料之词，反词也。"孙奕《示儿

---

[1] 丁若镛：《论语古今注》卷一，见《与犹堂全书》第二集，第93—94页。
[2] 陆宗达：《训诂简论》，北京出版社，2002年，第48页。
[3] 杨伯峻：《论语译注》，中华书局，2009年，第25页。
[4] 杨逢彬：《论语新注新译》，北京大学出版社，2016年，第48页。
[5] 潘重规：《论语今注》，里仁书局，2000年，第42页。

第二章 《论语古今注》的训诂内容

编》云："曾字除人姓及曾孙外，今学者皆作层字音读，然经史并无音，止尝音增。"○案：《大雅》云："曾是疆御，曾是掊克。曾是在位，曾是在服。曾是莫听。"又云："曾莫惠我师。"① 《孟子》云："尔何曾比予于是。"皆与尝义不同，亦非反辞。《说文》以为"辞之舒者"，近是。曾孙之曾，本是层累之意，而读之为增。独于"曾是"之曾，读之为"层"，恐不必然。②

按：段玉裁《说文解字注》："《曰部》曰：'曾，曾也。'""曾"和"曾"同义，"曾"表出乎意料，相当于乃，《诗经·大雅·民劳》："曾不畏明"，《诗经·小雅·节南山》："胡曾莫惩"，毛、郑皆曰："曾，曾也"。段玉裁按："曾之言乃也。"同举《诗经·大雅》之《荡》《板》、《论语》和《孟子》中的例句，认为"曾"皆训为"方合语气"。皇侃将《论语》"曾是以为孝乎"之"曾"训为"层"，段玉裁认为不确，"层是以为孝乎绝非语气"。丁若镛从《说文》之释，并且认为"曾"在这里应该读为"增"。

（3）6.14 子游为武城宰。子曰："女得人焉耳乎？"曰："有澹台灭明者，行不由径，非公事，未尝至于偃之室也。"

○孔曰："'焉、耳、乎'，皆辞。"案：记者形容夫子语气之缓。③

按：子游做了武城的长官，孔子问子游："女得人焉耳乎？""女得人"意为："汝在武城，得其有德之人乎？"丁若镛注："得人谓得贤者以为丞佐也。"孔安国注："'焉、耳、乎'，都是虚词。"邢昺疏："'焉、耳、乎'，皆语助辞。"丁若镛补充说明："记录的人连用'焉、耳、乎'三个虚词，是

---

① 以上分别出自《诗经·大雅·荡》："文王曰咨，咨汝殷商。曾是疆御？曾是掊克？曾是在位？曾是在服？天降滔德，女兴是力。……曾是莫听，大命以倾。"《诗经·大雅·板》："丧乱蔑资，曾莫惠我师？"谢灵运《拟魏太子〈邺中集〉·王粲》诗有"幽厉昔崩乱，桓灵今板荡"，唐太宗李世民《赐萧瑀》诗有"疾风知劲草，板荡识诚臣"，"板荡"连用。《板》《荡》是《诗经·大雅》中的诗篇，都是讽刺周厉王无道之作，在后世屡屡连在一起用以代指时局黑暗、社会动荡。

② 丁若镛：《论语古今注》卷一，见《与犹堂全书》第二集，第58页。

③ 丁若镛：《论语古今注》卷三，见《与犹堂全书》第二集，第21页。

形容夫子询问的语气舒缓。"

（4）7.32 子曰："文莫吾犹人也。"

朱子曰："莫，疑辞。"案：莫者，犹言岂不。犹人言不能过人而尚可以及人。○补曰：夫子自言文学岂不吾犹人也。①

按：杨逢彬《论语新注新译》总结了古今关于这句话比较典型的四种解释。第一种是何晏《论语集解》："莫，无也。文无者，犹俗言'文不'也。'文不吾犹人'者，言凡文皆不胜于人。"唐写本郑玄注与之类似。第二种是王引之《经义述闻·通说下·形讹》认为："'莫'盖'其'之误，言文辞吾其犹人也。"第三种是刘宝楠《论语正义》引他人之说，认为"文莫"为"黾勉"的另一写法。第四种是吴承仕在《亡莫无虑同词说》中的主张，并为杨伯峻《论语译注》所采纳，言"莫"是"约莫"的意思。②杨逢彬认为"莫"应属上读，"文莫，吾犹人也"的结构类似于《颜渊篇》"听讼，吾犹人也"，表肯定，与下文"躬行君子，则吾未之有得"表否定相互呼应。③这里丁若镛给出了另一种解释："莫"犹言"岂不"，"岂不"通常用于加强反问的语气，表示肯定，"文莫吾犹人也"是夫子自言"文学岂不吾犹人也"，大意是"书本上的学问，我同别人是差不多的"。

二、比较文例

（1）1.4 曾子曰："吾日三省吾身：为人谋而不忠乎？与朋友交而不信乎？传不习乎？"

邢曰："吾每日三自省察己身。"藤云："凡三字在句首者为三次，如'三复白圭''三以下让'是也。在句尾者为数目，如'君子所贵乎道者三''君子之道三'是也。"○纯云："朱子见曾子所省，偶甫三事，遂谓曾子以此三者日省。"○驳曰：非也。《礼记》曰："文王朝于王季日三"，彼盖以此文例之然，

---

① 丁若镛：《论语古今注》卷三，见《与犹堂全书》第二集，第83页。
② 以上参见杨逢彬：《论语新注新译》，北京大学出版社，2016年，第144页。
③ 杨逢彬：《论语新注新译》，北京大学出版社，2016年，第145页。

第二章 《论语古今注》的训诂内容

"子以四教：文、行、忠、信"，又如"致五至行三无"《孔子闲居》文。何必字在句首者不得为数目。①

按：在文字产生以前，人类用结绳的方法来计数，《周易·系辞下》说："上古结绳而治，后世圣人易之以书契。"所谓书契，就是在骨、竹、木、石上刻一些刻痕来记数或记事。李鼎祚在《周易集解》引述《九家易》说："古者无文字，其有约誓之事，事大大其绳，事小小其绳。结之多少，随物众寡，各执以相考，亦足以相治也。"一、二、三、四应该是最早产生的汉字②，本章"吾日三省吾身"，"三省"意指反省自身的三件事情：为人谋而不忠乎？与朋友交而不信乎？传不习乎？伊藤仁斋从此句发散得出"三"的用法，认为凡是在句首的"三"则表次数，凡是在句尾的"三"则表数目。丁若镛并不同意伊藤氏的说法，举出《礼记·文王世子》"文王之为世子，朝于王季，日三"③一句来反驳。这一句话的意思是，文王在做世子的时候，每天三次以朝礼到他的父亲那里去问安。丁若镛举此句是为了反驳伊藤氏所说的"凡三字在句首者为三次"。又举《述而篇》"子以四教：文、行、忠、信"一句，意为孔子以四项内容来教导学生：文化知识、履行所学之道的行动、忠诚、守信；以及《礼记·孔子闲居》中的"致五至""行三无"一句"志之所至，诗亦至焉。诗之所至，礼亦至焉。礼之所至，乐亦至焉。乐之所至，哀亦至焉。

---

①丁若镛：《论语古今注》卷一，见《与犹堂全书》第二集，第26—27页。

②四以下的数目笔画数与表示的数目相等，而五以上的表数字就不再用重叠笔画的方法表示了。对此，有的学者猜测，甲骨文中的五写作"×"，反映了华夏先民计数时很可能是受了一只手的手指数的影响，可能最初计数是五进位制，故用斜笔交叉表示五。而后，随着社会的发展，计数需要更大的进位制，受两只手的启发，发明十进位制，对六、七、八、九、十等表数字的原始意义探求起来比较困难，这几个表数字是假借其音，这一点是古文字学家们的共同认识。参见吴东平：《数量词的文化建构》，载《河南师范大学学报（哲学社会科学版）》2002年第5期，第70页。

③《礼记·内则》说："命士以上，昧爽而朝，日入而夕。"世子去拜见父母，有朝夕二礼。朝礼周代烦琐而夕礼相对简约。孔颖达疏："凡常世子朝父母每日唯二，今文王朝于王季日三者，增一时又三者皆称朝，并是圣人之法也。"就是通常的世子每日去朝见父母两次，但是文王每日去见他的父亲三次，而且每一次都称朝，就是以朝礼去见父亲，是文王非常尊礼重亲的表现。

哀乐相生。是故正明目而视之，不可得而见也；倾耳而听之，不可得而闻也；志气塞乎天地，此之谓五至""无声之乐，无体之礼，无服之丧，此之谓三无"。既有爱民之心惠及百姓，就会有爱民的诗歌惠及百姓；既有爱民的诗歌惠及百姓，就会有爱民的礼惠及百姓；既有爱民的礼惠及百姓，就会有爱民的乐惠及百姓；既有爱民的乐惠及百姓，就会有哀民不幸之心惠及百姓，这就叫作"五至"。没有声音的音乐，不讲形式的礼仪，缺少丧服的服丧，这就叫作"三无"。丁若镛所举两句中的数字都作数目解，以此反驳伊藤氏所说的"在句尾者为数目"。

古代汉语数词的用法是比较灵活多变的，宜具体文句具体分析，伊藤仁斋如果是针对单句作出解释则可，如果试图从一句总结出整个数词的用法，则并不准确。古代汉语的数量表示方法与现代汉语有着诸多的不同。现代汉语中数词或量词单独使用是很少见的，一般都是二者连用。因此，有些语法书将它们合称为数量词。但在古代汉语中，数词常单用，修饰、限制名词，或修饰、说明动词。具体用法有以下几种：①直接把数词放在名词后面表示数目，形式为"名词+数词"，比如《左传·哀公十五年》："齐为卫故，伐晋冠氏，丧车五百。"②数词可以不与量词组合，直接把数词放在名词前表示数目，作定语，形式为"数词+名词"，比如《述而篇》："三人行必有我师焉。"《为政篇》："一言以蔽之，曰：思无邪。"③数词也可以直接放在动词前修饰、说明动词，表示动作的次数，作状语，形式为"数词+动词"，比如《孟子·许行》："禹八年于外，三过其门而不入。"《左传·宣公二年》："三进及溜，而后视之。"以及本章所提到的"三省吾身"。④此外，数词还有活用为动词、副词者，比如杜牧《阿房宫赋》："六王毕，四海一。""一"译为"统一"。《诗经·卫风·氓》："士也罔极，二三其德。""二三其德"即"改变，使他的行为不专一"。

（2）3.3子曰："人而不仁如礼何，人而不仁如乐何？"

包曰："言人而不仁必不能行礼乐。"〇案：仁者，忠孝之成名，礼自履此而生乐。自乐此而生，仁为之质而礼乐为之文也。如季氏者，躬

第二章 《论语古今注》的训诂内容

蹈不仁，犹欲行礼而奏乐以成其文而可得乎？如此何者，末如之何也。谓不仁者之于礼乐虽欲袭而取之，末如之何也。文例如"桓魋其如予何"。①

13.13 子曰："苟正其身矣，于从政乎何有？不能正其身，如正人何？"

补曰："如正人何"谓其本乱而末治者，否矣。上篇云"人而不仁如礼乐何"文例正同。②

按：两章讨论同一句法结构"如……何"，所以放在一起参看。先秦文献里经常能看到"如……何"的固定句式，用在主语之后的"如……何"中的"何"应该是谓语，"如……"应该是介宾词组作状语。③在"如"和"何"之间插入的是名词、名词性词组、动词性词组或代词，一般翻译为"对……怎么办""把……怎么样"。所以《论语》中这三句直译的话，"如礼何""如乐何"为"拿礼乐制度怎么办"，"桓魋其如予何"为"桓魋能拿我怎么办"，"如正人何"为"能拿端正别人怎么办"。这样现代式的直译当然略显牵强。

丁若镛分析"如之何"言："如此何者，末如之何也。谓不仁者之于礼乐虽欲袭而取之，末如之何也。"意思是"如……何"就是"不能拿它怎么样"，仁是礼乐之根本，不仁的人（如季氏）纵使奏乐也非礼。丁若镛解释文例相同的"桓魋其如予何"（《述而篇》）时引朱子言："'其奈我何'言不能违天害己"，所以孔子的意思是"桓魋不能拿我怎么办"。"奈……何"与"如……何"同，都在先秦文献里常有，《论语》《孟子》只言"如之何"，

---

① 丁若镛：《论语古今注》卷一，见《与犹堂全书》第二集，第89页。
② 丁若镛：《论语古今注》卷六，见《与犹堂全书》第二集，第165页。
③ 参见于富章：《"如（若、奈）××何"的结构试析》，载《东北师范大学学报（哲学社会科学版）》1987年第1期，第89页。

《左传》《韩非子》多言"奈之何"。①"如正人何","正人"是动词性词组,丁若镛言其文例与"如礼乐何"相同,"本乱而末治","正其身"是"本","不能正其身,如正人何"意为如果不能端正自身,那就无法端正别人。总之,"如之何"在丁若镛看来是带有否定意味的句式,言"如之何"者都是"不能如之何"的意思。

（3）13.22 子曰："南人有言曰：'人而无恒不可以作巫医。'善夫！""不恒其德，或承之羞。"子曰："不占而已矣。"

补曰：筮既得卦，三人视其卦象，察其吉凶，以定所筮之从违，谓之占。无恒者不可占定。故《易》词曰："或承之羞"，或之者疑而未定之辞，虽占如不占，故孔子曰："不占而已矣。"○案："无恒不可以作巫医"其文例如《孟子》所云"仁不可为众"。《礼记》云："管仲难为上，晏子难为下"亦此文例。②

按：丁若镛言"无恒不可以作巫医"与《孟子》"仁不可为众"文例相同。"仁不可为众"出自《孟子·离娄上》："孔子曰：'仁不可为众也。夫国君好仁，天下无敌。'"朱子《孟子集注》注此曰："不可为众，犹所谓难为兄难为弟云尔。"而"难为兄弟"出自《世说新语·德行》："陈元方子长文，有英才，与季方子孝先各论其父功德，争之不能决。咨于太丘，太丘曰：'元方难为兄，季方难为弟。'"③意思是兄弟二人德行才华都很高，难分上下。因为有了这样一个弟弟，所以兄长就不好当；同样，也因为有了这样一个哥哥，所以弟弟也很难做。丁若镛后引《礼记》"管仲难为上，晏子难为下"和朱熹所引"元方难为兄，季方难为弟"文例相同。《礼记·杂记下》："孔子曰：

---

① 参见于富章：《"如（若、奈）××何"的结构试析》，载《东北师范大学学报（哲学社会科学版）》1987年第1期，第89页。于富章统计发现："《论语》、《孟子》中只使用'如……何'，《左传》中使用'若……何'，只两见用'如……何'，《韩非子》使用'奈……何'，'如……何'只一见。"

② 丁若镛：《论语古今注》卷六，见《与犹堂全书》第二集，第178—179页。

③ 刘义庆著，沈海波译注：《世说新语》，中华书局，2011年，第3—4页。

'管仲镂簋而朱纮，旅树而反坫，山节而藻棁。贤大夫也，而难为上也。晏平仲祀其先人，豚肩不掩豆。贤大夫也，而难为下也。'"①《礼记》里孔子说管仲过于奢侈，这些僭上的行为使位居其上的人都感到很难做，所以管仲居上位就很难做；晏子过于节俭，这些克己的行为使位居其下的人都感到很为难，所以要晏子居下位也很难。

那么"仁不可为众"和"元方难为兄，季方难为弟"的共性在哪里？《孟子·尽心上》："孔子登东山而小鲁，登太山而小天下。故观于海者难为水，游于圣人之门者难为言。"朱熹《孟子集注·尽心上》解释道："此言圣人之道大也。东山，盖鲁城东之高山，而太山则又高矣。此言所处益高，则其视下益小；所见既大，则其小者不足观也。难为水，难为言，犹仁不可为众之意。"②"难为水，难为言"意思是见过海的人，普通的河流就不足道了，平时听圣人之言的人，普通的道理就不足听了。所以，"仁不可为众"可以理解为：对于"拥有仁政"的君王而言，"空有众民"则不足道了。那么"无恒难为巫医"就可以理解为：对于性行无恒的人来说，当巫医是很难的，也就是说"性行无恒的人不能当巫医"。

其实这样看的话，"A 难/不可为 B"这个句式应该分两种情况，当 A 与 B 为同性词或者 B 优于 A 的时候，翻译为"A 当 B 是很难的"，比如"无恒难为巫医""元方难为兄，季方难为弟""管仲难为上，晏子难为下"；当 A 优于 B 的时候，翻译为"于 A 而言，B 不足道"，比如"仁不可为众""观于海者难为水，游于圣人之门者难为言"。

（4）15.32 子曰："君子谋道不谋食。耕也，馁在其中矣；学也，禄在其中矣。君子忧道不忧贫。"

【质疑】耕者虽有时而馁，亦有时而不馁；学者虽有时而禄，亦有时而不禄，何得曰："耕也，馁在其中；学也，禄在其中乎？"又若以"禄在其中"动心为学，则仍是谋食非谋道也。前篇曰："子为父隐，父为子

---

① 杨天宇：《礼记译注》，上海古籍出版社，2004年，第553页。
② 朱熹：《四书章句集注》，中华书局，2010年，第356页。

隐，直在其中。"下篇曰："博学而笃志，切问而近思，仁在其中。"凡言"在其中者"，皆当下即存，非以来效而言之也。①

按：此处丁若镛比较几处"×在其中"的句式，认为凡言"在其中者"，皆当下即存，非以来效而言之，意思是凡是言某物"在其中者"，则是某物已经存在，而并不是将会得到某物，比如"子为父隐，父为子隐，直在其中"的意思是："儿子替父亲隐瞒，父亲替儿子隐瞒，正直就在这里面了。""博学而笃志，切问而近思，仁在其中"的意思是："博览群书广泛学习，而且能坚守自己的志向，恳切地发问求教，多考虑当前的事情，仁德就在其中了。"因此，以往注家将"耕也，馁在其中""学也，禄在其中"解为"耕作，则会有饥饿；学习，则往往会得到俸禄"，丁若镛则反对将此章解为此等劝人学之语，一是因为此语不符合常理，耕者虽有时挨饿，亦有时不会挨饿；学者虽有时能得到俸禄，亦有时得不到俸禄。二是因为不符合语法，"在其中者"往往指"皆当下即存"之语。因此丁若镛认为此章"耕也，馁在其中""学也，禄在其中"应解为："足食者必不肯躬耕，方其耕时，馁在其中矣。乏食者必不遑就学，方其学时，禄在其中矣。不待既获而后计其粮而知馁，既仕而后受其饩而知禄也。〇补曰：谋食者似智而馁已先显，谋道者似迂而禄已先及，故君子忧道不忧贫。"②将挨饿和俸禄作为谋食和谋道之行为的前提而非结果，正是因为已经挨饿了，所以才会去耕种谋食，正是因为已经得到了俸禄，所以才有余暇去求学谋道，丁若镛此解可谓独树一帜。

另外值得注意的是，《论语》中有很多典型的古代汉语的句法，分析句法对于掌握全句的意义和定夺词汇的意义有着重要的作用。比如《子罕篇》"吾谁欺？欺天乎"这一类疑问代词作宾语前置式，《先进篇》"以吾一日长乎尔，毋吾以也。居则曰：'不吾知也'"这一类代词在否定句中作宾语前置式，还有《卫灵公篇》"君子义以为质，信以成之"这一类为表强调宾语前置式等。不过，《论语古今注》里并没有对这一类句法的探讨，故不赘述。

---

① 丁若镛：《论语古今注》卷八，见《与犹堂全书》第二集，第132—133页。
② 丁若镛：《论语古今注》卷八，见《与犹堂全书》第二集，第132—133页。

第七节
说明修辞

中国古代，在严格科学的修辞学还没有建立之前，古代典籍中已经谈到了修辞现象。《论语·宪问篇》："子曰：'为命，裨谌草创之，世叔讨论之，行人子羽修饰之，东里子产润色之。'"就提到了包含修辞的写作过程。郭璞《尔雅序》说："夫尔雅者，所以通诂训之指归，叙诗人之兴咏，总绝代之离词，辩同实而殊号者也。"① 在古代文献中，修辞是包含在训诂中的。孔颖达说训诂是"道物之貌以告人"，那么"道物之貌""叙诗人之兴咏"的过程中就免不了涉及修辞现象。"现代修辞学把修辞划为两个分野，即一般性修辞和特殊性修辞。"有学者认为分析古代文献的修辞也可以借用这个分类，而训诂学家在注释古书时，常常举出文句的一般性修辞现象有"圆文""变文""避文"和"互文"，特殊性修辞现象有"比喻"和"借代"。② 而丁若镛在《论语古今注》中谈到《论语》的修辞现象有两种：比喻和互文。

一、比喻

比喻的名称最早见于《诗经·大雅·抑》，其诗曰："取譬不远，昊天不忒。"梁代刘勰《文心雕龙·比兴》："夫比之为义，取类不常：或喻于声，或方于貌，或拟于心，或譬于事。"比喻是根据事物之间的相似点，把某一事物比作另一事物。用已知的材料来说明未知的事物，能使未知的事物显出清晰的形象，故用于说理能使抽象的理论变得更为浅显易懂，在各种文学作品中，比喻都是被使用得较多的一种修辞格。一般来讲比喻可分为明喻、隐喻、

---

① 郭璞注：《尔雅》，中华书局，1985年，第1页。
② 谢栋元：《修辞与训诂》，载《辽宁师院学报》1982年第1期，第64页。

借喻三种,《论语》中三类比喻皆有出现①,然而丁若镛并未形成系统的修辞理论,故在《论语古今注》中论及《论语》的比喻修辞时统一言"喻"。

(1) 2.1 子曰:"为政以德,譬如北辰,居其所而众星共之。"

补曰:政者,上之所以正民正己,而后物正随教化而同转。故以北辰喻之。②

按:丁若镛说孔子将君王和万民的关系比喻为北辰和众星的关系,以此说明君王为政必须先正君身。所谓"其身正,不令而行;其身不正,虽令不从"是也。

(2) 2.22 子曰:"人而无信,不知其可也。大车无輗,小车无軏,其何以行之哉?"

补曰:车与牛本是二物,其体各别不相联接,惟以輗軏固结而联接之然后车与牛马一体,牛行而车亦行,所以喻信也。③

按:丁若镛认为车与牛本来是不相干的两个个体,只有把輗和軏二者连接起来,才能牛车一体,一行俱行。所以孔子在这里将两个人比作车和牛马,将信比作輗,輗连接车畜,信义连接两人,人和人之间要是没有信,就没法成为一条道上的人。所谓"輗軏是车与牛马接处,信是己与人接处"是也。丁若镛的见解和国内注家不大相同。孔(安国)曰:"言人而无信,其余终无可。"邢昺云:"以喻人而无信,亦不可行也。"杨伯峻《论语译注》翻译为:"作为一个人,却不讲信誉,不知那怎么可以。"④杨逢彬《论语新注新译》所译相近。国内注家认为这一章是在讲信与一人的关系(为人不可无信,不然无法行于世),丁若镛则认为这一章讲信与两人的关系(两人之间不可无信,

---

① 区永超:《〈论语〉修辞研究》,复旦大学出版社,2018年,第34页。
② 丁若镛:《论语古今注》卷一,见《与犹堂全书》第二集,第42—43页。
③ 丁若镛:《论语古今注》卷一,见《与犹堂全书》第二集,第73—74页。
④ 杨伯峻:《论语译注》,中华书局,2009年,第21页。

第二章 《论语古今注》的训诂内容

不然无人与之同行）。丁说略有些牵强。

（3）6.25 子曰："觚不觚，觚哉！觚哉！"

补曰：酒觚之得觚名以其有八棱也，若削棱为圆犹名为觚则名实不相副矣。孔子与人论名实，适有酒觚在前，指之以为喻。①

按：孔子说："觚不像个觚了，这也算是觚吗？"丁若镛认为，这是孔子在与人讨论"名与实"的问题时，正好看到有个酒觚，就用酒觚的名实不副来比喻当今事物的名实不副。程子曰："觚而失其形制则非觚也。举一器而天下之物莫不皆然，故君而失其君之道则为不君，臣而失其臣之职则为虚位。"丁若镛赞同这个说法。马融曰："以喻为政不得其道则不成。"太宰纯曰："觚之为器有棱犹人之行有廉隅也。砥厉廉隅礼之意也，无廉隅则无礼，此夫子所以因觚起叹也。"② 马融认为觚比喻为政之道，太宰纯认为觚的棱角比喻人的行为，丁若镛认为都不确。

（4）9.17 子在川上曰："逝者如斯夫，不舍昼夜。"

补曰：逝者，人生也。自生至死无时不逝。包曰："凡往也者如川之流。"③

按：此章句孔子将"逝者"比作奔腾的川流，那么"逝者"是什么呢？丁若镛说"逝者之为何物注疏皆不明言"。于是，丁若镛就从比喻的角度来合理推测"逝者之为何物"。"逝者"是永不终止的"日月之光阴"吗？不是，"日月之光阴者，昼夜也，谓昼夜不舍昼夜，其言无味"。"逝者"是昼夜不息的天地运转吗？不是，"天道循环无往不复，非如川流之一逝不反，其喻未切"。那是什么呢？丁若镛说，是我们人类的生命。"惟吾人生命，步步长

---

① 丁若镛：《论语古今注》卷三，见《与犹堂全书》第二集，第35页。
② 丁若镛：《论语古今注》卷三，见《与犹堂全书》第二集，第36—37页。
③ 丁若镛：《论语古今注》卷四，见《与犹堂全书》第二集，第132页。

逝，无一息之间断。如乘轻车而下斜坂，流流乎不可止也。"①丁若镛认为，孔子将人生比作奔流不息、一去不返的河川，是为了警示我们"君子进德修业欲及时也"。为学之人要切记人生不过短短一程，可以掌握的时间转瞬即逝，所以要在有限的时间里多做该做的事情。

另外，丁若镛认为《子罕篇》除了上述章句，还有很多章句用到了比喻。《子罕篇第十九》是将"为山"比喻为"进德修业"；《子罕篇第二十二》是将"苗而不秀""秀而不实"比喻为"人的生长过程"，也有隐喻"颜回早卒"之意（邢昺注）；《子罕篇第三十》是将"权"释为"秤锤"，将"衡人之择星以安锤"比喻为"圣人所谓择乎中庸"；《子罕篇第三十一》是将"唐棣之偏"比喻为"兄弟乖反或夫妻反目"，兹不赘述。

二、互文

郑玄最早提出"互文"修辞格，杨树达在《汉文文言修辞学·参互》里指出："《左传》隐公元年：'公入而赋，大隧之中，其乐也融融；姜出而赋，大隧之外，其乐也泄泄。'"入言公，出言姜，明俱出入互相见。"即"公出入而赋""姜出入而赋"。这里说"入"兼包"出"义，说"出"兼包"入"义，因为"出""入"相对，故可作互文。②传统互文理论的另一个成果在于"参互成文，合而见义"观的提出。郑远汉在《辞格辨异》中对贾公彦及俞樾的观点进行总结：

> 唐人贾公彦在其《仪礼义疏》里说："凡言'互文'者，是两物各举一边而省文，故云'互文'。"清人俞樾称之为"参互见义"，说"古人之文，有参互以见义者"（《古书疑义举例》一）。两家的说法合起来，便可以让我们明了什么是"互文"；即上文里省了在下文出现的词，下文里省了在上文出现的词，参互成文，合而见义，这种措辞法便是"互文"。③

---

①丁若镛：《论语古今注》卷四，见《与犹堂全书》第二集，第132页。
②杨树达：《修辞学讲义》，当代世界出版社，2017年，第83页。
③郑远汉：《辞格辨异》，湖北人民出版社，1982年，第135页。

第二章 《论语古今注》的训诂内容

因此，互文即两个或两个以上相对独立的语言结构相互拼合、共同表达一个完整的思想内容；上文里省了在下文出现的词，下文里省了在上文出现的词，需要将两者前后增补，才能理解话语的整体意义，故曰"参互成文，合而见义"。丁若镛也论及《论语》中的互文修辞现象，兹举例如下。

（1）2.18 子张学干禄，子曰："多闻阙疑，慎言其余，则寡尤。多见阙殆，慎行其余，则寡悔。言寡尤行寡悔，禄在其中矣。"

补曰：闻谓得之于师友，见谓得之于书籍。○吕氏曰："疑者所未信，殆者所未安。"○补曰：闻未必无殆，见未必无疑，有闻而行之者，有见而言之者，皆互文也。①

按：程子曰："尤自外至，悔自内出。"丁若镛补充说明道："言必人闻故尤成于外，行或独知故悔发于内。"所以丁若镛认为此章句应用互文的修辞方法来理解：所闻和所见都有疑惑和怀疑的地方，保留这些怀疑，其余自信的部分，谨慎地言行，就能减少过错和懊悔。杨伯峻《论语译注》："'阙殆'和'阙疑'同意。……'疑'和'殆'是同义词，所谓'互文'见义。"②也同意此章有互文。杨逢彬《论语新注新译》则说："所谓'互文见义'，并不可靠。"③

（2）8.13 子曰："笃信好学，守死善道。危邦不入，乱邦不居。天下有道则见，无道则隐。邦有道，贫且贱焉，耻也；邦无道，富且贵焉，耻也。"

补曰：危者，将亡也，乱者，不治也。"不入"、"不居"互文也。④

按：包咸注："'不入'，始欲往；'不居'，今欲去。'危'者，将乱之兆。"丁若镛不同意包咸的说法，在丁若镛看来，包咸的意思是"危邦"是

---

① 丁若镛：《论语古今注》卷一，见《与犹堂全书》第二集，第68—69页。
② 杨伯峻：《论语译注》，中华书局，2009年，第19页。
③ 杨逢彬：《论语新注新译》，北京大学出版社，2016年，第36页。
④ 丁若镛：《论语古今注》卷四，见《与犹堂全书》第二集，第102页。

"将乱之邦",比"乱邦"的情况好一点。但是"危邦不入,乱邦不居"此处互文,"不入"与"不居"并没有深浅之分,"危邦""乱邦"在孔子看来都是不宜逗留之地。如果真要两相比较,则"危甚于乱","危邦"的情况是更加糟糕的,诚如朱子《论语集注》言:"乱邦未危,而刑政纪纲紊矣,故洁其身而去之。"

(3) 19.13 子夏曰:"仕而优则学,学而优则仕。"

补曰:学所以仕,仕资于学,故得相间。

马曰:"行有余力,则以学文。"○邢曰:"人之仕官行己职而优间余力则以学先王之遗文也。若学而德业优长者则当仕进,以行君臣之义也。"○案:民之类有四,曰士农工商,士者,仕也。学也者,学为仕也。朱子所谓理同而事异者是也。旧注无此语。[①]

按:丁若镛认为"优"当从朱子说,解为"有余力",《论语集注》说:"仕与学,理同而事异,故当其事者,必先有以尽其事,而后可及其余。然仕而学,则所以资其仕者益深;学而仕,则所以验其学者益广。"这句话的正确理解是,做官如果有余力的话就应该去读点书,读书如果有余力的话就应该出仕,指出学习与做官互为前提和目的,而且由学入仕,或由仕入学,是一脉相承的,不应将二者之间的关系割裂开来。

第八节
校勘版本

校勘也是训诂的重要内容,因为古书屡经传抄刊刻,就容易出现错简、讹字、脱文、衍文、倒文等情况。受主流读本《四书大全》的影响,丁若镛

[①] 丁若镛:《论语古今注》卷十,见《与犹堂全书》第二集,第136页。

第二章 《论语古今注》的训诂内容

《论语古今注》所用的《论语》原文以朱熹《论语集注》为据。①《论语古今注》的《论语》文本内容和朱子《论语集注》相同，仅部分章节数目略有出入。且《论语古今注》章节与《论语集注》章节划分的不同之处，丁若镛一定会在《论语》原文后以小字说明。比如《雍也篇》，《论语古今注》凡29章，《论语集注》凡28章，《论语集注》将"子华使于齐"和"原思为之宰"两章并为一章，故《论语古今注》为："原思为之宰，与之粟九百，辞。子曰：'毋，以与尔邻里乡党乎！'"原文后附小字"《集注》连上为一章"。②

丁若镛的《论语古今注》也很注重《论语》不同版本之间的比较，原文有出入的地方，会在原文章句之后用小字标出，比如《论语古今注·学而篇第三》"巧言令色"章："子曰：'巧言令色，鲜矣仁。皇本作鲜矣有仁。'"对于不影响原文解读的版本差异，丁若镛只在原文之后用小字标明差异，对于影响解读的，就在注解之后的"考异"部分针对原文的版本差异进行考证和评定。书中提及的版本主要有"皇本"（皇侃《论语义疏》）、"石经本"、"陆本"（陆德明《经典释文》）。此外，小字还标注《史记》《汉书》等经典文献所引与《论语》原文的出入。

皇侃《论语义疏》在中国一度失传，后来乾隆年间浙商汪翼沧从日本得之，鲍廷博刻入《知不足斋丛书》。乾隆五十三年（1788），卢文弨将皇侃本回国之事在《皇侃论语义疏序》里大概交代："吾乡汪翼沧氏常往来瀛海间，得梁皇侃《论语义疏》十卷于日本足利学中，其正文与高丽本大略相同。……新安鲍以文氏广购异书，得之，喜甚。顾剞劂之费有不逮。浙之大府闻有斯举也，慨然任之。且属鲍君以校订之事。"③《钦定四库全书总目·论语正义二十卷》："《七经孟子考文》称其国皇侃《义疏》本为唐代所传，是亦一证矣。其文与皇侃所载亦异同不一，大抵互有短长。如《学而篇》'不患

---

①丁若镛的《论语古今注》以胡广《四书大全》为底本，因胡广《四书大全》是基于朱熹《四书章句集注》，故我们直接将《论语古今注》与朱子《论语集注》相对照比较。
②丁若镛：《论语古今注》卷三，见《与犹堂全书》第二集，第8页。
③何晏集解，皇侃义疏，王云五主编：《论语集解义疏》，商务印书馆，1937年，第1页。

人之不己知'章，皇《疏》有王肃《注》一条，《里仁篇》'君子之于天下也'章，皇《疏》有何晏《注》一条，今本皆无。"①《七经孟子考文》为日本学者山井鼎所辑，丁若镛《论语古今注·学而篇第十六》也从皇侃本引了此条王肃注："王肃曰：'但患己之无能知。'此注见皇本。"②大概朝鲜所见之皇侃《论语义疏》与日本的皇侃《论语义疏》源流相同。

至于"石经本"，《论语古今注·子张篇第二十二》"考异"部分提到蜀石经③；而且丁若镛所据本为朱熹《论语集注》，《鲒埼亭集·蜀广政石经残本跋》："宋人所称引，皆以蜀石经为证，并不及唐陕本石经。其故有二，一则唐石经无注，蜀石经有注，故从其详者。一则南渡后唐石经阻于陕，不至江左，故当时学官颁行之本，皆蜀石经。"④朱子本所引大抵为蜀石经，所以丁若镛所提及的"石经本"也应为蜀石经。蜀石经有《论语》10卷，序372字，经15913字，注19454字，何晏集解。⑤

《论语古今注》提及原文与各本的差异数量统计如下：皇侃《论语义疏》30处，陆德明《经典释文》15处，蜀石经5处。

丁若镛在原文后的小字里作了以下几个方面的校勘工作：注明不同版本之间的原文出入，区别不同版本之间的章节划分，说明其他经典文献所引《论语》原文与《论语古今注》中原文的出入。丁若镛除了在小字部分记录版本之间的出入，也有特意标出字的读音。虽然与本章内容无涉，但也一并记录在附录内。兹将《论语古今注》《论语》原文后小字汇总为"附录"放在书后，总体来说丁若镛在《论语古今注》中的校勘工作主要有校勘《论语》原文和校勘引用文献两方面。

---

① 永瑢等：《四库全书总目》，中华书局，1983年，第291页。
② 丁若镛：《论语古今注》卷一，见《与犹堂全书》第二集，第42页。
③《论语古今注·子张篇》："【考异】《汉书·刘向传》及蜀石经'识'皆作'志'。"参见丁若镛：《论语古今注》卷十，见《与犹堂全书》第二集，第143页。
④ 参见张国淦：《历代石经考》，见《历代石经研究资料辑刊（四）》，北京图书馆出版社，2005年，第418页。
⑤ 张国淦：《历代石经考》，见《历代石经研究资料辑刊（四）》，北京图书馆出版社，2005年，第420页。

一、校勘《论语》原文

除了注明不同版本之间原文的差异，对于影响解读的地方，丁若镛会在考异部分进行考证，作出判断，别其同异，定其正误。校勘原文的工作可分为两类，一类是说明《论语》原文的重出、错简或漏字，一类是对于不同版本《论语》原文的差异进行勘正。

1.《论语》原文的重出错漏

（1）1.8 子曰："君子不重则不威，学则不固。主忠信，无友不如己者，过则勿惮改。"

【质疑】毛曰："君子不重"十一字自为一章，"主忠信"三句自为一章。此本《子罕篇》文而复简于此者。今既注重出，乃不注之此而反注之《子罕篇》，以致"威重""忠信"上下相承处龃龉不接。〇按：此说合理。①

按：《子罕篇第二十五》原文："子曰：'主忠信。无友不如己者，过则勿惮改。'"故此章应是《子罕篇》文复简。邢曰："《学而篇》已有此文，记者异人故重出之。"

（2）1.11 子曰："父在，观其志。父没，观其行。三年无改于父之道，可谓孝矣。""三年"以下重出《里仁篇》。②

按：《里仁篇第二十》原文："子曰：'三年无改于父之道，可谓孝矣。'"当是重出。邢昺曰："此章与《学而篇》同，当是重出。"

（3）1.15 子贡曰："贫而无谄，富而无骄，何如？"子曰："可也。未若贫而乐，富而好礼者也。"子贡曰："《诗》云：'如切如磋，如琢如磨'，其斯之谓与？"子曰："赐也，始可与言《诗》已矣，告诸往而知

---

① 丁若镛：《论语古今注》卷一，见《与犹堂全书》第二集，第 31—32 页。
② 丁若镛：《论语古今注》卷一，见《与犹堂全书》第二集，第 36 页。

来者。"

【考异】《坊记》子云:"贫而好乐,富而好礼,众而以宁者,天下其几矣。"○《史记·弟子传》云:"贫而乐道,富而好礼。"○《后汉书·东平宪王传论》云:"贫而乐道,富而好礼。"纯云:"石经'乐'下有'道'字,见明仲和卿《四书备考》,皇侃《义疏》及我国博士家古本《集解》皆同。"○案:《集解》再引孔注皆云"贫而乐道",古本疑有此字。然只一"乐"字有深味。①

按:言《论语》此章应为"贫而乐道"。

(4) 6.29 子曰:"中庸之为德也,其至矣乎!民鲜久矣。"

《中庸》作"鲜能久矣",恐此经落一字。②

按:孔子提及中庸之德,而《中庸》原文为"子曰:'中庸其至矣乎,民鲜能久矣'",故丁若镛疑《论语》原文遗"能"字。

(5) 7.35 子疾病,子路请祷。子曰:"有诸?"子路对曰:"有之。《诔》曰:'祷尔于上下神祇。'"子曰:"丘之祷久矣。"郑本皇本陆本无"病"字。

【考异】诸家本无"病"字。○纯曰:"《集解》于《子罕篇》始释'病'曰:'疾甚。'此章'病'字无解,衍文明矣。"③

按:《述而篇》原文为"子疾病",但是《论语集解》并未解释"病"字,直到《子罕篇》"子疾病,子路使门人为臣"章,包咸始注:"疾甚曰病也。"由此可见原文"病"字为衍文,应从诸本作"子疾"。

---

①丁若镛:《论语古今注》卷一,见《与犹堂全书》第二集,第41—42页。
②丁若镛:《论语古今注》卷三,见《与犹堂全书》第二集,第47页。
③丁若镛:《论语古今注》卷三,见《与犹堂全书》第二集,第85—86页。

第二章 《论语古今注》的训诂内容

（6）8.14 子曰："不在其位，不谋其政。"

毛曰："此与'曾子曰："君子思不出其位"'，本是一章。复简重出。"①

按：《宪问篇第二十六》原文："子曰：'不在其位，不谋其政。'曾子曰：'君子思不出其位。'"此乃复简重出。

（7）10.27 入太庙，每事问。重出《八佾篇》。②

按：《八佾篇第十五》原文："子入太庙，每事问。或曰：'孰谓鄹人之子知礼乎？入太庙，每事问。'子闻之，曰：'是礼也。'"此章与《八佾篇》重出。

（8）11.13 闵子侍侧，訚訚如也；子路，行行如也；冉有、子贡，侃侃如也。子乐。"若由也，不得其死然。"皇氏本"子乐"之下有"曰"字。

【考异】洪兴祖曰："《汉书》引此句'若由也，不得其死'句，上有'曰'字或云上文'乐'字即'曰'字之误。"○李善《幽通赋》注引此句，上有"子曰"二字。○案：邢氏本亦有"曰"字，则其非门人之所记明矣，若门人记之，则不当曰"由也"不当名，盖孔子于平日见子路之容貌，虑其罹祸。③

按：丁若镛认为此处应有"曰"字，"若由也，不得其死然"是孔子之言，而非门人所记。

（9）12.15 子曰："博学于文，约之以礼，亦可以弗畔矣夫！"皇氏本"子曰"下有"君子"二字。

---

① 丁若镛：《论语古今注》卷四，见《与犹堂全书》第二集，第103页。
② 丁若镛：《论语古今注》卷五，见《与犹堂全书》第二集，第30页。
③ 丁若镛：《论语古今注》卷五，见《与犹堂全书》第二集，第58—59页。

朱子曰："重出。"邢云："此章与《雍也篇》同，弟子各记所闻，故重载之。"①

按：《雍也篇第二十七》原文："子曰：'君子博学于文，约之以礼，亦可以弗畔矣夫。'"此章与之重。

（10）13.30 子曰："以不教民战，是谓弃之。"

补曰：当与上章合为一章。②

按：《子路篇第二十九》原文："子曰：'善人教民七年，亦可以即戎矣。'"皆是言教民以战之事，故丁若镛认为两章当合为一章。

（11）17.17 子曰："巧言令色，鲜矣仁。"

邢曰："此章与《学而篇》同，弟子各记所闻，故重出之。"③

按：本章与《学而篇》重出。

2. 勘正各个版本的《论语》原文

（1）1.10 子禽问于子贡曰："夫子至于是邦也，必闻其政，求之与？抑与之与？"子贡曰："夫子温、良、恭、俭，让以得之。夫子之求之也，其诸异乎人之求之与？"石经本"抑与"作"意予"。

郑曰："抑人君自愿与之为治。"○驳曰：非也。《易》曰："《临》《观》之义，或与或求"，与犹授也。

【考异】石经"抑与"作"意予"，盖"意"与"億"通，億者意之也，故曰"億则屡中"。"億""抑"同音，又"抑"有"意"音，故"抑戒"谓之"懿戒"也。"予""与"本同字。④

---

①丁若镛：《论语古今注》卷六，见《与犹堂全书》第二集，第125页。
②丁若镛：《论语古今注》卷六，见《与犹堂全书》第二集，第185—186页。
③丁若镛：《论语古今注》卷九，见《与犹堂全书》第二集，第71—72页。
④丁若镛：《论语古今注》卷一，见《与犹堂全书》第二集，第34—36页。

按：此处"石经"是指汉石经。《说文》："抑，按也。从反印。"本义为用印向下按之意。段玉裁《说文解字注》："《论语》三用抑字，皆转语词，于按下之意相近。"石经作"意予"，冯登府《论语异文考证》卷一："意与抑通，《说文》徐锴《通论》：'意犹抑也，含其言欲出而抑之也。'《韩诗·十月之交篇》'抑此皇父'云：'抑，意也。'郑笺云：'抑之言噫。'徐邈音：'噫，噫亦即意。'《周颂》'噫嘻'，定本作'意嘻'。《外传·周语》'抑人故也'，《新序·礼容语篇》作'意人故也'是也。"①刘宝楠《论语正义》卷一："则'抑'、'意'音近义同，故二文互用。'与'，犹言告也。石经作'予'，亦通用字。下篇'君孰与足'，《汉书·谷永传》作'予足'，可证也。"②丁若镛言"意"与"億"通，億者意之也，"億""抑"同音，又"抑"有"意"音，故"抑""意"可通，此说反而迂回牵强。

丁若镛所说"抑戒"谓之"懿戒"，《抑戒》即卫武公所作《懿戒》，《国语·楚语上》言卫武公95岁时，还要求臣子给他提意见，并作《懿戒》以自警。韦昭注："'懿'，《诗·大雅·抑》之篇也。懿读之曰抑。"③毛传："抑抑，慎密也。"笺云："人密审于威仪抑抑然。"马瑞辰《毛诗传笺通释》卷二十二："此传'慎密'犹慎审也。抑通作懿，当即懿之同声假借。《说文》：'懿，嫥久而美也。'嫥久则慎密，慎密则美，故《假乐》传又曰：'抑抑，美也。'"④"抑抑"通"懿懿"，美好、轩昂貌。故"抑戒"之"抑"当是"懿"之假借，与本章"抑"之意义无涉，本章"抑"为转语词，用于表示选择与转折。

（2）7.38 子温而厉，威而不猛，恭而安。

陆德明《释文》曰："一本作'子曰'，厉作例。"皇本作"君子"。案：此章说孔子德行，依此文为是也。⑤

---

① 冯登府：《论语异文考证》，民国二十四年南海黄氏汇印芋园丛书本，第4页。
② 刘宝楠撰，高流水点校：《论语正义》，中华书局，1990年，第25页。
③ 韦昭注：《国语》，商务印书馆，1937年，第199页。
④ 马瑞辰：《毛诗传笺通释》，中华书局，1989年，第753页。
⑤ 丁若镛：《论语古今注》卷三，见《与犹堂全书》第二集，第87—88页。

按：依《经典释文》，别本有作"子曰：'温而厉'"者，皇本作"君子温而厉"，然而此章是赞美孔子之德行，故当从原文。

（3）11.26 子路、曾晳、冉有、公西华侍坐，子曰："以吾一日长乎尔，毋吾以也。……""点，尔何如？"鼓瑟希，铿尔，舍瑟而作，对曰："异乎三子者之撰。"

【考异】仲和卿曰："《集韵》引《论语》作㧖尔，舍瑟而作。"出《四书备考》。〇案：此直是误字。①

按：《集韵》卷四平声四，十三耕下挡损："琴声。《论语》'挡尔，舍瑟而作'，或作损，通作铿。"②丁若镛认为《四书备考》所引或误字。

（4）15.17 子曰："群居终日，言不及义，好行小慧，难矣哉！"皇氏本"慧"作"惠"。

〇案：皇本邢本各有长短，但当舍短而取长，不必执一以废一也。车马衣轻裘与朋友共之，小惠也。遇旧馆人之丧脱骖以予之，小惠也。小惠犹胜于鄙吝人，安得辄行大惠？古人以小惠为小欲，其大之未尝以小惠为不义也。郑子产乘舆济人，君子小之者以其在位也。今群居终日者，明是学人，安得以小惠为小，当从邢氏本。③

按：丁若镛在进行字词勘正时，一般喜欢用联系上下文的方式来分析。比如此章皇氏本作"好行小惠"，丁若镛首先辨析了一下什么是"小惠"。"小惠"指的应该是执行难度不大的小善事，比如和朋友分享车马衣物、将马匹赠送给有丧事的人。"小惠"虽然不算什么大事，但是比之吝啬的铁公鸡又高到不知哪里去了。而且对于寻常人来说，日常也就能行行小惠了，哪里能够动辄就做惊天动地的大好事呢？所以，"好行小惠"虽然不算很大的优点，但是也

---

① 丁若镛：《论语古今注》卷五，见《与犹堂全书》第二集，第85—92页。
② 丁度等：《宋刻集韵》，中华书局，1989年，第68页。
③ 丁若镛：《论语古今注》卷八，见《与犹堂全书》第二集，第119—120页。

第二章 《论语古今注》的训诂内容

绝对不是坏事。在这一章句里，夫子说："好行小慧，难矣哉！"言下之意是这种人难以成事，俨然是将"好行小慧"当作多行不义之事来看待的。所以丁若镛认为，这里应该是"好行小慧"，意为爱耍小聪明，这样解释才更合理。

（5）13.18 叶公语孔子曰："吾党有直躬者，其父攘羊，而子证之。"孔子曰："吾党之直者异于是。父为子隐，子为父隐，直在其中矣。"郑玄本"躬"作"弓"，见《释文》。

【引证】《庄子》曰："直躬证父，尾生溺死，信之患也。"《盗跖篇》。○《淮南子》曰："直躬其父攘羊而子证之，尾生与妇人期而死之。"《泛论训》。○郑玄曰："直人名弓。"见《释文》。○纯曰："直者名躬，犹云狂接舆也。夫直者但谓之直，古人之言皆然。叶公独何言直躬，果如孔解，则孔子答语当云'吾党之直躬者异于是'，今不然，则躬谓直者之名无疑。"①

按：通常认为此对话发生在鲁哀公六年（前487），孔子64岁，地点在时属楚国的叶县。关于"直躬"，有一说是"直人名弓"，如孔颖达疏云："此章明为直之礼也。叶公语孔子曰吾党有直躬者，躬，身也，言吾乡党中，有直身而行者。"是以直躬为以直道立身。也有一说是人名为"直躬"，如《吕氏春秋·当务篇》引孔子云："异哉，直躬之为信也。"《淮南子·泛论训》："直躬其父攘羊，而子证之。"高诱注："直躬，楚叶县人也。"清代周中孚《郑堂札记》卷二云："直躬云者，盖以善加名上，犹之盗跖以恶加名上。"②丁若镛也认同直躬是人名一说，并且引用了太宰纯的观点，太宰纯认为如果正如孔氏所言，直躬是"直身而行"，那么孔子的回答就应该是"吾党之直躬者异于是"，但是孔子说的是"吾党之直者异于是"，因此应如《经典释文》卷二四所言："郑玄云'直人名弓'。"刘宝楠《论语正义》卷十六言郑注所本可能出自《古论》《鲁论》《齐论》异文，《隶续·陈寔残碑》云"寔字仲躬"，史传杂书、《蔡中郎集》并作"仲弓"，"弓""躬"古多通用。③

---

①丁若镛：《论语古今注》卷六，见《与犹堂全书》第二集，第171—172页。
②周中孚：《郑堂札记》，中华书局，1985年，第9页。
③刘宝楠撰，高流水点校：《论语正义》，中华书局，1990年，第537页。

值得注意的是，笔者在写作的过程中发现《论语古今注》手抄本的《论语》原文也有9处明显的错误，在传抄过程中，经典的讹误是很常见的问题。可见不同版本之间参看与校对的重要性。现将《论语古今注》手抄本中的《论语》原文9处错讹情况交代如下：

（1）《八佾篇第二十二》"管氏有三归"写成了"三师"。（见图1）

"管氏有三归"，《论语》各本历来作"三归"，《论语古今注》原文作"管氏有三师"，后文"包曰：'三归娶三姓女'"，可见原文为讹误。

（2）《雍也篇第五》原文缺"乎"字。（见图2）

《论语》各本原文为"原思为之宰，与之粟九百，辞。子曰：'毋，以与尔邻里乡党乎'"，《论语古今注》为"以与尔邻里乡党"，《论语古今注》原文既然参考朱子《论语集注》，原文应与《论语集注》相参照。

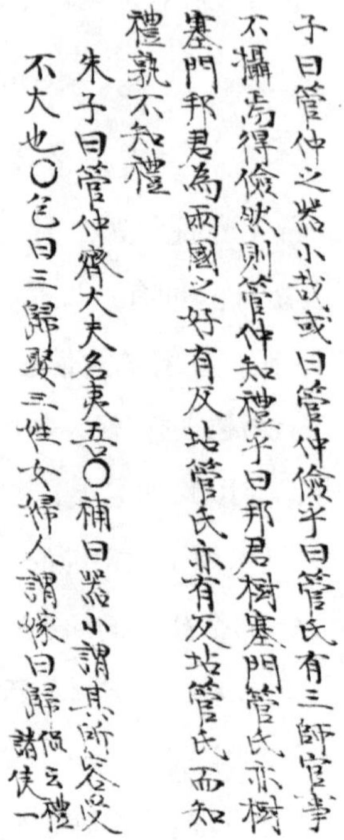

图1 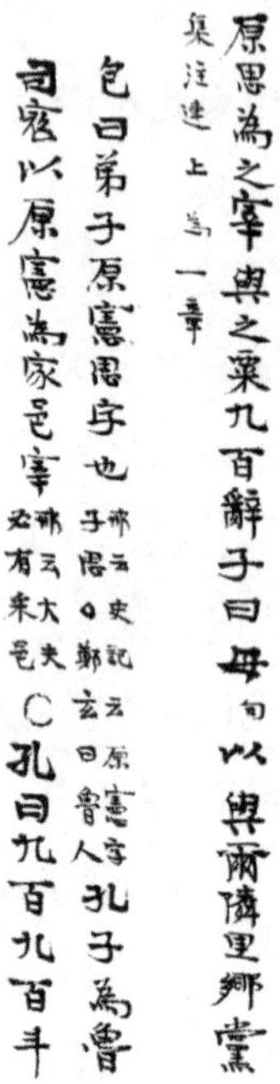　　　　　图2

（3）《雍也篇第八》原文缺"政"字。（见图3）

《论语古今注》原文为"赐也可使从也与"，三个问句句式相同，《论语古今注》第二句明显缺了一个"政"字，应作"赐也可使从政也与"。

（4）《雍也篇第十五》“后”写成了“彼”。（见图4）

《论语》各本历来作“非敢后也，马不进也”，《论语古今注》后文为“军后曰殿”“以后为功”，可见《论语古今注》原文“非敢彼也”中“彼”为“后（後）”之讹字。

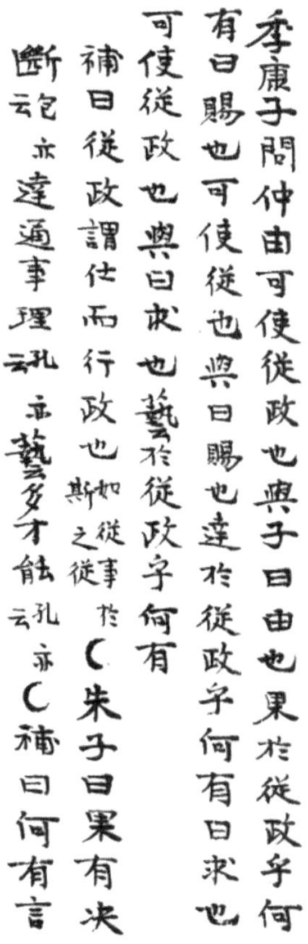
季康子問仲由可使從政也與子曰由也果於從政乎何有曰賜也可使從也與曰賜也達於從政乎何有曰求也可使從政也與曰求也藝於從政乎何有
補曰從政謂仕而行政也如從事於斯之從○朱子曰果有決斷包云亦達通事理孔云亦藝多才能孔云亦○補曰何有言

图3

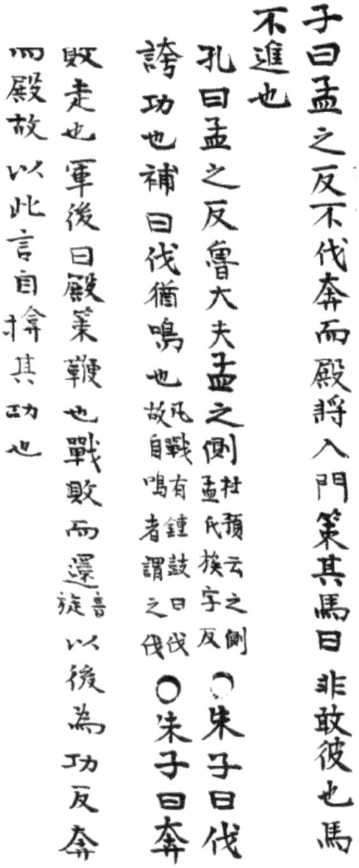
子曰孟之反不伐奔而殿將入門策其馬曰非敢彼也馬不進也
孔曰孟之反魯大夫孟之側杜預云之側孟氏族字反○朱子曰伐誇功也補曰伐猶鳴也凡戰有鍾鼓日伐故自鳴者謂之伐○朱子曰奔敗走也軍後曰殿策鞭也戰敗而還音旋以後為功反奔而殿故以此言自揜其功也

图4

（5）《述而篇第三十四》原文缺“则”字。（见图5）

《论语》各本历来作“若圣与仁，则吾岂敢”，此章后文丁若镛言孔子“辞其上居其次”，《论语古今注》作“若圣与仁，吾岂敢”，缺一“则”字则语气不够强烈。

（6）《乡党篇第五》“上如揖”写成了“下如揖”。（见图6）

《论语》各本历来作“上如揖，下如授”，《论语古今注》作“下如揖，下如授”，后文“朱子曰：‘“上如揖，下如授”谓执圭平衡，手与心齐，高不过揖，卑不过授’”，可见《论语古今注》“上如揖”讹写成了“下如揖”。

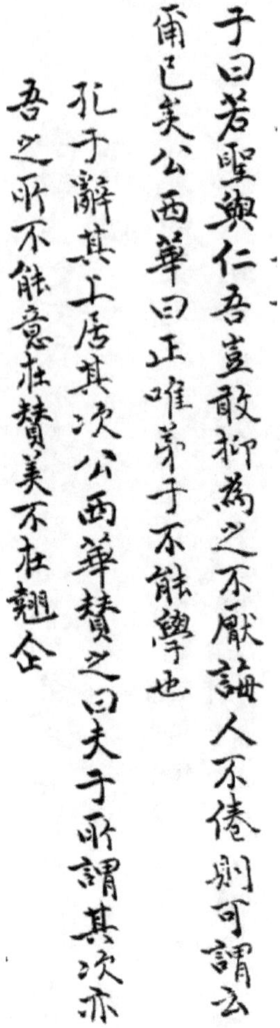

子曰若聖與仁吾豈敢抑爲之不厭誨人不倦則可謂云
爾已矣公西華曰正唯弟子不能學也
孔子辭其上居其次公西華贊之曰夫子所謂其次亦
吾之所不能意在贊美不在翹企

图5

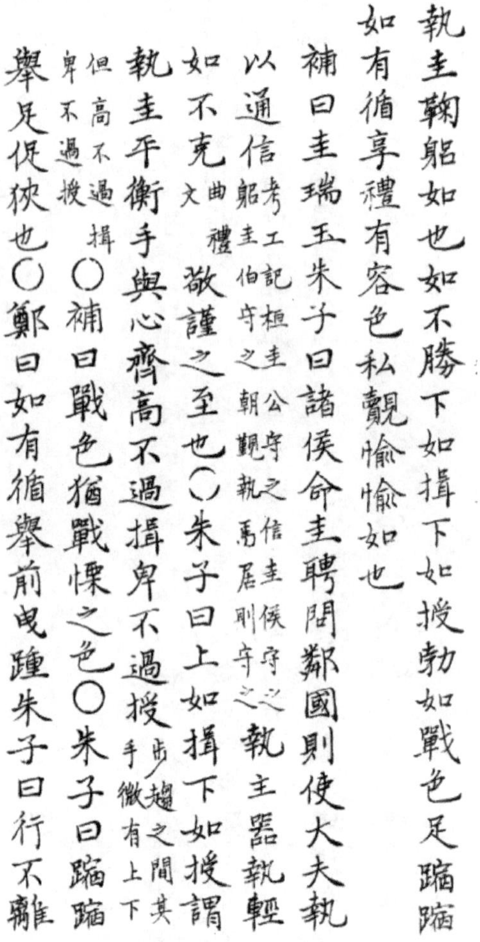

執圭鞠躬如也如不勝下如揖下如授勃如戰色足蹜蹜
如有循享禮有容色私覿愉愉如也
補曰圭瑞玉朱子曰諸侯命圭聘問鄰國則使大夫執
以通信考工記桓圭公守之信圭侯守之躬圭伯守之朝覲執焉居則守之執主器執輕
如不克曲禮文敬謹之至也○朱子曰上如揖下如授謂
執圭平衡手與心齊高不過揖卑不過授步趨之間其手微有上下
但高不過揖卑不過授○補曰戰色猶戰慄之色○朱子曰蹜蹜
舉足促狹也○鄭曰如有循舉前曳踵朱子曰行不離

图6

（7）《乡党篇第六》“素衣”写成了“表衣”。（见图7）

《论语古今注》作“表衣麑裘”，“表衣”不通，且后文说“麑裘深黄故素衣以裼之”，可见“素衣”讹写成了“表衣”。

（8）《子路篇第二十一》原文多“之士”二字。（见图8）

《论语》各本历来作“不得中行而与之”，《论语古今注》作“不得中行之士而与之”，后文只解释“中行”，可见原文多写了“之士”二字。

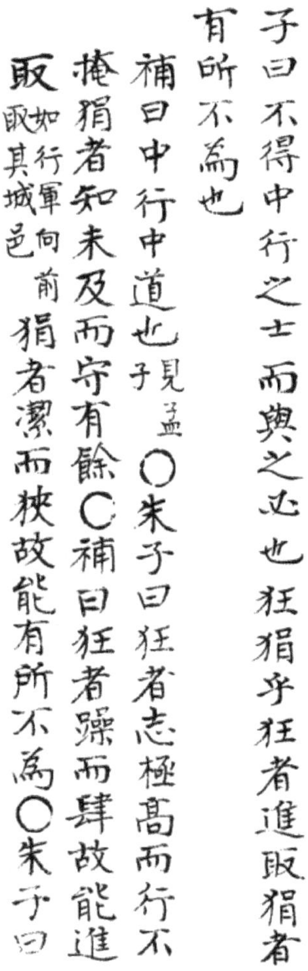
子曰不得中行之士而與之必也狂狷乎狂者進取狷者有所不爲也 補曰中行中道也（見孟子）○朱子曰狂者志極高而行不掩狷者知未及而守有餘○補曰狂者躁而肆故能進取（如行軍向前取其城邑）狷者潔而狹故能有所不爲○朱子曰

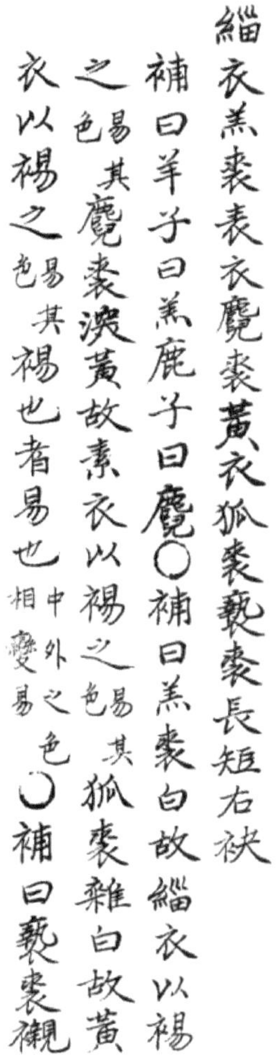
緇衣羔裘素衣麑裘黃衣狐裘褻裘長短右袂 補曰羊子曰羔鹿子曰麑○補曰羔裘白故緇衣以裼之（易其色）麑裘淡黃故素衣以裼之（易其色）狐裘雜白故黃衣以裼之（易其色）裼也者易也（中外之色相變易）○補曰褻裘襯

图7　　　　图8

（9）《卫灵公篇第三十三》“不庄以莅之”写成了“不以庄而涖之”，“庄以莅之”写成了“庄而涖之”。（见图9）

《论语》各本作“知及之，仁能守之，不庄以莅之，则民不敬；知及之，仁能守之，庄以莅之，动之不以礼，未善也”。《论语古今注》作“知及之，仁能守之，不以庄而涖（‘涖’同‘莅’）之，则民不敬；知及之，仁能守之，庄而涖之，动之不以礼，未善也”。后文“补曰：庄，端严也。涖，临也。庄以涖之谓威仪无懈怠，政令无戏慢也”。可见《论语古今注》原文“不庄以莅之”写成了“不以庄而涖之”，“庄以莅之”写成了“庄而涖之”。

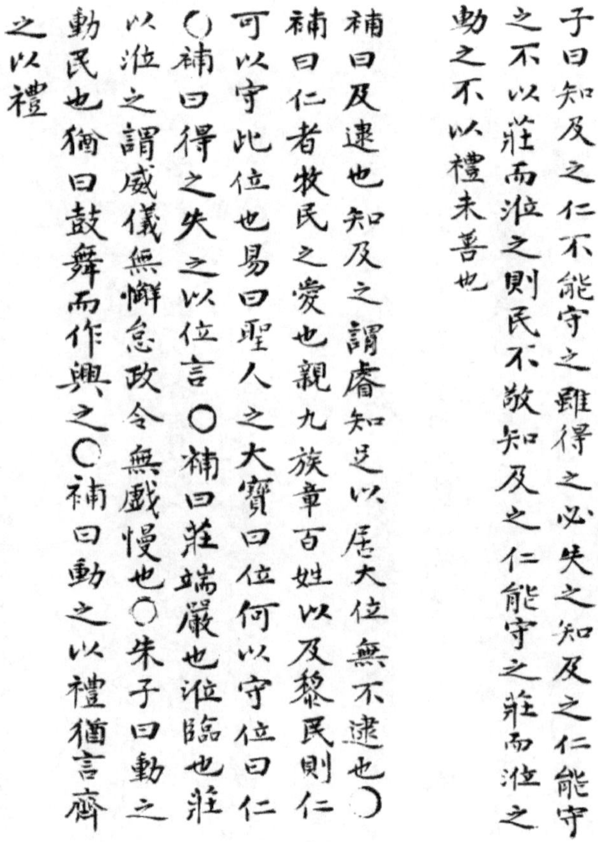

子曰知及之仁不能守之雖得之必失之知及之仁能守
之不以莊涖之則民不敬知及之仁能守之莊而涖之
勐之不以禮未善也

補曰及逮也知及之謂睿知足以居大位無不逮也
補曰仁者牧民之愛也親九族章百姓以及黎民則仁
可以守此位也易曰聖人之大寶曰位何以守位曰仁
○補曰得之失之位言
○補曰莊謂端嚴也涖臨也莊
以涖之謂威儀無懈怠政令無戲慢也○朱子曰動之
動民也猶曰鼓舞而作興之○補曰動之以禮猶言齊
之以禮

图9

二、校勘引用文献

（1）5.6 子使漆雕开仕，对曰："吾斯之未能信。"子说。

【引证】《家语》曰："漆雕开，蔡人，字子若，少孔子十一岁，习《尚书》，不乐仕。孔子曰：'子之齿可以仕矣，时将过。'子若报其书曰：'吾斯之未能信。'孔子悦焉。"○案：《家语》者，伪书也。[①]

按：丁若镛在《论语古今注》中多次引《孔子家语》文献之后说"《家语》者，伪书也"，除了此章所引，还有《先进篇》"子路鼓瑟"章引《孔子家语·辩乐解》后言"案：《家语》者，伪书，伪者取《说苑》略改数字，不

[①] 丁若镛：《论语古今注》卷二，见《与犹堂全书》第二集，第164—165页。

第二章 《论语古今注》的训诂内容

足述也"①。

《孔子家语》的真伪问题向来是一桩学界公案。《孔子家语》最早著录于《汉书·艺文志·六艺略》"论语类"下，今本《孔子家语》中以孔安国口吻所写的《序》，详细叙述了《孔子家语》的来源和传授历程②，因此《孔子家语》似乎是相传有序的先秦古籍。孔颖达《礼记正义·乐记》"昔者舜作五弦之琴，以歌南风；夔始制乐，以赏诸侯"句下引与王肃同时代的马昭之语："《家语》，王肃所增加，非郑所见"，又说"《家语》之言，固所未信"。（《通典》卷九十一《礼五十一·凶十三》"大功成人九月"条引）颜师古注《汉书·艺文志》"《孔子家语》二十七卷"条说："非今所有《家语》也。"明代学者何孟春甚至怀疑《孔子家语》所谓孔安国《序》也是王肃所伪造。清儒亦多承前人所说，认为《孔子家语》乃伪书。《四库全书总目》卷九一则说《孔子家语》"割裂他书"，"其出于肃手无疑。特其流传已久，且遗文轶事往往多见于其中，故自唐以来，知其伪而不能废也"。20世纪"疑古思潮"风行，《孔子家语》乃王肃伪造一说几成定论，如顾颉刚就认为古本《孔子家语》已亡佚，"魏王肃遂起而攘窃其名，杂集诸子、稗史中所载孔子事实重为之，又窜入自己在经义上之主张，假借孔子之言以攻郑玄之学"。丁若镛显然也是受到了传统学者观点的影响，故认为《孔子家语》不过是杂集诸书孔子事实的伪书，故丁氏在《论语古今注》卷四十卷首写道："孔子之言散见他书者亦多，然其在《礼记》、《孟子》者学者既皆习见而尊信之。其在诸子、《家语》者真伪参错，或不可尽信。"③

然而随着近代以来战国秦汉竹简帛书文献的出土，《孔子家语》得以逐渐正名。1973年，河北定县八角廊出土西汉晚期竹简，1977年，安徽阜阳双古堆古墓出土西汉早期木牍，这两批简牍内容都与《孔子家语》有关。2001年和2002年出版的《上海博物馆藏战国楚竹书（一）》和《上海博物馆藏战国楚竹书（二）》中所收的《孔子诗论》和《民之父母》，皆与《孔子家语》中

---

① 丁若镛：《论语古今注》卷五，见《与犹堂全书》第二集，第68页。
② 邬可晶：《〈孔子家语〉成书考·绪论》，中西书局，2015年，第1页。
③ 丁若镛：《论语古今注》卷十，见《与犹堂全书》第二集，第168页。

的篇章文句相合。所以20世纪80年代开始，李学勤、胡平生、王志平、杨朝明、黄怀信等先生先后根据出土文献，对《孔子家语》的真伪问题重新加以讨论①，后有邬可晶的《〈孔子家语〉成书考》、宁镇疆的《〈孔子家语〉新证》根据新出土的文献资料对《孔子家语》的成书与流传作了细致的考证，因此，时至今日，《孔子家语》真书说，即其乃先秦时代的儒家文献，并非王肃所伪造，已经成为学界共识了。

（2）6.23 子曰："知者乐水，仁者乐山。知者动，仁者静。知者乐，仁者寿。"

【引证】《孔丛子》曰："子张曰：ّ仁者何乐于山？'孔子曰：ّ夫山者岿然高。'子张曰：ّ高则何乐尔？'孔子曰：ّ夫山，草木植焉，鸟兽蕃焉，财用出焉，直而无私焉，四方皆伐焉。直而无私，兴吐风云以通乎天地之间，阴阳和合，雨露之泽，万物以成，百姓咸飨此。仁者之所以乐乎山也。'"○案：《孔丛子》，伪书也。②

按：《孔丛子》是记叙孔子及后世子孙某些言论、事迹的一部古书，《汉书·艺文志》无著录，其书的出现，最早见于魏晋时期《帝王世纪》所引述："《孔丛》所谓'忧思三年，追悔前愆，起而即政，谓之明王'者也。"但因为《孔丛子》一书错讹太多，故从宋代始，学者们对此书的真实性大多持怀疑态度。南宋洪迈《容斋随笔》卷十："所谓《丛子》者，本陈涉博士孔鲋子鱼所论集，凡二十一篇，为六卷。唐以前不为人所称，至嘉祐四年，宋咸始为注释以进，遂传于世。今读其文，略无楚、汉间气骨，岂非齐、梁以来好事者所作乎？"③朱熹也以此书的行文语气不似此书形成时代的文风，且内容往往与事实不符等因素为根据，认为此书的性质类似于"《西京杂记》中伪造汉人文章"④。因此，虽然朱熹在《四书集注》中引用了《孔丛子》的内容，但

---

① 参见邬可晶：《〈孔子家语〉成书考》，中西书局，2015年，第4页。
② 丁若镛：《论语古今注》卷三，见《与犹堂全书》第二集，第31—33页。
③ 洪迈：《容斋随笔》，凤凰出版社，2009年，第342页。
④ 朱熹：《孝经刊误·附记》，中国书店，2015年，第28页。

基本上不肯信从此书。丁若镛对《孔丛子》的态度和朱熹如出一辙,虽然在书中引用《孔丛子》的文本,但仍旧认为该书是伪书。

宋代之后的学者也多认为该书是伪书,清代顾实、皮锡瑞等认为《孔丛子》是王肃之伪作。20世纪以来,疑古思潮兴起,被历代学者怀疑为伪作的《孔丛子》,也受到疑古派学者的质疑。然而近年来,又有学者认为《孔丛子》虽然并非孔鲋所作,但也并非伪书,比如黄怀信先生就认为《孔丛子》一书是汉魏时的孔氏家书,此书之作者并非孔鲋,而此书所记内容当有所依凭,大体是可信的。① 且近年出土的文献中有与《孔丛子》和《孔子家语》相合的内容,如1973年河北省定县西汉墓出土的竹简《儒家者言》,其内容与今本《孔子家语》相近。李学勤先生在他的《竹简〈家语〉与汉魏孔氏家学》一文中也认为,《孔丛子》一书必有所据,斥其为伪书的结论应当重新加以审视。② 后来,李学勤先生又以新近出土的楚简材料为据,认为《孔丛子》一书具有较高的学术价值,堪称孔氏家学之"学案"。③ 李零先生在他的《简帛古书与学术源流》一书中认为《孔丛子》并非伪书,但今本《孔丛子》是东汉以来的改编本。④ 也有学者认为《孔丛子》一书根据信史提供的线索,杜撰出诸多与事实不合的子思言行,故不可将其视为信史。杜撰此书的作者虽然有所依凭,但这并不能改变《孔丛子》的伪书性质。⑤ 众说纷纭,然而《孔丛子》的内容仅从文献的角度而言,对于校正前代典籍于流传中发生的一些文字讹误,是具有重要价值的。

(3)12.2 仲弓问仁,子曰:"出门如见大宾,使民如承大祭。己所不欲,勿施于人。在邦无怨,在家无怨。"仲弓曰:"雍虽不敏,请事斯语矣。"《史记》作"问政"。

---

① 黄怀信:《〈孔丛子〉的时代与作者》,载《西北大学学报》1987年第1期,第35页。
② 李学勤:《竹简〈家语〉与汉魏孔氏家学》,载《孔子研究》1987年第2期,第61页。
③ 李学勤:《简帛佚籍与学术史》,江西教育出版社,2001年,第383页。
④ 李零:《简帛古书与学术源流》,生活·读书·新知三联书店,2004年,第333页。
⑤ 李健胜:《从所载子思言行看〈孔丛子〉的伪书性质——兼说疑古派观点的价值与意义》,载《史学月刊》2010年第6期,第106页。

【考异】《史记》云:"仲弓问政。"○案:白季以此为仁之则。仁之法。《史记》误也。①

按:刘宝楠《论语正义》卷十五曰:"《史记·弟子传》作'仲弓问政',冯氏登府《异文考证》以为《古论》,然前后章皆是'问仁',不应此为'问政',《史记》误也。"丁若镛观点同此。

(4)17.11子曰:"礼云礼云,玉帛云乎哉?乐云乐云,钟鼓云乎哉?"

【引证】荀子曰:"人主仁心设焉,知其役也,礼其尽也,故王者先仁而后礼,天施然也。《聘礼》志曰:'币厚则伤德,财侈则殄礼。礼云礼云,玉帛云乎哉!'"《大略篇》。○案:今之《聘礼》记曰:"多货则伤于德,币美则没礼",无"礼云礼云玉帛云乎哉"句。荀子所见者,别本也,然荀子言礼亦以仁为本。②

按:此章论证礼乐的形式和本质,言礼乐之本质不在于玉帛和钟鼓,而当在仁心,丁若镛引《荀子·大略篇》以佐证此章义理。《荀子》引《聘礼》文"币厚则伤德,财侈则殄礼",故《荀子》引文大概引自古本《仪礼》,丁若镛所言"荀子所见者,别本也"可从。阎若璩按:"《聘礼》记'多货则伤于德,币美则没礼',《荀子》所引自本,此于聘义无涉。"③然而丁若镛以为"礼云礼云,玉帛云乎哉"也是《荀子》引自《聘礼》则不太准确,《荀子·大略篇》:"故《聘礼》志曰:'币厚则伤德,财侈则殄礼。''礼云礼云,玉帛云乎哉?'《诗》曰:'物其指矣,唯其偕矣'"三句分别引自《聘礼》《论语》和《诗经》,《聘礼》所言意为"礼物丰厚就会伤害德,财物奢侈就会吞没礼"。荀子复引《论语》之语重申《聘礼》之意,强调玉帛等物虽用作礼品,但它们只是礼的次要方面,礼的主要方面是尊君治民,所以行礼时应该轻财而重德。引《诗经·小雅·鱼丽》,则是进一步强调礼应轻财重德。

---

① 丁若镛:《论语古今注》卷六,见《与犹堂全书》第二集,第100页。
② 丁若镛:《论语古今注》卷九,见《与犹堂全书》第二集,第63—65页。
③ 王应麟撰,阎若璩笺:《困学纪闻》,山东友谊书社,1992年,第330页。

第三章
《论语古今注》的训诂方法

在乾嘉学者的观念里，"凡小学，皆以其形、声相训诂"（孔广森《礼学卮言》）；"诂训之学，以声音、文字为本"（郝懿行《又与王伯申学使书》）。也就是说，训诂需要从文字、音韵方面入手，使形、音、义有机结合，相辅相成。因此，在训诂研究中，有必要借助并综合运用文字学、音韵学的知识和方法来全面考求形、音、义。段玉裁说："小学有形、有音、有义，三者互相求，举一可得其二；有古形、有今形，有古音、有今音，有古义、有今义，六者互相求，举一可得其五。"段氏认为文字之形、音、义的关系密切，研究小学应当把这三者综合起来进行考证，相互推求，其实就是把文字、音韵与训诂结合起来。

因此，在学理层面上，训诂学有三种基本训释方式——义训、声训、形训。义训解释词义，声训通过阐发词源来解释词义，形训通过解释字义来说解词义。①丁若镛《论语古今注》中形训、声训、义训三种训诂方法都有用到，其中义训用得最多，形训次之，声训用得最少，且从书中三种训诂方法的应用成果来看，丁氏的文字训诂工作其实处在较为初级的阶段。

第一节

形训

一、象形之形

"汉代学者，本有二途：一主形训，许氏《说文解字》是也；一主声训，郑氏群经注谊是也。"②《说文解字》集中了秦代规范的小篆，并搜集古文、籀文，用穷尽的材料证明汉字这一表意文字"形义统一"的特点，历来作为训

---

① 古代训诂学家把义训、声训、形训三种训释方法并列，王宁先生认为这是不科学的，"从训释手段分，它们可以并列……从释义的内容分，形训与义训、声训不在同一个层次上"。本章讨论的训诂方法即是训释手段，所以还是将义训、声训、形训并列。参见王宁：《训诂学原理》，中国国际广播出版社，1996年，第108—109页。

② 张舜徽：《郑学丛著·演释名自序》，华中师范大学出版社，2005年，第267页。

释古文的论证依据。丁若镛在《论语古今注》的训释过程中就数次引用《说文》，通过探求文字构义来疏通文意。

（1）2.3 子曰："道之以政，齐之以刑，民免而无耻。道之以德，齐之以礼，有耻且格。"

补曰：齐，上平也。《说文》云："禾麦吐穗上平也。"刑以罚恶，礼以防滥，如物有杂出而翦以齐之也。①

按：这一章孔子谈论如何治理人民，如果用政令引导人民，用刑罚整顿人民，人民只是免于罪过却没有羞耻之心。但是如果用道德引导人民，用礼教整顿人民，人民就能同时具备羞耻之心与感化之心。丁若镛认为刑罚与礼教能剪除民众的恶行，就像剪除杂出的部分使东西变得齐整，马融曰"齐整之以刑罚"是也。《说文·齐部》："齐，禾麦吐穗上平也。象形。""齐"像禾麦吐穗时穗子上端处于同一高度的样子，徐锴注云："生而齐者莫若禾麦。"

（2）4.15 子曰："参乎！吾道一以贯之。"

补曰：贯，穿也。《说文》："毌象穿物。"②

按：这一章孔子论述自己的道。丁若镛认为此处"道"为"人道"，"吾道者身任之也"，即自己践行的人道主张，"不外乎人伦"，即人和人的相处之道。"若五教、九经，以至经礼三百，曲礼三千，皆行之以一恕字。如以一缙贯千百之钱，此之谓一贯。"丁若镛认为孔子关于人道的思想用一个主张概括那就是"忠恕"，"中心事人谓之忠，忖他心如我心谓之恕"③，不管是兄弟相处、朋友相与还是统治人民，以"忠恕"行事就能处理好人与人之间的关系。所以，"忠恕"一词贯穿了孔子整个的人道主张。《说文·毌部》："毌，

---

① 丁若镛：《论语古今注》卷一，见《与犹堂全书》第二集，第 48 页。
② 丁若镛：《论语古今注》卷二，见《与犹堂全书》第二集，第 150 页。
③ 丁若镛：《论语古今注》卷二，见《与犹堂全书》第二集，第 150 页。

穿物持之也。从一横贯，象宝货之形。"① "贯"本义为"钱贝"，古代"贯穿"用"毌"字，今"贯"行而"毌"废。

（3）8.7 曾子曰："士不可以不弘毅。"

补曰：毅者，执守之强也。毅字象猛兽发怒毛竖。②

按：这一章曾子言为士必须具备弘毅的品质。丁若镛说"毅字象猛兽发怒毛竖"，出处不明。《说文·殳部》："毅，妄怒也。从殳豙声。""毅"是怒而有力的意思，"殳"像手持一种长柄勾头似的器具，可以取物，可以打击乐器，后成为兵器，毅从殳，取用武之力。《说文·豕部》："豙，豕怒毛竖。从豕辛。"段玉裁《说文解字注》："毅，妄怒也。从此，会意兼形声。"《六书正讹》："豙，从辛者，刚也。下从豕，会意，故借为刚毅字，有果决之义。"③故"毅"字可作形声字解，从殳豙声，也可作会意字解，从殳从豙。丁若镛作象形之解，似乎不确。

二、会意之形

会意字的形训是据会意字的构件训释字义，先秦文献中形训之滥觞大多为此类，比如《左传·宣公十二年》："夫文，止戈为武。"《宣公十五年》："故文，反正为乏。"《昭公元年》："于文，皿虫为蛊。"丁若镛在《论语古今注》中训释字义时也不乏如此的用例。且丁若镛在分析字形解释字义时，也多采用前人的说解，如《颜渊篇第二十一》："樊迟从游于舞雩之下，曰：'敢问崇德，修慝，辨惑。'"训"慝"字时引胡安国："字从心从匿，盖恶之匿于心者。"④解释"忠恕"时引《周礼疏》："中心为忠，如心为恕。"⑤

---

① 许慎撰，徐铉校定：《说文解字》，中华书局，2013 年，第 139 页。
② 丁若镛：《论语古今注》卷四，见《与犹堂全书》第二集，第 98 页。
③ 梅膺祚：《字汇》，上海辞书出版社，1991 年，第 461 页。
④ 丁若镛：《论语古今注》卷六，见《与犹堂全书》第二集，第 131 页。
⑤ 丁若镛：《论语古今注》卷二，见《与犹堂全书》第二集，第 150 页。

第三章 《论语古今注》的训诂方法

（1）1.2 有子曰："孝悌也者，其为仁之本与？"

补曰：仁者，二人相与也。①

按：《说文·人部》："仁，亲也。从人二。""仁"为会意字，从现有的古文字材料来看，最早可见"仁"字是在春秋晚期的侯马盟书中②，《说文》中"仁"有两个古文，一为𡰥，从尸从二，一为𢗥，从心千声③。"仁"的本义是对人友好，主要是人与人的关系，《论语·颜渊篇》："樊迟问仁，子曰：'爱人。'"《诗经·郑风·叔于田》："岂无居人？不如叔也。洵美且仁。"丁若镛对于"仁"的解释在其思想中具有很重要的地位。有学者专门撰文探讨丁若镛实学思想中"仁"学思想体系的建构。④对于"仁"的训释，丁若镛在不同著作中屡次提及，在《诗文集·答李汝弘书》中说："仁者，二人也。古篆作人，人之叠文。如篆文孙字，为子子之叠文也。"⑤在《孟子要义》中说："人与人之尽其分，谓之仁。"⑥《论语古今注·学而篇》说："仁者，二人相与也。"《论语古今注·颜渊篇》说："仁者，二人也。子爱亲，臣爱君，牧爱民皆仁也。"⑦

（2）6.25 子曰："觚不觚，觚哉！觚哉！"

补曰：上"觚"，酒器也。下"觚"，八棱也。……（觚）字从角者以其有棱角也，又从瓜者以其如瓜瓣也。⑧

按：丁若镛认为这一章孔子所说的"觚不觚"是在探讨"名"与"实"的问题。酒觚之所以能被称作"觚"，是因为它有八棱，如果把棱角削圆还把它叫作"觚"，就名不副实了。姚立方云："觚者，酒器也。上古器多用

---

①丁若镛：《论语古今注》卷一，见《与犹堂全书》第二集，第21—22页。
②李学勤：《字源》，天津古籍出版社，2012年，第698页。
③段玉裁：《说文解字注》，上海古籍出版社，1981年，第365页。
④参见方浩范、束景南：《丁若镛实学中"仁"学思想体系的建构——孔孟仁学思想体系的复归与继承》，载《孔子研究》2008年第1期，第23—31页。
⑤丁若镛：《答李汝弘》，见《与犹堂全书》第一集，第144页。
⑥丁若镛：《孟子要义》卷一，见《与犹堂全书》第二集，第11页。
⑦丁若镛：《论语古今注》卷六，见《与犹堂全书》第二集，第133页。
⑧丁若镛：《论语古今注》卷三，见《与犹堂全书》第二集，第35—36页。

角故字从角瓜声。"丁若镛驳曰:"非也,字从角者以其有棱角也,又从瓜者以其如瓜瓣也。"①《说文·角部》:"乡饮酒之爵也。一曰觚受三升者谓之觚。从角瓜声。"觚一般释作酒器。另有一说,能容纳三升的觥器就叫觚,《周礼·考工记》:"梓人为饮器,勺一升,爵二升,觚三升。""觚"应为形声字,以其有棱角故从角,《汉书·郊祀志》:"甘泉泰畤紫坛,八觚宣通象八方","觚"意为"棱角",瓜声。"觚"有异体字"䚤",《正字通》:"䚤,俗'觚'字。旧注训'酒爵'。"②丁若镛所言"又从瓜者以其如瓜瓣也",值得商榷。

(3) 11.14 鲁人为长府,闵子骞曰:"仍旧贯如之何?何必改作?"子曰:"夫人不言,言必有中。"

补曰:串钱曰贯,字从毌从贝,仍旧贯谓新钱大于旧钱,而其所以赋于民者,仍同旧钱之数也。……惟《国语》云:"士朝而受业,昼而讲贯",贯,习也。《魏风》曰:"三岁贯女",《毛传》云:"贯,事也",《朱传》云:"贯,习也",不知何解,当是习惯之意。总之贯也者,钱串也,从毌,象以簪横贯于冠,从贝,贝者钱贝也。非钱串而何?钱贯盈屋,其家富实,故从宀从贯其字为实,斯可知也。③

按:郑玄注曰:"贯,事也。"国内注家一般沿用郑注,认为此章言鲁国的执政大臣要翻修长府。闵子骞认为"因旧事则可也,何乃复更改作",孔子因此称赞其不欲劳民改作。丁若镛则认为此训不确,此章丁若镛训"仍旧贯"曰:"串钱曰贯,字从毌从贝,仍旧贯谓新钱大于旧钱,而其所以赋于民者,仍同旧钱之数也。"是将"贯"训作钱贯,"改作"训为"改铸",丁若镛认为"作、做、铸谐声",此章不是言翻修长府之事,而是言钱币改铸,民众赋税政策的变化之事。鲁人改铸之初,令曰凡赋敛之贿,以一贯当二贯,或以一贯当三贯,民皆乐之,请其改作。闵子骞曰:"今虽如此,他日必仍旧

---

① 丁若镛:《论语古今注》卷三,见《与犹堂全书》第二集,第35—36页。
② 张自烈:《正字通》,中国工人出版社,1996年,第1047页。
③ 丁若镛:《论语古今注》卷五,见《与犹堂全书》第二集,第59—61页。

贯而赋之。民将如之何？"①闵子骞担忧"今虽增其重而减其贯，他日必将仍旧贯"的赋税政策会对百姓不利，其后鲁国果然如闵子骞之言，所以孔子才会说"夫人不言，言必有中"。丁说较为独特，可备参看。然而丁氏以贯字从毌从贝，故认为贯字本义当为钱串则不太恰当。《说文》："贯，钱贝之贯也。从毌贝。""毌"是贯穿之贯，像穿物之形。"贯"之本义当为穿钱的绳子，如《汉书·贾捐之传》："都内之钱，贯朽而不可校"，故引申为贯穿、贯通之义。

第二节　声训

声训的起源很早，《周易·系辞》："乾，健也""坤，顺也""夬，决也"，《孟子》："庠者养也，校者教也，序者射也"，都是典型的声训，荀子对"友、礼、生、君"等词的训释亦为声训。声训是通过阐发词源来解释词义，有同音、双声、叠韵和音转相近四种，《论语古今注》中的声训只涉及同音，而且丁若镛把它们都定义为"六书之谐声"。比如《为政篇第十五》训"罔"："罔者，亡也。六书之谐声。忽然亡失谓之罔。"②《先进篇第十》训"恸"："恸者，恫也，痛也。六书之谐声。"③丁若镛对于六书谐声的认知与中国的学者不同，谐声最早见于郑玄注《周礼》引郑众说："六书，象形、会意、转注、处事、假借、谐声也。"许慎《说文解字叙》将六书之名定为指事、象形、形声、会意、转注、假借。六书的"谐声"一般而言指后来的"形声"造字法，即义符和声符并用的造字方法。但是丁若镛将"谐声"定义为同音声训，如《论语古今注·八佾篇》言："六书之家原有谐声一法，古人名物多

---

① 《八佾篇》："哀公问社于宰我，宰我对曰：'夏后氏以松，殷人以柏，周人以栗，曰：使民战栗。'"参见丁若镛：《论语古今注》卷五，见《与犹堂全书》第二集，第61页。

② 丁若镛：《论语古今注》卷一，见《与犹堂全书》第二集，第64页。

③ 丁若镛：《论语古今注》卷五，见《与犹堂全书》第二集，第56页。

用此义。孔子曰：'仁者，人也'，又曰：'政者，正也'。宰我之以'栗'为'战栗'①亦谐声之法也。"兹略举丁若镛《论语古今注》声训条例如下。

（1）2.1 子曰："为政以德，譬如北辰，居其所而众星共之。"

补曰：政者，正也。六书之谐声。发号施令正百官以正万民者也。②

齐景公问政于孔子，孔子曰："君君臣臣，父父子子。"此所谓为政以德也。季康子问政于孔子，孔子对曰："政者，正也。子率以正，孰敢不正。"此谓正己而物正也。子曰："其身正，不令而行，其身不正，虽令不从。"子曰："苟正其身矣，于从政乎何有？不能正其身如正人何？"哀公问政孔子，曰："政者，正也。君为政则百姓从政矣，君之所为，百姓之所从也。君所不为，百姓何从？"孟子曰："一正君而天下正矣。"董子曰："正君心以正百官，正百官以正万民。"皆是此说矣。③

按：《说文·支部》："政，正也。从支从正，正亦声。"段玉裁《说文解字注》引《论语》原文。"政"字会意兼形声，本义为征伐，《虢季子白盘》："赐用戉，用政蛮方。"意为"赐给大钺，用来征伐蛮夷"。引申为政令、政事，《毛公鼎》："专命专政""毋顃于政"。丁若镛引孔子对齐景公、季康子等人问政的答语，以及孟子和董仲舒的话，来论证"政"与"正"之间的联系。君主为"政"的要领就在于先"正"自身，因为天下万民是与君主息息相关的，君主自己做好了表率，百官乃至万民才会有正确的方向。所以，何为"政"？"正"也。"正"者何？"正君心"也。《续近思录》卷八朱子曰："古先圣王，兢兢业业，持守此心。虽在纷华波动之中，幽独得肆之地，而所以精之一之、克之复之，如对神明，如临渊谷，未尝敢有须臾之息。"④这也是丁若镛对于统治者的警策与希冀。

---

①丁若镛：《论语古今注》卷二，见《与犹堂全书》第二集，第123页。
②丁若镛：《论语古今注》卷一，见《与犹堂全书》第二集，第42页。
③丁若镛：《论语古今注》卷一，见《与犹堂全书》第二集，第45页。
④张伯行：《续近思录》卷八，上海古籍出版社，1994年，第256页。

第三章 《论语古今注》的训诂方法

（2）8.4 曾子有疾，孟敬子问之。曾子言曰："鸟之将死，其鸣也哀；人之将死，其言也善。君子所贵乎道者三：动容貌，斯远暴慢矣；正颜色，斯近信矣；出辞气，斯远鄙倍矣。笾豆之事，则有司存焉。"

补曰："倍"与"偝"通，谐声为悖。皆乖反之意。①

按：此章"出辞气，斯远鄙倍矣"，是说君子要注意自己说话的语气，做到"声容静、气容肃"②，就可以避免粗陋和乖反。丁若镛言"倍"通"偝"，然后训为"悖"，是用声训。《说文》无"偝"字。国内注家一般言"倍"通"背"，朱熹《论语集注》："倍，与背同，谓背理也。"③刘宝楠《论语正义》："'倍'与'背'同。"④杨伯峻《论语译注》："倍同'背'，不合理，错误。"⑤杨逢彬《论语新注新译》："倍，通'背''悖'，不合理，荒谬。"⑥

另，丁若镛在解释《泰伯篇第二》"恭而无礼则劳"章的时候，将"故旧不遗，则民不偷"解释为"不弃先君之旧臣，则民亦不倍其死者也"。又引证《礼记·坊记》解释"倍"："子云：'利禄先死者而后生者则民不偝。先亡者而后存者则民可以托。'"认为"倍"同"偝"。又引证《大学》云："上老老而民兴孝，上恤孤而民不倍。"丁若镛案："'倍'与'偝'通，谓民不偝死者，收其遗孤也。"⑦《王力古汉语字典》解释"偝"，意为"背向"。《礼记·投壶》："毋偝立。"郑玄注："偝，不正向前也。"⑧后引申为"背弃"之义，见《礼记·坊记》。

---

① 丁若镛：《论语古今注》卷四，见《与犹堂全书》第二集，第95页。
② 刘宝楠撰，高流水点校：《论语正义》，中华书局，1990年，第293页。
③ 朱熹：《四书章句集注》，中华书局，2010年，第104页。
④ 刘宝楠撰，高流水点校：《论语正义》，中华书局，1990年，第293页。
⑤ 杨伯峻：《论语译注》，中华书局，2009年，第79页。
⑥ 杨逢彬：《论语新注新译》，北京大学出版社，2016年，第151页。
⑦ 丁若镛：《论语古今注》卷三，见《与犹堂全书》第二集，第90—91页。
⑧ 王力：《王力古汉语字典》，中华书局，2000年，第39页。

（3）6.26 宰我问曰："仁者，虽告之曰井有仁焉，其从之也？"子曰："何为其然也？君子可逝也，不可陷也。可欺也，不可罔也。"

补曰：井，古文作"丼"，穴地出水曰丼。阱，古文作"汬"，字同"丼"。四字皆相通。井者，陷阱也。①

按：丁若镛在卷首的原义总括里言："'井有仁'当作'阱有仁'。"② 丁若镛将"井"训为"陷阱"。"丼"本义为猎兽的陷阱，《书·费誓》："敜乃阱，无敢伤牿。"孔安国传："阱，穿地陷兽。"《王力古汉语字典》："丼（阱），井。二字同源。阱是井的分别字，丼是阱的异体字。"《周易·井卦》："旧井无禽。"王引之《经义述闻》："井当读为阱，阱字以井为声，故阱通作井。"③《说文解字注》"丼"下曰："《玉篇》云：'古文作汬。'"

（4）10.34 色斯举矣，翔而后集。曰："山梁雌雉，时哉时哉！"子路共之，三嗅而作。

补曰：共者，供也。④

按：这一章古今注者所见各异，主要分歧有两类，一类解为"子路供之，（孔子）三嗅而作"，一类解为"子路拱之，（雉鸟）三嗅而作"。较早的郑玄和何晏所说相近。唐写本《论语》郑玄注："孔子山行，见雌雉食其粱粟，无有惊害之志，故曰：'时哉时哉！'感而自伤之言也。子路失其义，谓可捕也。乃捕而煞之，烹而进之。'三嗅之'者，不以微见人过。既嗅之而起，不食之。"⑤ 何晏所见差不多，略有异者，只是将"山梁雌雉"解为"山梁上的雌雉"。"共"，何晏《论语集解》："共具之。"朱子《论语集注》引晁说之、刘勉之的说解⑥，认为如果"三嗅而作"是指雉鸟飞起的话，"共"就要训为

---

① 丁若镛：《论语古今注》卷三，见《与犹堂全书》第二集，第37页。
② 丁若镛：《论语古今注》卷一，见《与犹堂全书》第二集，第9页。
③ 王力：《王力古汉语字典》，中华书局，2000年，第856页。
④ 丁若镛：《论语古今注》卷五，见《与犹堂全书》第二集，第36—37页。
⑤ 杨逢彬：《论语新注新译》，北京大学出版社，2016年，第205页。
⑥ 晁说之、刘勉之的说解，见前文"反驳说明例（2）"。

"拱执"之义。刘宝楠《论语正义》："《释文》又云：'共，本又作供。'皇本作'供'。《艺文类聚·鸟部上》、《太平御览·羽族部》并引作'拱'。案：作'拱'是也。"①杨伯峻《论语译注》也认为"嗅"当作"狊"，解为"张两翅之貌"，所以"共同'拱'"，翻译为"子路向它们拱拱手"。②丁若镛从前者，将"共"训为"供"。《周礼·天官·庖人》："庖人掌共六畜、六兽、六禽，辨其名物。""共"意为"供具"，郑玄引郑兴注云："六禽，雁、鹑、鷃、雉、鸠、鸽。"

除此之外，《论语古今注》还提到其他同音字的使用。比如《颜渊篇第八》："《汉书·古今人表》（棘子成）作'革子成'，纯云：'棘、革、亟三字同音通用。'"

第三节
义训

何为义训？义训是不论词的形与声而直陈词义的方法。义训在训诂历史上也由来已久，比如《周易·系辞上》："形而上者谓之道，形而下者谓之器。化而裁之谓之变，推而行之谓之通。"义训是充分利用语言环境对词义的制约这一重要的因素来考察词义。王力先生说："到了一定的上下文里，一个词只有一个独一无二的意义。在这种情况下，我们可以说，词义是由上下文确定的。……词在上下文中，才真正体现了它的明确的价值。"③就文献解释而言，义训的训释方法是足够的。丁若镛《论语古今注》中应用最普遍的义训有两种，即直训和义界。

---

①刘宝楠撰，高流水点校：《论语正义》，中华书局，1990年，第435页。
②杨伯峻：《论语译注》，中华书局，2009年，第107页。
③王力：《龙虫并雕斋文集·训诂学上的一些问题》，中华书局，2015年，第316—317页。

一、直训

直训亦称互训、同义为训，即用同义词说解词义。黄侃《文字声韵训诂笔记》说："互训，亦可称直训，凡一意可以种种不同之声音表现之，故一意可造多字，即此同意之字为训或互相为训。"① 因为一个意思可以用多个词表示，所谓"名义相依，名多而义少"，如《尔雅·释诂》："初、哉、首、基、肇、祖、元、胎、俶、落、权舆，始也。"所以这些词可以辗转互训，如《说文》："元，始也。"

（1）2.1 子曰："为政以德，譬如北辰，居其所而众星共之。"

补曰：共者，同也。北辰居正斡旋天枢，而众星随转，与北辰同运，故曰共之也。《王制》云："与众共之。"②

按：丁若镛将"共"训为"同"。丁若镛认为孔子将君王和人民的关系比作北辰和众星的关系，如果将"共"训成"环拱"之义，那就如汉儒云"中宫泰一是为北辰"③。《汉书·天文志》："中宫天极星，其一明者，泰一之常居也。"孔子如果取譬自"泰一之常居"，那在这里提倡的"为政之德"就是"无为"。丁若镛认为孔子提倡的为政从来都是"有为的"，哪怕是《卫灵公篇》中孔子亲自盖章的"无为而治者"舜帝也是勤勉有为的，"余观奋发事功莫如尧舜，五载一巡，比年受朝，询事考言。天下既纷纷矣，重之以凿山沦水、濬畎疏浍、立教明刑、制礼作乐、诛凶退佞"④，采用这么一系列尽心尽力的治理措施，国家才能蓬勃发展。而舜帝之所以能够"恭己正南面"就治理好国家，那是因为"舜得二十二人各授以职"，所以也是强调治国要得人，并非强调治国以无为。因此，丁若镛认为孔子将为政比作北辰，是"北极正子午之线斡旋天枢而满天诸星与之同转，无一星之敢逆，无一星之或后，此

---

① 黄侃述，黄焯编：《文字声韵训诂笔记》，武汉大学出版社，2013年，第186页。
② 丁若镛：《论语古今注》卷一，见《与犹堂全书》第二集，第42—43页。
③ 丁若镛：《论语古今注》卷一，见《与犹堂全书》第二集，第44页。
④ 丁若镛：《论语古今注》卷一，见《与犹堂全书》第二集，第44页。

所谓众星共之也。人君居正，为政以德，而百官万民罔不率从与之同和。正与北辰众星之事如合符契"①。众星是跟从着北辰一同行动的，就好比百官万民是跟从着人君共同为之，所以在这里"共"是"一同、相同"的意思。

国内注家训"共"大体分为两种，一种是训"共"为"环拱"。邢昺疏："居其所而众星共之"为"北辰常居其所而不移，故众星共尊之"。"环拱"之训从此发端，刘宝楠《论语正义》："郑注云：'拱，拱手也。''共'是'拱'省。……众星列峙错居，还绕北辰，若拱向之也。"②杨伯峻也认为："共，同'拱'。与《左传·僖公三十二年》'尔墓之木拱矣'的'拱'意义相近，环抱、环绕之意。"③《王力古汉语字典》"共"下第四个意义为"环抱、拱卫"，引《论语·为政篇》此章与晋傅玄诗《明君篇》"群目统在纲，众星拱北辰"为例。④一种是训"共"为"向"。朱子《四书章句集注》："共，向也，言众星四面旋绕而归向之也。"

丁若镛反对"'共'与'拱'同"这一见解。潘岳《籍田赋》曰："若湛露之晞朝阳兮，众星之拱北辰。""共"作"拱"。丁若镛反驳道：

> 非也。共不可作拱然。且拱者，敛手也。徐铉云："两手大指相拄也。"《玉藻》云："垂拱"⑤；《檀弓》云："右拱"⑥；《左传》云："拱璧"⑦；《孟子》云："拱把之桐梓"⑧；秦缪公云："尔墓之木拱矣"。皆是敛手沓手之义，环拱者，六书家之所未闻也。众星环拱北辰，将何为哉？⑨

---

① 丁若镛：《论语古今注》卷一，见《与犹堂全书》第二集，第45—46页。
② 刘宝楠撰，高流水点校：《论语正义》，中华书局，1990年，第38—39页。
③ 杨伯峻：《论语译注》，中华书局，2009年，第11页。
④ 王力：《王力古汉语字典》，中华书局，2000年，第59页。
⑤《礼记·玉藻》："凡侍于君，绅垂，足如履齐，颐溜垂拱，视下而听上，视带以及袷，听乡任左。""垂拱"意为双手交叠向下。
⑥《礼记·檀弓上》："孔子与门人立，拱而尚右。"意为孔子行拱揖礼时，右手在上。
⑦《左传·襄公二十八年》："与我其拱璧，吾献其柩。"孔颖达疏："拱，谓合两手也，此璧两手拱抱之，故为大璧。"
⑧《孟子·告子上》："拱把之桐梓，人苟欲生之，皆知所以养之者。"杨伯峻注："赵岐注云：'拱，合两手也；把，以一手把之也'，此言树之尚小。"
⑨ 丁若镛：《论语古今注》卷一，见《与犹堂全书》第二集，第46—47页。

丁若镛认为，"拱"就是"敛手沓手"的意思，还举了《礼记·玉藻》《礼记·檀弓上》《左传·襄公二十八年》《孟子·告子上》《左传·僖公三十二年》里面"拱"的用例来佐证。但是丁若镛的理解也值得商榷，"拱璧""拱把之桐梓"应解为"两手相合"，"尔墓之木拱矣"的"拱"应解为"两手环抱、环拱"，而非"敛手"之义。

（2）9.26 子曰："三军可夺帅也，匹夫不可夺志也。"

邢曰："万二千五百人为军。"帅，将也。○补曰：匹夫，一夫也。犹一马之谓匹马。①

按：丁若镛说解此章时只引用邢昺对前半句的训释，邢昺将"匹夫"训为"庶人"，"邢曰：'士大夫已上有妾媵，庶人贱，但夫妇相配匹而已，故曰匹夫'"。丁若镛认为不确，反驳道："湛甘泉云：'正以三军来形匹夫，匹夫犹言一人也，非微贱之谓。'此说是也。匹夫匹妇犹言一夫一妇也。"②"匹"本义指布帛四丈为一匹。《说文解字注》："匹，四丈也。按'四丈'之上当有'布帛'二字。"③西周金文"匹"字为𠤕，从石，乙声。又指计算马的单位，《兮甲盘》："王赐兮甲马四匹。"有战国文字"匹"加义符"马"为䮼，为马匹之"匹"的专用字。④引申为"匹配""匹敌"义，如屈原《九章·怀沙》："怀质抱情，独无匹兮。"《左传·僖公二十三年》："秦晋匹也，何以卑我？"段玉裁云："凡言匹夫匹妇者，于一两成匹取意，两而成匹，判合之理也，虽其半亦得云匹也。马称匹者，亦以一牝一牡离之而云匹。犹人言匹夫也。"⑤丁若镛反对邢昺"庶人"说，认为孔子所言"不可夺志"之人并非局限于"庶人"，且以"三军"对"匹夫"，"匹夫"当为"一夫"之义。其实邢昺的说法更适合解释"匹夫"之"匹"为何有"一"之义。《书·尧典》疏："士大

---

① 丁若镛：《论语古今注》卷四，见《与犹堂全书》第二集，第138页。
② 丁若镛：《论语古今注》卷四，见《与犹堂全书》第二集，第138页。
③ 段玉裁：《说文解字注》，上海古籍出版社，1981年，第635页。
④ 李学勤：《字源》，天津古籍出版社，2012年，第1117页。
⑤ 段玉裁：《说文解字注》，上海古籍出版社，1981年，第635页。

夫已上，则有妾媵，庶人无妾媵，惟夫妻相匹。其名既定，虽单亦通谓之匹夫、匹妇。"①因为古代庶人没有妾侍，只有一夫一妻相匹配，所以"匹夫"之"匹"又有"单一"义，《孟子·梁惠王下》："何哉，君所为轻身以先于匹夫（指孟子）者？"赵岐注："匹夫，一夫也。""匹夫"又泛指平民，《论语·宪问篇》："岂若匹夫匹妇之为谅也，自经于沟渎而莫知之也。"

二、义界

义界亦可称界说。黄侃《文字声韵训诂笔记》："义界者，谓此字别于他字之宽狭通别也。夫缀字为句，缀句为章，字、句、章三者其实质相等。盖未有一字而不含一句之义，一句而不含一章之意者。凡以一句解一字之义者，即谓之义界。"②比如《说文·示部》："神，天神引出万物者也。"用下定义的方式来解说词义，即用一句话或几句话来阐明词义的界限，从而准确地表达出词语的意蕴，这就是义界。

（1）9.24 子曰："法语之言，能无从乎？改之为贵。巽与之言，能无说乎？绎之为贵。说而不绎，从而不改，吾末如之何也已矣。"

补曰：法语者，弹拂引法之言。巽与者，柔顺相助之言。言既正矣，虽恶人能无面从乎？言既逊矣，虽恶人能无暂悦乎？〇补曰：改者改其过也，绎者继其功也。③

按：丁若镛将"法语"解释为严肃合乎法的劝谏，"巽与"解释为柔顺有帮助的规劝，"改"解释为改正过错，"绎"解释为保持成绩。前几个训释大抵无异议，但是"绎"字一解似乎为丁若镛本人之新发明。古今注家释"绎"的主要分歧在于两个意义，一释为"寻绎"，分析之义。马（融）曰："巽，恭也。谓恭孙谨敬之言，闻之无不说者，能寻绎行之，乃为贵。"邢

---

① 刘宝楠撰，高流水点校：《论语正义》，中华书局，1990年，第354页。
② 黄侃述，黄焯编：《文字声韵训诂笔记》，武汉大学出版社，2013年，第187页。
③ 丁若镛：《论语古今注》卷四，见《与犹堂全书》第二集，第136—137页。

邢疏:"绎,寻绎也。"朱子《论语集注》:"绎,寻其绪也。"① 杨伯峻、杨逢彬都翻译成"分析"。② 一释为"改绎",改正之义。《方言》:"悛、怿,改也。自山而东或曰悛或曰怿。"郭璞注此引"怿之为贵"。《广雅·释诂》:"怿,改更也。"刘宝楠《论语正义》言:"绎、怿古多通用。《诗·板》、《泮水》、《那》、《释文》并云:'绎本作怿',《頍弁》《释文》:'绎本作怿',可证也。"所以郭璞注《方言》引《论语》此文,将"绎"训为"改怿"之"怿"。而丁若镛将"绎"解释为"连续","如抽丝之连续不绝"。《说文·糸部》:"绎,抽丝也。"引申为分析义,有"演绎"一词,也有连续义,有"络绎不绝"一词。《论语·八佾篇》:"绎如也。""绎"解为"连续不绝"。

(2) 13.12 子曰:"如有王者,必世而后仁。"

补曰:世谓父子相承也。仁谓率天下以仁而民从之也。③

按:孔安国曰:"三十年曰世。如有受命王者,必三十年仁政乃成。"后来注家多从此说,以三十年为"世",如何晏《论语正义》、邢昺《论语注疏》、皇侃《论语义疏》、朱子《论语集注》、杨伯峻《论语译注》。丁若镛则反对孔安国此训,"汤崩而伊尹佐嗣王,文武崩而周公佐嗣王,皆历世而后能明明德于天下。故曰'虽有王者,必世而后仁'"④。丁若镛认为,殷商和周朝的仁政得以大行于天下,都是几代明君努力的结果,汤和周文王、周武王可以说都是受命于天的王者了,但是商朝和周朝的仁政并非是在一个君王的手里产生成效的。既然要历经几代人,那显然不止三十年。所以"世"解释为"代代相传"比较适合。将"世"解为"父子相承"义最早从郑玄而来。宋辑本郑玄注云:"周自太王、王季、文王、武王,贤圣相承四世。"又云:

---

① 朱熹:《四书章句集注》,中华书局,2010年,第115页。
② 参见杨伯峻:《论语译注》,中华书局,2009年,第93页;杨逢彬:《论语新注新译》,北京大学出版社,2016年,第183页。
③ 丁若镛:《论语古今注》卷六,见《与犹堂全书》第二集,第163页。
④ 丁若镛:《论语古今注》卷六,见《与犹堂全书》第二集,第163页。

"周道至美，武王伐纣，至成王乃致太平，由承殷纣敝化之后故也。"①刘宝楠《论语正义》案："《御览》四百十九引郑此注又云：'圣人受命而王，必父子相承，而后天下之民能仁也。'"刘宝楠总结道："云'必父子相承'者，以三十年未必适当一君，故兼父子计之。"②杨逢彬《论语新注新译》云："世，三十年，又父子相传为一世。"③并且从《论语》同时代典籍中"世"的使用情况分析得出结论："世"解为"父子相传"的可能性更大。如《论语·为政篇》："子张问：'十世可知也？'子曰：'殷因于夏礼，所损益可知也。周因于殷礼，所损益可知也。其或继周者，虽百世可知也。'"《孟子·离娄下》："君子之泽，五世而斩。"《左传·僖公三十三年》："一日纵敌，数世之患也。"以上文献里的"世"都训为"父子相承的世代"比较合适。

从上述《论语古今注》的训诂内容和方法来看，丁若镛在词义训释时能够结合《说文》《尔雅》等小学材料，考证说理也能结合广阔的文献和经书材料，因而取得了较为成功的训诂成果。丁若镛在《尚书知远录序说》中说："余惟读书之法，必先明诂训，诂训者，字义也。字义通而后句可解，句义通而后章可析，章义通而后篇之大义斯见。"④在词义考证时也多次提出训诂方面的见解："读古经须先明字例，今人学书，故字多误用；古人学字，故字有定例，未尝乱也。"⑤可以看到，在训诂理论上，丁若镛是很有见地的，然而他的理论却并没有很好地指导实践。就具体的条例来看，丁若镛的部分词义训诂和方法也存在一些问题，比如对字形的说解有时望文生义，对六书的概念认识不清、不能充分地运用因声求义之法，部分字词释义出现偏差等等。

---

① 参见刘宝楠撰，高流水点校：《论语正义》，中华书局，1990年，第531页。
② 刘宝楠撰，高流水点校：《论语正义》，中华书局，1990年，第531页。
③ 杨逢彬：《论语新注新译》，北京大学出版社，2016年，第247页。
④ 丁若镛：《尚书古训序例·尚书知远录序说》，见《与犹堂全书》第二集，第4页。
⑤ 丁若镛：《尚书古训》卷六，见《与犹堂全书》第二集，第20页。

第四章
《论语古今注》的训诂特点

第一节
博引诸家，态度客观

　　韩国的《论语》学大抵可以分为两个阵地，一个是集中力量研究朱子的《论语》注释的朱子学派，一个是与之持对立立场的实学派。韩国实学派与韩国朱子学派相比较，在对朱子的《论语》注释进行批评之外，还有对于以往诸多《论语》注释的研究，二者共同构成了实学派《论语》学的中心轴。丁若镛的《论语古今注》作为实学派《论语》学最具有代表性的作品，其在同时期作品里最显著的一个特色就是广征博引诸注家之说，中国之汉儒、宋儒、明清诸儒，日本之古学派及朝鲜之先贤，皆有所引。韩国学者李昤昊认为："即使《论语》注释书对自国和他国的思想形成发挥重大作用，但是如果考察其注释范围的话，将韩中日三国的《论语》注释书看作对象的则比较少。所以说丁若镛的《论语古今注》算是唯一的一部既探讨和搜集韩中日三国的《论语》注释书，同时又达到一定学术境地的《论语》注释书。"[①] 丁若镛对于各家的观点，并没有什么主观偏颇，都各有批评、各有认同。如果是认同的注说，丁若镛在解释章句的时候会直接引用（见"考察旧注：直接援引例"），或是在反驳其他注说时援引此说，以示肯定。如果是不认同的注说，就会在解释完章句意义之后，单独引用，然后进行反驳。《论语古今注》所借鉴的注说大致可以分为五类，兹各举例论述如下。

---

① 李昤昊：《韩国〈论语〉学与东亚〈论语〉学》，载《台湾东亚文明研究学刊》2008年第6期，第259页。

一、以何晏《论语集解》为借鉴中心的古代注说

"《论语集解》是目前全帙具存之最古《论语》注本"①,也是十三经里最早的一个集注本。何晏保存了大量的古注,并对于"不安者,颇为改易",增加了自己的见解。丁若镛所引的孔安国、马融、包咸等人的注说均见于何晏《论语集解》。何晏《论语集解》流传至南朝梁,有皇侃为之作义疏,至北宋又有邢昺为之作正义,两人均就《论语集解》之义而疏通引申之,且书中也有引时人之说被丁若镛所吸取者,故皇侃《论语义疏》与邢昺《论语正义》等注家之注解也归入"古注"阵营。

(1) 3.13 王孙贾问曰:"'与其媚于奥,宁媚于灶',何谓也?"子曰:"不然,获罪于天,无所祷也。"

孔曰:"奥,内也,以喻近臣。"邢云:"以其隐奥,故尊者居之。其处虽尊,而闲静无事,以喻近臣虽尊,不执政柄,无益于人也。"(孔曰:)"灶,以喻执政。"邢云:"灶者,饮食之所由,虽处卑亵,为家之急用,以喻国之执政,位虽卑下,而执赏罚之柄,有益于人也。"○驳曰:非也。孔子拒之曰:"获罪于天,无所祷也",则媚奥媚灶明是祷神之说,岂可但以尊者所居、饮食所由言之乎?况奥灶既尊者所居,则其所喻明是国君,今乃曰以喻近臣,可乎?近臣必有权柄,何所让于执政乎?然且古者以阉寺为近臣,何得喻尊者乎?其义非也。②

按:丁若镛认为,"奥"指家里的西南隅,是主妇住的地方,"灶"是厨房,是炊女(厨娘)所在的地方。古谚"与其媚于奥,宁媚于灶"是借祭神之名来比喻家里的饮食之权实际上落在厨娘手上而非主妇,所以要想吃到好吃的讨好主妇就不如讨好厨娘。孔安国和邢昺大意也是如此,只是将"奥"比喻成"近臣"、"灶"比喻成"权臣"。丁若镛则认为"奥"比喻的是"尊

---

① 唐明贵:《何晏〈论语集解〉探微》,载《聊城大学学报(社会科学版)》2004年第6期,第35页。

② 丁若镛:《论语古今注》卷一,见《与犹堂全书》第二集,第105—106页。

者"，落实到朝堂结构上就是比喻"国君"，如果照孔安国的说法，"奥"比喻的是有权柄的近臣，那近臣有了权柄还会比不过执政的大臣吗？而且，古代的近臣一般是君王身边的阉寺即宦官，其身份还不能用"尊者"来形容。

（2）2.7 子游问孝，子曰："今之孝者，是谓能养。至于犬马，皆能有养。不敬，何以别乎？"

包曰："犬以守御，马以代劳，皆养人者。"①

按："犬马能养"有二种解释，都见于何晏《论语集解》："包曰：'犬以守御，马以代劳，皆养人者。'一曰：'人之所养，乃至于犬马，不敬则无以别。'"包咸说的是犬马养人说，另一种是人养犬马说。此二说所训截然相反，症结其实在一"养"字。朱子《论语集注》从后者，云："犬马待人而食，亦若养然。言人畜犬马，皆能有以养之。"训"养"为"饮食供奉也"。丁若镛对于此说不以为然："养，谓左右奉养，非饮食之谓。……补曰：养而不敬，无以自别于犬马也。"②并以毛奇龄说代己言，毛奇龄《论语稽求篇》："唐李峤《表》云：'犬马含识，乌鸟有情，宁怀反哺，岂曰能养？'则在唐时，皆以犬马比人子，以能养为能奉侍亲。故马周上疏有云：'臣少失父母，犬马之养，已无所施。'此皆释经之显见于章疏者。"③总之，丁若镛同意包咸之说。

（3）9.20 子曰："语之而不惰者，其回也与！"

何曰："颜渊解，故语之而不惰，余人不解，故有惰语之时。"邢云："余人不能尽解故有懈惰于夫子之语时。"○毛曰："语之而不惰即教不倦也。陈咸听父教诫故假寐而首触屏风，否则狂如曾点鼓瑟未终亦且备闻三子之撰，若谓圣门惟回能听语不惰，他即不然则非矣。《学记》曰：'古之

---

① 丁若镛：《论语古今注》卷一，见《与犹堂全书》第二集，第 55 页。
② 丁若镛：《论语古今注》卷一，见《与犹堂全书》第二集，第 55 页。
③ 毛奇龄：《论语稽求篇》，中华书局，1991 年，第 3 页。

教者,时观而勿语,必力不能问,然后语之,语之而不知,则舍之。'舍即惰也。"○驳曰:非也。何晏之说谬,故邢昺似从而实违之,萧山欲强辨而重建之,不亦拗乎!子曰回也,于吾言无所悦,语之而不惰者,言之而悦也。①

按:此章所争议的点即在"不惰"的训释,按何晏的训释,意思是颜回对夫子之言很有悟性,一听就能理解,所以夫子对他教而不倦,教之不厌,"不惰"解为夫子不厌倦。邢昺则是将"不惰"解为对夫子教导的态度,其他人不解夫子之语,故惰之,即"懈惰于夫子之语"。毛奇龄《四书改错》则引《礼记·学记》解此章,认为"舍即惰也","语之而不知,则舍之"的意思是如果老师告诉学生以后学生仍不能理解,那么这个问题就可以暂时放在一边不管了,也是将"不惰"解为对夫子教学的态度。丁若镛则认为上述注家所言皆拗,故将"不惰"理解为"颜子听夫子之言而欣勤不怠也",认为颜回对夫子所说的一切都欣然理解,听之不倦。

(4) 10.26 升车,必正立,执绥。车中不内顾②,不疾言,不亲指。

邢曰:"绥者,挽以上车之索也。"《曲礼》云:"仆人之礼,必授人绥。"○周曰:"执绥所以为安也。"○邢曰:"内顾者,回视也。"回顾掩人之私

---

① 丁若镛:《论语古今注》卷四,见《与犹堂全书》第二集,第 134—135 页。
② 卢文弨《钟山札记》卷二"车中内顾"条:"《文选·张平子东京赋》云:'夫君人者,黈纩塞耳,车中内顾。'李善引《鲁论语》及崔骃《车左铭》'正位受绥,车中内顾'以为注,正以《鲁论语》作'内顾',无'不'字,与此合也。乃刻本于赋及注俱增'不'字,此但知今所读之本,而不知《鲁论语》之本无'不'字也。……崔骃《铭》今载《古文苑》,有三章。其《车右铭》云:'箴阙旅贲,内顾自救。'《车后铭》云:'望衡顾毂,允慎兹容。'段若膺云:'观此二章,益可证《车左铭》之为"内顾"矣。'……又案:《汉书·成帝纪·赞》云:'升车,正立,不内顾,不疾言,不亲指。'颜师古《注》云:'今《论语》云:"车中内顾,不疾言,不亲指。"内顾者,说者以为前视不过衡轭,旁视不过輢毂。与此不同。'然则师古所见之《论语》,亦无'不'字。说者云云,乃包咸注,是包亦依《鲁论》为说也。"故包氏是《鲁论》,当作"内顾",无"不"字。《论语集解》用包注,而后人妄增"不"字,致使经注两不相合。参见卢文弨撰,杨晓春点校:《钟山札记》,中华书局,2010 年,第 58—59 页。

也。不疾言，不亲指，皆为惑人也。

包曰："前视不过衡轭，傍视不过輢毂。"邢云："《舆人》注云：'较，两輢上出轼者。'"○邢曰："《曲礼》云：'立视五巂。'此注云'不过衡轭'者，礼言中人之制，此记圣人之行。"○案：经文惟有"不内顾"三字，"视五巂""视衡轭"非所论矣。或者古本多数句。

侃曰："内犹后也，所以然者，后人从己者不能常正，若转顾见之则掩人私不备，非大德之所为，故不为也。"○案：此是正义。①

按：本章描写的是孔子乘车时的一些小细节，这些举动反映出孔子时刻遵循礼仪的严谨生活态度。古时的车驾并不像现在的私家车这般普及，那是一种身份的象征。孔子登车时，正立执绥，既有安全的考虑，也是正身正心的表现。在车中不大声说话，是为了不惊扰到驾车的人，是为了安全驾车，这与今日我们所提倡的不与司机交谈的道理一样。而他不左右环视，也不用手指指点点，则是为了避免让人产生疑惑，造成不好的影响。丁若镛先引邢昺和周生烈之注对《论语》原文略作说明，对包咸和邢昺"不内顾"的引申发挥不以为意，但对皇侃"不内顾"之解深表赞同。

（5）15.16 子曰："不曰'如之何，如之何'者，吾末如之何也已矣。"

孔曰："不曰如之何者，犹言不曰奈是何。邢云：'此章戒人预防祸难也。'祸难已成，吾亦无如之何。"○案：孔说若无误，然非本旨也。向善之人忧学业之不进，悲岁月之不与，夙夜忧叹、自伤自创曰如之何如之何也。渠之愤悱自振不如是者，圣人亦末如之何也。陆游《笔乘》云："人之于道也，以愤悱而通，如之何如之何者，愤悱之象也，不如此即启发如圣人无如之何。"②

---

① 丁若镛：《论语古今注》卷五，见《与犹堂全书》第二集，第35—36页。
② 丁若镛：《论语古今注》卷八，见《与犹堂全书》第二集，第118页。

按：此章向来注家有不同见解，董仲舒《春秋繁露·执贽篇》引本文后加以发挥说："故匿病者不得良医，羞问者圣人去之。"是以"如之何，如之何"为求教问人之辞。潘重规《论语今注》即同此说，认为"如之何，如之何"是用心考虑问题不能解决、向人恳切求教的问语。今人杨逢彬考察《论语》"如之何"的句法，认为："《论语》中的'如之何'，多为向人请教之语。"比如《为政篇》："季康子问：'使民敬，忠以劝，如之何？'"《八佾篇》："定公问：'君使臣，臣事君，如之何？'"《颜渊篇》："年饥，用不足，如之何？"朱子注则以"如之何，如之何"为"熟思而审处之辞也"。张居正在朱熹的基础上发挥说："人之于事，必须思之审，而后处之当。若于临事之际，不仔细思量反复裁度，说此事当如何处置，此事当如何处置，却只任意妄为，率尔酬应，似这等的人，于利害是非，全无算计，虽与之言，彼亦不知，任之以事，必至偾事。"从而推导出"天下之事，必虑善而后动，斯动罔弗臧，计定而后举，斯举无弗当，亦谋国者所当知也"①。是将"如之何"视作心口自相审问商量之辞，讲人要认真对待事情，三思而后行。面对问题时，应该去积极寻求解决的途径和方法，不可凭着冲动和臆测行事。

孔安国和邢昺对此章的理解是"预防祸难"，正如《老子》曰"为之于未有，治之于未乱"，《书》曰"制治于未乱，保邦于未危"，《诗经》曰"迨天之未阴雨，彻彼桑土，绸缪牖户"，《易》曰"其亡其亡，系于苞桑"，《礼记》曰"言前定则不跲"，荀卿曰"先事虑谓之健，先患虑谓之豫"，杨子曰"用智于未奔"，陈祥道也同意此说，其曰："此皆思患豫防而不曰如之何吾末如之何也已矣。此之谓鱼去沙而思于木，毂碎破而大其辐，渴而凿井，斗而铸锥，则将噬脐，无及矣。古之善用兵者以虞待不虞，善医者不治已病治未病，况君子之于事乎？"②但丁若镛不同意孔安国、邢昺之说，他认为此章与个人进德修业、自愤自发有关，正如刘宗周所言："'如之何，如之

---

① 张居正：《张居正直解〈论语〉〈大学〉〈中庸〉》，中国言实出版社，2017年，第310页。
② 陈祥道：《论语全解》卷八，见《钦定四库全书》第196册，台湾商务印书馆，第193页。

何'，非悬想也。自修自证，自叩自灵，辗转寻求，必恍然而后即安，所谓深造自得者也，进德修业皆是也。"①

二、以朱熹《论语集注》为借鉴中心的宋代注说

《论语大全》其实是基于朱熹《论语集注》搜集宋元注疏而成的一本《论语集注》集释，故虽然《论语古今注》凭借《论语大全》得到了许多学者的训释视角，然而其本质是以朱熹《论语集注》为借鉴中心的。朱熹《论语集注》是其《四书章句集注》的一部分，此书"大略本程氏学，通取注疏古今诸儒之说，间复断以己意"②。不过据唐明贵统计，朱熹引用程氏注说最多，达159处，占总数的29.5%。其次是程门弟子，比如尹焞、杨时、谢良佐、吕希哲、范祖禹、吕大临、游酢、侯仲良八家，共232处，约占总数的43.2%。再次是时人注解，比如胡寅、张载、苏轼、晁说之、曾几之等，共117处，占总数的21.8%。而孔安国、马融、陆德明等人的汉唐古注只有13处。③所以，朱熹《论语集注》的显著特点之一是"以程氏之学为主，兼采时人之说"。

因为《四书大全》成为主流读本，朱熹的《论语》学对朝鲜《论语》学影响至深，自朝鲜王朝朱子学大师李退溪的《论语释义》面世以来，其后出现的130多种《论语》注释书，绝大部分是对朱子和朱子学派的《论语》学说进行分析和研究的成果。用今天韩国学者的话说，"朱子的《论语》注释尤其是《论语集注》，不仅仅是个学问的经典原著，而且还是一种圣经"④。加之在朝堂上朱子学派掌握了政权，并对不同学派的学者进行政治攻讦，所以导致了朝鲜学术向朱子学一边倒的现象。丁若镛对于朱熹的《论语集注》秉承

---

① 刘宗周：《论语学案》，见《刘宗周全集》第2册，浙江古籍出版社，2012年，第467页。

② 朱彝尊：《经义考》，中华书局，1998年，第1112页。

③ 唐明贵：《朱熹〈论语集注〉探研》，载《中华文化论坛》2006年第3期，第119页。

④ 李昤昊：《韩国〈论语〉学与东亚〈论语〉学》，载《台湾东亚文明研究学刊》2008年第6期，第257页。

的是相对客观的态度,有肯定也有批评,兹举例如下。

(1) 9.29 子曰:"知者不惑,仁者不忧,勇者不惧。"

补曰:明以烛理故不惑,朱子云。心常乐天故不忧,程子云。气能配义故不惧,朱子云。①

按:朱熹《论语集注》:"明足以烛理,故不惑;理足以胜私,故不忧;气足以配道义,故不惧。此学之序也。"《程氏外书》卷一:"仁者在己,何忧之有?凡不在己,逐物在外,皆忧也。'乐天知命故不忧'此之谓也。若颜子箪瓢在他人则忧,而颜子独乐者,仁而已。"此章丁若镛全引程朱之语,不作另解。

(2) 15.13 子曰:"已矣乎!吾未见好德如好色者也。"

朱子曰:"已矣乎,叹其终不得而见之也。"○补曰:德者,道心之所好也。色者,人心之所好也。道心恒弱,故难诚,人心恒炽,故无伪。已见《子罕篇》。②

按:此处直引朱子语,继而以"补曰"补充丁若镛自己的见解。

(3) 15.22 子曰:"君子矜而不争,群而不党。"

江熙曰:群居所以切磋成德,非于私也。见皇疏。○驳曰:非也。朱子说最明切。③

按:朱熹《论语集注》注此章曰:"庄以持己曰矜,然无乖戾之心故不争;和以处众曰群,然无阿比之意故不党。"丁若镛解此章曰:"庄重自持曰矜,高亢相竞曰争;和辑同心曰群,比昵助力曰党。"④此处虽没有陈朱子之

---

① 丁若镛:《论语古今注》卷四,见《与犹堂全书》第二集,第141页。
② 丁若镛:《论语古今注》卷八,见《与犹堂全书》第二集,第116页。
③ 丁若镛:《论语古今注》卷八,见《与犹堂全书》第二集,第123页。
④ 丁若镛:《论语古今注》卷八,见《与犹堂全书》第二集,第123页。

第四章 《论语古今注》的训诂特点

文,但对朱子的观点表达了肯定赞扬之态度。

(4)17.13 子曰:"乡原,德之贼也。"

补曰:乡原,一乡之所谓愿人也。○朱子曰:"原与愿同。《荀子》'原悫'注读作愿是也。"①

【质疑】朱子曰:"乡者,鄙俗之意。"乡原,乡人之愿者也。○案:乡者,向也。古者匠人营国,九分其区,中为王宫,前朝后市,左右六乡,东西相向,故谓之乡。乡者,京都之坊曲也,岂有鄙哉。但其声誉不出一乡之外,一乡之耳目易欺也,故乡人、乡原皆为卑下之称,鄙俗恐无古据。②

按:关于什么是"乡原",《孟子·尽心下》说:"非之无举也,刺之无刺也。同乎流俗,合乎污世。居之似忠信,行之似廉洁,众皆悦之,自以为是,而不可与入尧、舜之道,故曰德之贼也。"丁若镛很赞同孟子的描述,认为乡原指的就是没有自己的原则,媚于世俗,"是非黑白一以世趣"的人,这种人就算明知道是非黑白是怎样,但是也还是会因"众非之而非之,众白之而白之",看着是人畜无害的老好人,实际上是道德的破坏者。朱熹也从孟子的说法:"盖其同流合污以媚于世,故在乡人之中,独以愿称。"所以关于"乡原"的释义,总的来看,朱熹和丁若镛的看法是一致的,只是丁若镛对朱子具体的说解有认可也有质疑。朱子言:"原与愿同。"丁若镛同意。朱子言:"乡者,鄙俗之意。"丁若镛就不同意了。虽然两人都将"乡原"解作"一乡之愿人",但是在"乡"为什么叫"乡"的问题上出现了分歧。朱熹认为"乡"是因为"鄙俗"才被叫作"乡",丁若镛则认为是因为古代匠人建造都城的时候,将城市划分为九个区域,中间是王宫,前朝后市,剩下六个区域分布在左右,因为是东西相向的,所以这六个区域叫"乡",而乡是京都的坊曲,没有朱熹所说的"鄙俗"的意思。丁若镛所引"匠人治国"说出

---

① 丁若镛:《论语古今注》卷九,见《与犹堂全书》第二集,第66页。
② 丁若镛:《论语古今注》卷九,见《与犹堂全书》第二集,第68页。

自《周礼·考工记》,《释名·释州国》:"万二千五百家为乡。乡,向也,众所向也。"

(5) 15.11 颜渊问为邦,子曰:"行夏之时,乘殷之辂,服周之冕,乐则韶舞。放郑声,远佞人。郑声淫,佞人殆。"

【质疑】朱子曰:"《卫诗》三十九,淫奔之诗才四之一,《郑诗》四十一,淫奔之诗已不啻七之五,卫犹男悦女之词,郑皆女惑男之语,卫犹多讥刺惩创之意,郑几荡然无复羞愧悔悟之萌,郑声之淫甚于卫矣。夫子独以郑声为戒而不及卫,举重而言也。"○案:郑卫有刺淫之诗,恐非淫诗。郑声者,郑之俗乐,当时原有雅乐俗乐分为二部,故梁惠王曰:"寡人非能好先王之乐,直好世俗之乐。"确分二种,不相混称。郑风岂郑声乎?魏文侯问于子夏曰:"吾端冕而听古乐则惟恐卧,听郑卫之音则不知倦。"子夏论郑卫之音曰:"今夫新乐文侯以郑卫音谓之新乐进俯退俯,奸声以滥,溺而不止,及优侏儒,獶杂子女,不知父子。"已上《乐记》文。夫所谓郑卫之音,文侯子夏一问一答明白详悉,录为礼经,犹以郑风当郑声,有是理乎?《乐记》又曰:"郑卫乱世之音也,桑间濮上亡国之音也。"桑间若是桑中,则又岂与卫音有乱亡之别乎?《诗》三百篇皆贤圣所作,无淫诗也。○又按:《周礼·大司乐》云:"凡建国禁其淫声过声凶声慢声。"建国谓诸侯始封。放郑声者,王者之事也。①

按:孔子对"郑声"作出"郑声淫""放郑声"的评价,孟子、荀子延续孔子的批评,对"郑风淫""郑卫之音"相关问题作出负面评判。许慎又从民风民俗方面提出了与前人有别的观点,将"邪僻淫色"的"郑声""郑卫之音"的成因归为郑卫之地的风俗。许慎《五经异义》曰:"郑诗二十一篇,说妇人者十九,故郑声淫也"②,更是将孔子原偏重于音乐方面的"郑声淫""放

---

① 丁若镛:《论语古今注》卷八,见《与犹堂全书》第二集,第114—115页。
② 陈寿祺撰,曹建墩点校:《五经异义疏证》,上海古籍出版社,2012年,第162—163页。

郑声"之说转变为评判《诗经·郑风》诗歌文本为"淫"。朱熹《诗集传》提出"郑风淫",并将《郑风》大部分作品定性为"淫诗",且称"郑声淫,有甚于卫"、《郑风》为"淫诗之最"。丁若镛则对前代学者"以郑风当郑声"的观点提出了异议,认为郑声是"郑人之俗乐也,其声奸滥继之以侏儒杂戏"①,与《诗经·郑风》不能等同,《诗经》皆圣贤所作,无淫诗。

(6) 15.21 子曰:"君子求诸己,小人求诸人。"

杨曰:"君子虽疾没世而名不称,然所以求者,亦反诸己而已。小人求诸人,故违道干誉。"○案:此连上章说,其义恐非也。颜渊问仁,子曰:"克己复礼为仁。"继之曰:"为仁由己而由人乎哉?"正是求诸己而不求诸人也,为人子者谓父母不善故无以为孝子,将如虞舜何为?人臣者谓君上无良故不得为忠臣,将如比干何?友兄弟与朋友皆如此。②

按:"杨曰"来自朱熹《论语集注》中的杨时注,杨时将《卫灵公篇》这章连同上一章"子曰:'君子疾没世而名不称焉'"一起解读,丁若镛则以为不然,他认为此章应与"颜渊问仁"章相参看,君子求的应是"仁"而非"名",孔子所说的"君子求诸己"和"为仁由己"应是一事,实行仁德是靠自己,难道是靠别人吗?如果说父母不善就没有孝子,那尧舜算什么呢?如果说君王不明就没有忠臣,那比干又是怎么回事呢?君子一定是做好自己,从自己身上找问题的人,而不会将自己的不仁归咎于别人或是环境。

(7) 15.12 子曰:"人无远虑,必有近忧。"

苏曰:"人之所履者,容足之外,皆为无用之地,而不可废也。故虑不在千里之外,则患在几席之下矣。"○案:张氏、蔡氏、饶氏、冯氏之说,并以时言,可见宋元以来无一人从苏义也。③

---

① 丁若镛:《论语古今注》卷八,见《与犹堂全书》第二集,第106页。
② 丁若镛:《论语古今注》卷八,见《与犹堂全书》第二集,第122—123页。
③ 丁若镛:《论语古今注》卷八,见《与犹堂全书》第二集,第115—116页。

按：苏轼此说被朱熹《论语集注》所引，苏轼之说"远近"是以距离来衡量。丁若镛认为不确，"补曰：远者，未来之永久也，近者，已到之迫急也"。其认为"远近"是以时间来衡量的。丁若镛所说张氏、蔡氏、饶氏、冯氏是指张栻（南轩张氏，字敬夫）、蔡渊（节斋蔡氏，字伯静）、饶鲁（双峰饶氏，字仲元）、冯椅（厚斋冯氏，字奇之），皆南宋学者。张栻曰："虑之不远，其忧必至，故曰近忧。《易》于履霜，即曰'坚冰至'，以见其忧之在近也。虑患于履霜之初，则有以弭忧矣。"蔡渊曰："按苏氏之说，远近以地言。若远近以时言，恐亦可通。如国家立一法度，若不为长远之虑，则目前即有近忧矣。"饶鲁曰："苏氏之说得地之远近，欠说时之远近。若云'虑不及千百年之远，则患在旦夕之近矣'，意方足。"冯椅曰："虑在事未来之先，忧在事既至之后。虑不远则备不豫，而忧近矣；虑远而备豫，则有以弭忧也。"以上四说，皆可见于《论语集注大全》。①

三、元明清学者的注说

《论语古今注》所引旧注，还是以何晏《论语集解》里的古注（包括邢疏、皇疏）与程朱二人的说解为主的。然而《四书大全》实乃宋元明儒士共同创作的，因此《论语古今注》所涉及的《论语集解》《论语集注》以外的中国学者的注说有来自元明清三朝者。长期以来，元代在理学发展史上的影响隐而不彰，其实元代是使得朱学统治地位得到巩固的重要时期。元仁宗延佑年间复科举，以朱子集注的四书试士，悬为令甲；《四书大全》以四书原文以及朱熹《四书章句集注》为纲目之外，大量采录了元代儒士的研究成果，从某种意义上来说，《四书大全》也可以说是元代四书学成果的集大成之作。故《论语古今注》中所引元朝学者的注说也基本上是朱子学的后续，而明朝学者则大致可以分为程朱学派的后继学者，如蔡清《论语蒙引》；王阳明《传习录》及陆王心学后继学者，如泰州学派的中坚焦竑《论语讲录》、李贽《论语评》；以及汉宋具有折中眼光的学者，如陈士元《论语类考》、顾梦

---

① 周群、王玉琴校注：《四书大全校注》，武汉大学出版社，2009年，第672页。

第四章 《论语古今注》的训诂特点

麟《论语说约》。清朝的学者则主要可分为清初经世致用学派学者，比如黄宗羲、顾炎武、颜元、李恕谷、王源；清初理学学者，比如陆稼书、宋在诗；清初考据学者，比如阎若璩、朱彝尊、毛奇龄。而丁若镛对毛奇龄的说解尤为重视，引用达62处。

（1）9.22 子曰："苗而不秀者有矣夫，秀而不实者有矣夫。"

> 陈栎云："或谓孔子惜颜子，非也。"○驳曰：非也。颜子虽夭，德则成熟，若以此章为惜颜子则嫌不能成德，故弃邪义也。然夫子所言者，天地生物之理也，天既生是人不与之以年，使不能充而大之，是所谓"天难谌"也。若以喻学则其言泊然无味，无嗟惋感慨之妙。①

按：陈栎（1252—1334），元代学者，字寿翁，自号东阜老人，学者称定宇先生。陈栎说见《四书大全》："新安陈氏曰：'此章或谓孔子惜颜子，非也。此以其始学而不发达，发达而不成就者，学者不可以方苗而秀自止，当以既秀且实自勉也。'"②陈栎认为此章不是孔子惜颜回早夭，而是以苗成长的阶段喻学者为学的境界。丁若镛则不同意陈栎的观点，认为此章"喻学则其言泊然无味，无嗟惋感慨之妙"，因此应是感慨天地生物的道理是很难预料的，所谓"天难谌"出自《尚书·君奭》："天命不易，天难谌。"《尔雅·释诂上》："谌，信也。"这是周公对召公姬奭的劝勉之语。意为上天的意志不是轻易能知道的，理解天意是很难的。

（2）15.15 子曰："躬自厚而薄责于人，则远怨矣。"

> 孔曰："责己厚，责人薄，所以远怨咎。"蔡曰："责己厚则身益修而无可怨，责人薄则人易从而不招怨。见《蒙引》。"○案：蔡说是也。③

按：此章孔子说："严厉地责备自己而宽容地对待别人，就可以远离别

---

① 丁若镛：《论语古今注》卷四，见《与犹堂全书》第二集，第135—136页。
② 周群、王玉琴校注：《四书大全校注》，武汉大学出版社，2009年，第538页。
③ 丁若镛：《论语古今注》卷八，见《与犹堂全书》第二集，第118页。

人的怨恨了。"朱子《论语集注》:"责己厚故身益修,责人薄故人易从,所以人不得而怨之。"蔡清《四书蒙引》在朱子说的基础上略有发挥,丁若镛从之。蔡清(1453—1508),明代理学家,清源学派的重要人物之一,字介夫,号虚斋,福建省泉州市晋江人。

(3) 15.20 子曰:"君子疾没世而名不称焉。"

王阳明曰:"'名不称',称字作去声读,'声闻过情,君子耻之',实不称名,生犹可补,没则无及,故君子所疾。"《传习录》。〇驳曰:非也。"齐景公有马千驷,死之日,民无得而称焉。"此所谓终身而名不称者也。君子耻名之浮于行,别是一义,非此经之旨也。①

按:王阳明将《孟子·离娄下》"声闻过情,君子耻之"与本章相参看,认为"名不称"的"称"解为相称,指德行和名声不相匹配。丁若镛以为不然,"名不称"的"称"应解为"称扬",本章君子所担心的"没世而名不称",应是《季氏篇》所说的"民无德而称焉"那种情况,齐景公虽然有四千匹马,但是他死的时候人民都找不到他有什么德行值得称颂的。

(4) 19.14 子游曰:"丧致乎哀而止。"

【质疑】李恕谷曰:"孔安国云:'此言毁不灭性',谓治丧者遇尽哀即止,过此即灭性矣。其所云止,是止哀非止礼文也。"〇案:此章有二义,一是旧说,一云丧不可以不哀,故圣人制礼,其哭泣擗踊之节②必致乎哀而止,其义亦通。未见其有过于高远略于细微之病。③

按:《孝经·丧亲》:"三日而食,教民无以死伤生。毁不灭性,此圣人之政也。"孔安国注此章曰"毁不灭性",也是取其不能过分悲伤而失去本

---

① 丁若镛:《论语古今注》卷八,见《与犹堂全书》第二集,第121—122页。
② 《孝经·丧亲》:"擗踊哭泣,哀以送之。"亦作"辟踊"。擗,用手拍胸。踊,以脚顿地。形容极度悲哀。
③ 丁若镛:《论语古今注》卷十,见《与犹堂全书》第二集,第136页。

性之意。子游的意思是说，居丧，一方面要尽哀，一方面又不宜因过于哀痛而伤害身体。这是对孔子所提倡的丧礼的发展，注重丧礼中内心真诚的情感，却又不过度。因此李恕谷引孔注，并进一步解释"止"是"止哀"而非"止礼"，也就是说悲伤的心情需要克制，但礼节还是要做到位。丁若镛认为此章有两种解读之法，一种是同李恕谷所言之旧说，一种是说居丧不可以不哀，丧礼一定要表达出哀痛之情方可以止。《八佾篇第四》："子曰：'礼，与其奢也宁俭；丧，与其易也宁戚。'"刘宝楠《论语正义》观点也与丁氏相同，《正义》案："《问丧》云：'故哭泣辟踊，尽哀而止矣。'与此'而止'文法同。……衰麻免绖之敷，哀之发于容服者也。擗踊哭泣之节，哀之发于声音者也。斩衰唯而不对，齐衰对而不言，大功言而不让，哀之发于言语者也。父母之丧，朝一溢米，莫一溢米。齐衰之丧，不食菜果，大功不食醯酱，小功不饮酒醴，哀之发于饮食者也。父母之丧，居倚庐，寝苫枕块。齐衰之丧，居垩室，哀之发于居处者也。凡此者无他，创巨者其日久，痛深者其愈迟，凡有知者之所固然，称情以立文焉而已矣。"① 其实孔子也有居丧不能克制哀痛之情的时候，《先进篇第十》："颜渊死，子哭之恸，从者曰：'子恸矣！'曰：'有恸乎？非夫人之为恸而谁为？'"

（5）6.7 子曰："回也，其心三月不违仁，其余日月至焉而已矣。"

朱子曰："三月言其久。"○补曰：违，犹离也。仁者，向人之爱也。子向父，弟向兄，臣向君，牧向民，凡人与人之相向而蔼然其爱者谓之仁也。其心不违则不止显于行事而已，中心实然也。○补曰：其余谓诸弟子。日月至谓不违仁或引至一月或引至数日也。○案：《中庸》曰："民鲜能久矣，能久则圣人也。"颜子不能无过故曰不贰过，不能无过则不能无间断，但其间断甚疏，故曰三月不违。②

按："日月至"，《论语集解》云："余人暂有至仁时，唯回移时而不变。"

---

① 刘宝楠撰，高流水点校：《论语正义》，中华书局，1990年，第745页。
② 丁若镛：《论语古今注》卷三，见《与犹堂全书》第二集，第12页。

朱子《论语集注》云："日月至焉者，或日一至焉，或月一至焉，能造其域而不能久也。"① 又《朱子语类》卷三十一："日至，是一日一次至此；月至，是一月一次至此，言其疏也。闲时都思量别处。"② 可见朱子从《论语集解》说，意为其余人或一日中一次不违仁，或一月中一次不违仁，然则其不违仁之时，都比较短暂。丁若镛认为倒也不必如此。毛奇龄《四书改错》卷二十一驳朱子说："如此，则视圣门弟子无人理矣。天下除却木偶、陈死人外，即盗贼叛乱，亦岂有一月之间不起一良心者？以此概圣门，且以之继'三月不违'之后，可乎？三月'三'字在'月'字上，则继三月者，当是一月至、一日至，不当曰日一至、月一至也。一字颠倒，便相去万里，请善学者思之。"③ 丁若镛甚是赞同毛说，其说"'日月至'谓不违仁或引至一月或引至数日也"。盖丁若镛认为其余的弟子虽然不如颜渊久不离仁，但也能坚持"一月"或"数日"，如果从《论语集注》说，那孔门弟子与凡庸之人之间就没有区别了。

四、日本古学派和朝鲜实学派的注说

日本的古学派有"古义学派"和"古文辞学派"（亦称"萱园学派""复古学派"）之分，前者为伊藤仁斋所倡导，后者为荻生徂徕所创，而后太宰纯传其经术。两派学术之见虽时有抵牾，但皆以反对宋明理学（尤其是对朱子学的批判）、复明洙泗真面目为治学宗旨，井上哲次郎的《日本古学派之哲学》一书将其概括为"古学派"。④ 古学派认为只有返回到孔孟原典，才能知晓儒家真理，朱子的《论语集注》已失孔子之真，故不复信从。伊藤仁斋著有《论语古义》、荻生徂徕著有《论语征》、太宰纯著有《论语古训》《论语古训外传》，丁若镛从中获益良多，尤其赞同重视孔孟原典这一主张。但是对于朱子的学说，丁若镛的态度比之古学派而言就相对温和很多，甚至有时

---

① 朱熹：《四书章句集注》，中华书局，2010年，第86页。
② 朱熹：《朱子四书语类》，上海古籍出版社，1992年，第425页。
③ 毛奇龄著，胡春丽点校：《四书改错》，华东师范大学出版社，2014年，第510页。
④ 参见金彦钟：《丁茶山〈论语古今注〉原义总括考征》，学海出版社，1987年，第469页。

第四章 《论语古今注》的训诂特点

会觉得古学派对于朱子的学说有矫枉过正之嫌,且对于古学派对经文的一些训解,丁若镛也常常提出异议。

作为朝鲜后期实学派之集大成者,丁若镛私淑星湖先生李瀷,学于李檗,所以《论语古今注》中汲取的朝鲜学者的《论语》注说也大多从实学派学者而来。其中对丁若镛影响较大的还是星湖李瀷的《论语疾书》及其门人的注说,比如权哲身①和李森焕②,丁若镛一方面向李森焕学习了星湖经学,一方面向权哲身学习了星湖的实践道学。

(1) 14.32 微生亩谓孔子曰:"丘何为是栖栖者与?无乃为佞乎?"孔子曰:"非敢为佞也,疾固也。"

纯曰:"孔子博访古道,不遑宁处,如有求而不得者,然人不学不知道,是为固陋,我恶之,故孜孜求道。"○案:《礼运》曰:"我欲观夏道,是故之杞;我欲观殷道,是故之宋",则孔子之周游四国,为求道也。纯义甚好。③

按:这一章谈论孔子为什么要栖栖然奔忙于各国。唐玄宗诗《经邹鲁祭孔子而叹之》:"夫子何为者,栖栖一代中。"孔子的回答是"疾固也"。包咸注曰:"病世固陋欲行道以化之。"意思是孔子是为了拯救社会昧于仁义的风气。丁若镛认为不确:"孔子尚不得位,善世移俗之责安能自任乎?"所谓"固陋"者,是"隐居独善弃世绝物者,其道塞而陋,故君子恶之"。孔子所讨厌的,是那些避世又顽固的人。太宰纯认为"固陋"是"人不学不知道",所以孔子讨厌不知道还避世不求道的人,孔子周游各国是为了"孜孜求道"。

---

① 权哲身(1736—1801),字既明,自号鹿庵,是李瀷的左派弟子,死于辛酉邪狱,丁若镛为其作《鹿庵权哲身墓志铭》。参见丁若镛:《墓志铭》,见《与犹堂全书》第一集,第161页。

② 李森焕(1729—1814),号木斋,是李瀷的堂侄孙,特以经学鸣于当世。丁若镛年三十四时,与诸友从游于温阳西严之凤谷寺,其时木斋已六十七,与青年子弟讲学十余日,事见于丁若镛《西严讲学记》。参见丁若镛:《西严讲学记》,见《与犹堂全书》第一集,第133页。

③ 丁若镛:《论语古今注》卷七,见《与犹堂全书》第二集,第65—66页。

丁若镛引《礼记·礼运》①之文，赞同太宰纯之说。

（2）15.19 子曰："君子病无能焉，不病人之不己知也。"

补曰：无能谓无艺能也，我有艺人必知之。

包曰："君子之人但病无圣人之道。"○纯曰："包说太重，不可从也。"②

按：孔子在强调人我关系的时候，一直主张的是人的自知才是关键，别人知不知己相对而言是不那么重要的，也就是强调要自我反省，进业修德。如《里仁篇第十四》："不患无位，患所以立；不患莫己知，求为可知也。"《宪问篇第三十》："不患人之不己知，患其不能也。"《卫灵公篇第十九》："君子病无能焉，不病人之不己知也。"太宰纯认为包咸理解为"无圣人之道"则太重，丁若镛从太宰纯。

（3）6.8 季康子问："仲由可使从政也与？"子曰："由也果，于从政乎何有？"曰："赐也可使从政与？"曰："赐也达，于从政乎何有？"曰："求也可使从政也与？"曰："求也艺，于从政乎何有？"

荻曰："为政者大夫，从政者士。"纯云："春秋之世，诸侯之国，为政者必其正卿一人。"○驳曰：非也。……今必欲一反朱子之说，厌之曰："为政者大夫，从政者士"，亦岂非心术之病乎？……当以朱子说为正。③

按：朱子《论语集注》："从政，谓为大夫。"荻生徂徕和太宰纯的意思是，为政者是大夫，并且只有一个正卿，从政者当为士。丁若镛觉得，荻生徂徕和太宰纯有一点为了反朱子之说而反朱子，这里的从政就是"仕而行政"，出任士大夫的意思，士和大夫没必要区分得这么牵强，并且引《礼

---

①《礼记·礼运》："孔子曰：'我欲观夏道，是故之杞，而不足征也，吾得夏时焉。我欲观殷道，是故之宋，而不足征也，吾得坤乾焉。'"

②丁若镛：《论语古今注》卷八，见《与犹堂全书》第二集，第121页。

③丁若镛：《论语古今注》卷三，见《与犹堂全书》第二集，第12—13页。

记·杂记下》:"期之丧卒哭而从政,九月之丧既葬而从政","将徙于诸侯,三月不从政。自诸侯来徙家,期不从政",说这些是士大夫的通礼。所以,还是应当以朱子之训为正解。

(4) 2.2 子曰:"《诗》三百,一言以蔽之,曰:思无邪。"

补曰:《诗》三百十一篇,其六笙诗也,其五商颂也,笙诗本亡,商颂前代之诗,故不在数,《诗》惟三百篇也。星湖先生云。①

按:丁若镛训"蔽"为"断","思无邪"谓"作诗之人其心志所发无邪僻也"。然后探究孔子为什么说《诗经》只有三百篇。丁若镛从星湖李瀷的说法,认为《诗经》本有三百十一篇,笙诗六篇,《商颂》五篇,笙诗亡佚了,《商颂》是前朝的诗歌,所以不论笙诗和《商颂》的话,《诗经》正好三百篇。孔安国曰:"篇之大数",正义曰:"案今《毛诗序》凡三百一十一篇,内六篇亡,今其存者有三百五篇。今但言三百篇,故曰篇之大数。"刘宝楠《论语正义》:"夫子屡言'《诗》三百',一见《礼运》,两见《论语》,皆综大数以为教也。"②国内注家大多从后者说。

笙诗六篇为《诗经·小雅》"鹿鸣之什"中的《南陔》《白华》《华黍》和"南有嘉鱼之什"中的《由庚》《崇丘》《由仪》。《商颂》五篇,前三篇《那》《烈祖》《玄鸟》为祭祀商朝祖先的乐歌,后两篇《长发》《殷武》歌颂商朝武丁伐荆楚的胜利。有关《商颂》的年代是学界2000年来的公案,齐、鲁、韩三家都主《商颂》为周时宋人所作,而毛亨承子夏之传,则主《商颂》为商代之作。郑笺之后,毛说畅行,三家之说废止。迄至清代,魏源《诗古微》、皮锡瑞《诗经通论》分别举证力辨《商颂》为宋人所作。近代王国维又从甲骨文取证,力证魏、皮之说。20世纪疑古派兴起,更是主张《商颂》为宋襄公时之作。"于是《商颂》之为《宋颂》,几成定论。"现代刘毓庆《〈商颂〉非宋人作考》从新出土的文物资料考察,认为《商颂》全部都为商代所作,

---

① 丁若镛:《论语古今注》卷一,见《与犹堂全书》第二集,第47页。
② 刘宝楠撰,高流水点校:《论语正义》,中华书局,1990年,第40页。

五篇"俱显盛世之德，毫无亡国之思"①。

第二节
尊崇孔子，合理解经

一、合孔子之德理

作为儒学大师，孔子在丁若镛的心目中有着至高无上的地位，而有趣的是，对于孔子的崇拜有时会影响到丁若镛对于章句的解读。比如：

（1）2.4 子曰："吾十有五而志于学，三十而立，四十而不惑，五十而知天命，六十而耳顺，七十而从心所欲，不逾矩。"

郑曰："耳闻其言而知其微旨。"○驳曰：非也。"其言"，谁之言也，必于孔子之上更有神圣大人贤于孔子然后可曰"孔子耳闻其言而知其微旨"。则众人所言本无精微蕴奥，何必六十始知其旨。②

按：郑玄注"六十而耳顺"之"耳顺"为"耳闻其言而知其微旨"。丁若镛认为不确，"闻其言"是听谁之言？能让孔子六十耳听其言还要发孔子微旨的人势必是比孔子更加神圣的贤人，而丁若镛非常怀疑在孔子那个年代是否有这样的人存在，因为孔子已经是圣人级别的人了，丁若镛不愧为坚定的孔子拥趸者。而如果说"闻其言"是听普通人之言，那么普通人说的话一般都没什么内涵，孔子更加用不着到了60岁才能发现他们话中的奥秘了。所以丁若镛认为"若深知天命，混融纯熟，则毁誉荣辱无可以动其心者，无可以

---

① 刘毓庆：《〈商颂〉非宋人作考》，载《山西大学学报（哲学社会科学版）》1980年第1期，第61页。

② 丁若镛：《论语古今注》卷一，见《与犹堂全书》第二集，第51页。

第四章 《论语古今注》的训诂特点

动其心则无可以逆其耳，此之谓耳顺"①，意思是到了60岁，别人说的任何话对孔子来说都不逆耳了，因为这个时候心已入定，可以做到对外界的言语宠辱不惊了。

（2）8.9 子曰："民可使由之，不可使知之。"

纯曰："夫天下之人有君子焉，有小人焉。其必一君子治众民然后天下治。若使天下之人家喻户晓而民咸为君子，是天下无民也。无民非国也。故虽尧舜之世，民自民矣，非上之人不能谕之。如秦人愚黔首，然以其不可故也。"〇驳曰：非也。孔子亲口自言曰："有教无类"，而又反之曰："不可使知之"，有是理乎？②

按：关于这一章的理解，历来有所争议。有人认为，这一句话表明了孔子的"愚民"思想。比如太宰纯就认为，天下的人是分为君子和小人两类的，君子就应该治民，民就应该被治理，作为被治理的人，是不应该知道那么多的。所以太宰纯说孔子这一句话颇有些"秦人愚黔首"的意思。丁若镛反对这种说法，认为孔子必不可能是这样的人。孔子亲口说过"有教无类"（《卫灵公篇》），现在又说"不可使知之"，没有这样的道理。况且，"真若愚黔首以自固则不蹦期月其国必亡，秦其验也"③。如果真的用"愚黔首"的方法来治国，那么国家没多久就会走向灭亡，秦国就是前车之鉴。其言下之意是，孔子不可能提出"愚黔首"这种拉低整个国家智商的自杀式政策。所以，丁若镛认为，"'由之'谓由斯道也，'知之'谓知斯道也"。而"道"这种"玄之又玄，众妙之门"的存在又是"非精义入神不可以知"的。就比如说，播种的人你就告诉他怎么播种就好了，没必要告诉他为什么要播种。因为他可能搞不懂这个道理，如果一定让他知道，这不是强人所难吗？万事万物精微的道理，就算是圣人也可能有不知道的，更何况是老百姓呢？不聪明的人太

---

① 丁若镛：《论语古今注》卷一，见《与犹堂全书》第二集，第52页。
② 丁若镛：《论语古今注》卷四，见《与犹堂全书》第二集，第99页。
③ 丁若镛：《论语古今注》卷四，见《与犹堂全书》第二集，第100页。

多了，就算是贵族也有蠢人，更何况是平民呢？所以丁若镛认为"孔子所言，势也，非谋也"①。孔子讲这个话，只是顺势而为，并非蓄谋自固，更不是"隐之不给"。这一章的意思大概与孔子"因材施教"的教育思想相似。

（3）15.1 卫灵公问陈于孔子，孔子对曰："俎豆之事，则尝闻之矣；军旅之事，未之学也。"明日遂行。

郑曰："军旅末事，本未立，不可以教末事。"○案：军旅之事在平世犹不敢弛备况于春秋之时，朝被围夕受伐，虽禹稷当之，何得不讲习乎？孔子于夹谷之会请修武备，于陈恒之弑沐浴请讨，孔子未尝不好兵也。故子自言："我战则克。"《礼器》文。又曰："教民七年则可以即戎。"其作《易传》曰："弧矢之利以威天下。"岂必襃衣博带日讲宾祭之礼方可云儒者乎？②

按：卫灵公问阵于孔子，是请教孔子军事问题，孔子说："俎豆之事，则尝闻之矣；军旅之事，未之学也。"有人认为这一章体现了孔子"反对用战争的方式解决国与国的问题"，主张以礼治国。郑玄曰："军旅末事，本未立，不可以教末事。"但是丁若镛则认为孔子并非无意于战争之人，他列举了孔子在齐鲁夹谷之会的表现、对于齐国陈恒弑君的态度，以及孔子在《礼记·礼器》《论语·子路篇》《易传》中的其他言论，表明孔子"未尝不好兵"。孔子无疑是重礼的，但是如果要说孔子将军旅之事视作末流，只怕不确。而孔子为什么对于卫灵公问阵响应得兴致缺缺，甚至"明日遂行"，迫不及待离开卫国呢？丁若镛认为："但此时灵公耄乱，无道召淫，人逐世子，怨讟纷兴。而数年之间兵连祸结，伐曹伐晋，殆无虚岁，孔子若于此时或以军旅之事言于卫侯，则不但祸卫亦足戕身。"③孔子之所以这样，是因为卫灵公行的是不义

---

① 丁若镛：《论语古今注》卷四，见《与犹堂全书》第二集，第100页。
② 丁若镛：《论语古今注》卷七，见《与犹堂全书》第二集，第82—83页。
③ 丁若镛：《论语古今注》卷七，见《与犹堂全书》第二集，第84页。

之兵罢了。而且这番对话可以和孔文子问答相互参看,孔子的回应很相似①,是因为卫灵公和孔文子都算不上好人,行兵也非义战。

从以上各例可以看出,丁若镛对孔子非常尊崇,并带着这种情感去解读孔子的言论,但这种尊崇并不是盲目的。丁若镛会分析孔子当时所处的时代背景、社会环境,以及孔子的其他言论,从思想的一致性和逻辑的合理性上来解读《论语》中孔子的言行记录,不可谓无道理。

二、合经书之文理

丁若镛对《论语》也极为尊崇,《十三经策》正祖问:"《尔雅》为诗书之襟带,《论语》为六经之菁华,取譬之义安在?"丁若镛回答:"襟带菁华之云,不过润饬光辉之意,不足疑也。"②因而他主张:"六经诸圣书固皆可读,唯《论语》可以终身读。"③又在《论语古今注·子罕篇》"子曰岁寒"章引谢肇淛④《五杂俎》说:"松柏未尝不凋也,但于众木为后耳。"《论语》说"后凋"而非"不凋",可见"圣人下字不苟如此"。丁若镛很赞同这一点,还引《礼记·礼器》与之相对比,曰:"松柏贯四时而不改柯易叶。"⑤然后点评道:"其观物之精不如《鲁论》。"⑥

而对于某些学者擅改《论语》原文以求义的做法,丁若镛也表示不赞同。比如《子罕篇第三十》:"韩曰:'夫学而之道者,岂不能立耶?吾谓正文传写错倒,当云"可与共学未可与立,可与适道未可与权"。如此则理通矣。'"⑦

---

①《左传·哀公十一年》:"孔文子之将攻大叔也,访于仲尼。仲尼曰:'胡簋之事,则尝学之矣;甲兵之事,未之闻也。'"

②丁若镛:《十三经策》,见《与犹堂全书》第一集,第37—38页。

③方浩范、束景南:《丁若镛实学中"仁"学思想体系的建构——孔孟仁学思想体系的复归与继承》,载《孔子研究》2008年第1期,第24页。

④谢肇淛(1567—1624),字在杭,福建福州长乐人,出生地为钱塘(今浙江杭州),号武林、小草斋主人,晚号山水劳人,明代博物学家、诗人。

⑤《礼记·礼器》原文为:"其在人也,如竹箭之有筠也,如松柏之有心也。二者居天下之大端矣,故贯四时而不改柯易叶。"

⑥丁若镛:《论语古今注》卷四,见《与犹堂全书》第二集,第140—141页。

⑦丁若镛:《论语古今注》卷四,见《与犹堂全书》第二集,第143页。

韩愈主要是基于概念理解，而非文献根据，"凭一己之见就断定经文错倒"①，这是不足取的。丁若镛对此也提出了批评："非也，经不可改也。"

基于对《论语》的尊崇以及注重孔子思想的一致性，所以丁若镛在训释《论语》的时候，常常运用以经证经的方法，就是用《论语》之文来证《论语》，兹略举例如下。

（1）13.27 子曰："刚、毅、木、讷，近仁。"

补曰：木讷则"其言也讱"。②

按：孔子所说的"刚、毅、木、讷，近仁"相对于"巧言令色，鲜矣仁"，意思是坚毅质朴而不善辞令的人就接近仁了。丁若镛引"其言也讱"注此，语出《颜渊篇》："司马牛问仁，子曰：'仁者，其言也讱。'"《史记·仲尼弟子列传》："司马耕，字子牛。牛多言而躁，问仁于孔子。孔子曰：'仁者其言也讱。'"③杨逢彬据此认为，孔子的回答可能是针对司马牛的"多言而躁"所说。

（2）14.1 宪问耻，子曰："邦有道，谷；邦无道，谷，耻也。"

○君子之道，可以仕则仕，执鞭之士吾亦为之，可以止则止，如不可求从吾所好。邦有道则羽仪，邦无道则色举，或为禹稷之胼胝，或为颜回之箪瓢，斯之谓义也。若夫削瓢为圆，同流合污，自守胡广之中庸，以取冯道之富贵者，君子之所耻也。乡人善者好之，乡人恶者好之，孔子耻之。治乱之皆食禄犹善恶之皆见好，斯其所以为耻也。④

按：此章言孔子所耻，孔子认为无论国家政治清明或黑暗，都出来做官食俸，这就是耻辱。丁若镛引《孟子·公孙丑上》"可以仕则仕，可以止则

---

① 方旭东：《章句之学不可忽——朱子〈论语集注〉"可与共学"章的章句问题》，载《厦门大学学报》2014年第4期，第105页。
② 丁若镛：《论语古今注》卷六，见《与犹堂全书》第二集，第183页。
③ 参见杨逢彬：《论语新注新译》，北京大学出版社，2016年，第228页。
④ 丁若镛：《论语古今注》卷七，《与犹堂全书》第二集，第5—6页。

止"谈君子之道,何谓"可以仕则仕",引孔子语"执鞭之士吾亦为之",何谓"可以止则止",又引孔子语"如不可求从吾所好"。语出《论语·述而篇》:"子曰:'富而可求也,虽执鞭之士,吾亦为之。如不可求,从吾所好。'"孔子的意思是要追求合乎道的富贵,而孔子主张有道之世食禄,无道之世不食禄,也是以追求合乎道的富贵与否为评判标准的。丁若镛又以"乡人善者好之,乡人恶者好之"来模拟"治乱之世皆食禄","乡人善者好之,乡人恶者好之"语出《论语·子路篇》:"子贡问曰:'乡人皆好之,何如?'子曰:'未可也。''乡人皆恶之,何如?'子曰:'未可也,不如乡人之善者好之,其不善者恶之。'""治乱之世皆食禄"的人就好像是乡里的好人坏人都喜欢的人,这种人往往只知一味迎合、明哲保身、没有原则,而这就是孔子所耻的。

丁若镛在解释《论语》时,也时常将篇章之间的逻辑串联起来,以此揣摩孔子原意。比如《公冶长篇》将"乘桴浮于海"章和"孟武伯问:'子路仁乎'"章结合起来对子路的形象进行论证:

> 5.7 子曰:"道不行,乘桴浮于海,从我者其由与?"子路闻之喜,子曰:"由也好勇过我,无所取材。"

> 郑曰:"子路信夫子欲行,故言好勇过我也,无所取材者,无所取于桴材。以子路不解微言,故戏之耳。"邢云:"言无所取于桴材,示子路令知己但叹世无道耳,非实欲浮海。"○毛曰:"乘桴之叹原属寓言,忽复作庄语,讥其不裁度事理,则于夫子本旨全然不合,子路不解微言,故复以微言讽之曰:大海荡荡,桴材极难。"○驳曰:非也。先儒笔头子路为痴騃不晓事之人,直令览者愚弄侮笑若狂夫,然此大蔽也。孔子许子路曰:"由也,千乘之国可使治",其赋其在我邦即户曹判书兼宣惠提调者也。其综核事务必细入秋毫,岂后世章句腐儒所可侮弄者乎?夫乘桴浮海,尺童且知其不可,乃谓子路不解微言,实欲从行,岂不远于情乎?孔子之意若曰乘一片之桴涉万里之海,此是危险必死之地,然苟以行道之故,吾将独行则由也必从之。一则许子路心热于行道,一则知子路舍命以从

师,一圣一贤义气相许,千载之下,尚令人感激,子路安得不喜?喜者,喜其知己也。知有行道之诚,知有翼圣之诚。不解微言,喜其从行,有是理乎?此唯不辨菽麦不知痛痒者然矣,岂治千乘之赋者所应然者乎?

邢曰:"中国既不能行道,即欲渡海而居九夷,庶几能行道也。"〇驳曰:非也。苟如是也,当云"乘舟浮海",何以曰"乘桴"乎?乘桴云者,明危险必死之地,子路亦从也。子路之心,急欲行道,又于夫子虽水火涂炭,誓不相舍。孔子一言别出子路一片肝胆,昭示众人,此子路所以感激知己而喜不自胜也。子路之喜何可讥乎?下节亦非讥子路者,乃上节之释义也。唯其好勇过我,又能遇事直前无所裁度,故我许其从行云耳。①

按:子路是在《论语》中出现次数最多的弟子,和孔子的关系非常密切,可以说追随了孔子一生。子路在《论语》中的形象主要有两个特征,一是"野",《先进篇》:"由也喭。"朱熹《论语集注》:"喭,粗俗也。传称喭者,谓俗论也。"《子路篇》:"子曰:'野哉,由也!'"野性不拘是子路的个性,在陪伴孔子之时也以刚强之貌出现,如《先进篇》:"闵子侍侧,訚訚如也;子路,行行如也;冉有、子贡,侃侃如也。"二是"勇",《公冶长篇》:"子路有闻,未之能行,唯恐有闻。"范氏曰:"子路闻善,勇于必行。"《子罕篇》:"子曰:'衣敝缊袍,与衣狐貉者立而不耻者,其由也与!'"子路有着很强烈的自我意识,所以也能在和孔子的相处中勇于提出各种质疑。当这二者同时表现在子路身上时,子路的"勇"就容易发展成鲁莽,因此孔子对子路的教育也主张不要"闻斯行诸"。总之在《论语》中,子路的为政之才、好学之举、力行之勇是为孔子所称赞的,但子路的个性中的确也有刚强有余、好谋不足、率性而为的一面,再加上《论语》中孔子对子路时有批评之语,因此子路的形象在后世的建构中极容易被丑化。传统注家对本章的理解就体现了这一点,认为孔子所说的"无所取材"是对子路不解微言的暗讽

---

① 丁若镛:《论语古今注》卷二,《与犹堂全书》第二集,第165—167页。

之语。但是，丁若镛则在联系下章的前提下提出了异议。下章孟武伯问孔子："子路仁乎？"子曰："由也，千乘之国可使治其赋也。"丁若镛认为孔子所说的"千乘之国可使治其赋"联系到朝鲜王朝的官职相当于"户曹判书兼宣惠提调"①，所以丁氏认为在孔子心目中能胜任这种职位的人必定也有不俗的头脑与能力，传统注家将子路看作一个可以随意轻侮的莽夫，是不对的。子路闻之所喜的，也不是孔子愿意带上他一起乘桴浮海这件事，喜的是孔子明白他对于行道的强烈愿望和追随老师的坚定意志，这对于子路来说都是凌驾于生命之上的。所以即使是乘桴浮海这种"明知其不可为"的事情，也只有子路愿意和老师一起去做。

三、合现实之事理

（1）1.6 子曰："弟子入则孝，出则弟，谨而信，泛爱众，而亲仁。行有余力，则以学文。"

毛曰："姚立方云：'"文"非《诗》《书》六艺之文，言弟子稍闲使学字耳。'《说文》云：'文，交画也。'《周官》八岁入小学，保氏只教以六书使习字。"○驳曰：非也。"出则弟"者谓出而事其长上，非八岁儿之所能也。"泛爱众"亦然。是岂学字之时乎？当从旧说。

【质疑】"泛"之训广，古无可据。且广爱众非弟子之所能。孔子谓于凡人当泛泛然爱之，于仁者当切切然亲之。纯云："泛爱众，顺德之事也。亲仁，求熏陶之益也。"非欲广爱而遍覆也。○又按：夫子之言虽先行后文，然上五事皆非力役之可充工课者，行之绰有余力，以其余力悉以学文则文不可胜用也。先儒因此过斥文艺，非夫子之本意也。故朱子深戒之。②

按：毛奇龄引姚立方言，认为"则以学文"之"文"当训为八岁小儿学

---

① 负责掌管户籍、赋税征收、国家与各单位郡县的会计预算等，相当于中国的户部尚书。

② 丁若镛：《论语古今注》卷一，见《与犹堂全书》第二集，第29—30页。

文字之文，丁若镛认为不确，丁氏认为孔子前文所言"入则孝，出则弟""泛爱众"都不是一个八岁的小孩子所能做到的事情，因此"学文"之"文"还是应该训为六艺古文之文。

丁若镛又反驳前人将"泛"训为"广"之说："'泛'之训广，古无可据。"《说文》"泛，浮也"，本义为漂浮。《诗经·邶风·柏舟》"泛彼柏舟"、《国语·晋语》"泛舟于河"皆训"浮也"。只有当"泛"假借为"氾"时才有"广"义。段玉裁《说文解字注》训"泛"："滥也。玄应引此下有'谓普博也'四字。《楚辞·卜居》'将泛泛若水中凫乎'，王逸云：'泛泛，普爱众也。若水中之凫，群戏游也。'《论语》'泛爱众'，此假泛为氾。"①但是丁若镛认为"泛"不可能训为"广"的主要原因还是广泛地爱所有人，这对于一个"弟子"来说要求太高了，因此对于普通人只要能"泛泛然爱之"就很好了。

最后再议论"行有余力，则以学文"的顺序问题。有观点认为此章体现了孔子教育的方向和顺序，即"做人第一，做学问第二，先做人，再学文"。如《近思录·家道》："伊川先生曰：弟子之职，力有余则学文。不修其职而学，非为己之学也。"但丁若镛认为虽然夫子说先行后文，但二者应该是同时进行的事情。"入则孝，出则弟，谨而信，泛爱众，而亲仁"都不是功课而是应该时刻具备的品质，在具有这些品质之余应该花力气在学习的功课上。有很多注家都注意到了"行"与"文"二者不可偏废的问题，如朱熹《论语集注》："尹氏曰：'德行，本也。文艺，末也。穷其本末知所先后，可以入德矣。'洪氏曰：'未有余力而学文，则文灭其质。有余力而不学文，则质胜而野。'"朱熹接着说："愚谓力行而不学文，则无以考圣贤之成法，识事理之当然，而所行或出于私意，非但失之于野而已。"钱穆《论语新解》："若一意于书籍文字，则有文灭其质之弊。但专重德行，不学于文求多闻博识，则心胸不开，志趣不高，仅一乡里自好之士，无以达深大之境。"《弟子规》也延伸说："不力行，但学文，长浮华，成何人？但力行，不学文，任己见，昧

---

①段玉裁：《说文解字注》，上海古籍出版社，1981年，第549页。

第四章 《论语古今注》的训诂特点

理真。"对于君子来说,践行孝弟、行之有常、言之有实、泛泛爱人、亲近仁人、用功学习都是必不可少的。

（2）5.5 或曰："雍也仁而不佞。"子曰："焉用佞？御人以口给，屡憎于人。不知其仁，焉用佞？"

【质疑】仁者，人伦至善之名。然"我欲仁，斯仁至矣""强恕而行，求仁莫近焉"。仁岂高远之行哉？特弟子受学见在膝前，不必轻许以至善之名，故每云"不知"。若云仁道至大，非颜子不能至，则恐非本旨。①

按：有人说："冉雍这个人有仁德，但没有口才。"孔子说："何必要有口才呢？伶牙俐齿地同别人争辩，常常被人讨厌。我不知道他是否可称得上仁，但为什么要有口才呢？"孔子曾说："刚、毅、木、讷，近仁。"其中，"木"和"讷"就是少说话，不要逞口舌之利，只有这样才能接近于"仁"的境界。孔子也说"巧言令色，鲜矣仁"，在孔子看来，"巧言令色"即是"佞"，一般来说是与"仁"相悖的品质。丁若镛认为，孔子并非不知道冉雍是否可称得上仁，只是因为冉雍是弟子，所以不能轻易冠以"仁"之名。此章丁若镛主要议论的是"仁"的实践观，在丁若镛看来，"仁"虽然是"至善之名"，但并非"高远之行"，是普通人都能去践行的。这也是孔子所倡导的，《述而篇》："仁远乎哉？我欲仁，斯仁至矣。"孔子着意强调，"仁"并不是高不可攀的东西，只要我们自觉地、真心诚意地去追求，任何人都能得到仁。像修身、行仁，这些东西看似虚无缥缈，可望而不可即，但事实上却没有那么难，只是大家不知道如何去做而已。颜回作为孔子最为得意的弟子，也只是能够做到"其心三月不违仁"而已，至于其他弟子还要略逊一筹，即"余则日月至焉而已矣"。不过，孔子却教育弟子们只要肯努力，内心有着"欲仁"的想法，"仁"就会来的。这里面的关键就在于在主观意愿上是否自觉、主动。又引用《孟子·尽心上》："万物皆备于我矣。反身而诚，乐莫大焉；强恕而

---

① 丁若镛：《论语古今注》卷二，见《与犹堂全书》第二集，第163—164页。

行,求仁莫近焉。"孟子的意思是说天地万物我都能够思考、认识,所以天地万物我都具备了。这样才会有下面的一句"反身而诚,乐莫大焉"。反躬自问,我所认识的一切都是诚实无欺的,所以非常快乐。这是一种认识的快乐、探求真理的快乐。但是,仅有认识、仅有自身的发现还不够,所以要"强恕而行",尽力按恕道办事,这是实现仁道最快的方法。所谓"恕"即"己所不欲,勿施于人",也是"己欲立而立人,己欲达而达人"。简单来说,是一种将心比心、推己及人的思想。如果说"反身而诚,乐莫大焉"是一种认识的快乐,局限于自身;那么,"强恕而行,求仁莫近焉"就是一种实践的快乐,践行恕道以求仁。

(3) 10.8 惟酒无量,不及乱。

邢曰:"惟人饮酒无有限量。"○陈栎曰:"无量不及乱,以夫子则可。"○袁了凡曰:"酒若有量而不乱,何难之有?唯无量不及乱,所以为难。"○纯曰:"'惟酒无量'言善饮也。"○驳曰:非也。世谓孔子酒户甚大,虽日饮无何而不为酒困,此儒说误之也。量,槩也。《曲礼》云:"食飨不为槩","惟酒无量"言不为槩也。盎醍澄醴,淡烈不同,爵觯角散,函受各殊,不必以一觯二觯为之槩,量以之为限节也。惟血气和平脉络调邕斯可以止。一或踰此则酩酊而酕醄矣。故孔子不以觵觽为槩,而以不及乱为节。此圣人之饮酒也。圣人亦人也,饮若长鲸未有不乱,今人或以酒户相尚,未必不由此经之释有误也。①

按:历来注家把"无量"解作"无限量",故有孔子酒量很大之说。曹丕说:"千钟百觚,尧舜之饮也。惟酒无量,仲尼之能也。"②北魏高允《酒训》曾引孔子之孙子思之言曰:"子思有云:'夫子之饮,不能一升。'以此推之,'千钟''百觚'皆为妄也。"明儒王世贞按:"'百觚'故为过辞,'一升'亦

---

① 丁若镛:《论语古今注》卷五,见《与犹堂全书》第二集,第 16—17 页。
② 张溥:《汉魏六朝百三名家集·魏文帝集》,江苏古籍出版社,2002 年,第 718 页。

第四章 《论语古今注》的训诂特点

非实录。《乡党》所云'惟酒无量不及乱',则夫子固善饮者也。"①丁若镛则认为圣人亦人也,饮若长鲸未有不乱,他引朱子注曰:"酒不为量,但以醉为节。"意思是饮酒没有具体的量化限度,不是说以喝个一盏两盏为限,而是以"不及乱"为节制的标准。关于"惟酒无量,不及乱"的指涉场所,清代学者一般认为是燕礼,《诗经·大雅·既醉》所谓"既醉以酒,既饱以德",醉酒而不失其德,虽醉而不忘礼。

(4) 17.13 子曰:"乡原,德之贼也。"

【引证】《孟子》曰:"孔子曰:'过我门而不入我室,我不憾焉者,其惟乡原乎。乡原,德之贼也。'曰:'何如斯可谓之乡原矣?'曰:'何以是嘐嘐也?言不顾行,行不顾言,则曰:古之人,古之人。行何为踽踽凉凉?生斯世也,为斯世也,善斯可矣。阉然媚于世也者,是乡原也。'万章曰:'一乡皆称原人焉,无所往而不为原人,孔子以为德之贼,何哉?'曰:'非之无举也,刺之无刺也,同乎流俗,合乎污世,居之似忠信,行之似廉洁,众皆悦之自以为是,而不可与入尧舜之道,故曰德之贼也。孔子曰:恶似而非者,恶莠,恐其乱苗也;恶佞,恐其乱义也;恶利口,恐其乱信也;恶郑声,恐其乱乐也;恶紫,恐其乱朱也;恶乡原,恐其乱德也。'"《尽心下》。〇案:孟子所言乃一副活画,余观乡原之为学也,凡是非黑白一以世趣为主,明知其是而众非之则非之,明知其黑而众白之则白之。谈经则不慕先圣而惟注是宗,论礼则不求正制而惟俗是从。闻新义则哂之,自居以正而归之于旁流。授小职则让之,外视若谦而意在于大得。点捡行事,别无可捉。默观心术,罔非可鄙。终身为学而不可与入尧舜之域。凡如是者,皆孔子所谓乡原也。②

按:孔子对乡原的深恶痛绝从其"德之贼"之语就可见之。孟子解"乡原"之义最切,其曰:"非之无举也,刺之无刺也,同乎流俗,合乎污世,居

---

① 王世贞:《弇州山人四部稿》,台湾伟文图书出版有限公司,1976年,第7208页。
② 丁若镛:《论语古今注》卷九,见《与犹堂全书》第二集,第66—67页。

153

之似忠信，行之似廉洁，众皆悦之自以为是，而不可与入尧舜之道，故曰德之贼也。"这种人，要非难他，却又举不出什么大错误来；要讥刺他，也没有可以讥刺的错处，他只是向世间通行的恶俗看齐，和这个污秽的世界合流，居家好像忠诚老实，行动好像清正廉洁，大家也都喜欢他，他自己也以为正确，但是不能和他一起走上尧舜的大道，所以说他是戕害道德的人。故丁若镛引《孟子》以解《论语》所说"乡原"，同时，又在其后下按语，补充自己在现实生活中所观察到的乡原群像。没有是非黑白的立场，而是随波逐流，就算明知是对的，但大众说是错的他也会说是错的；就算明知事实如何，但还是会跟随大众指鹿为马、指黑为白。"谈经则不慕先圣而惟注是宗，论礼则不求正制而惟俗是从"①一句则是丁若镛对朝鲜王朝从众死板的学风所予以的强烈抨击，也是丁若镛在经学注疏深耕的原因，那就是从四书五经大全之外的经学中找寻先圣的经典原义，为僵化的世俗礼制找寻原始的正制。固守死板的注说而对新义不屑一顾，归之旁流；拒绝微小的官职，看起来是谦让实则是为了图谋更多的名利，这种虚伪自私的人就是丁若镛在现实中所看到的"乡原"，也很好地说明了为何"乡原"是"德之贼"。

第三节
重视训诂，更重义理

丁若镛对朝鲜王朝历史上曾一度占主导地位的义辩之学表示不满，尤其是朝鲜学界长期以来讨论的"理气之辩"。丁若镛认为义辩之学，凿空无益，理气之说，可东可西，所以在与朋友的书信（《答李汝弘》）中写道："理气之说……举世相争，传之子孙，亦无究竟，人生多事，兄与我不暇为是也。"②因而丁若镛的研究主要建立在实证主义的探讨上，对应在经学之上就是训诂

---

① 丁若镛：《论语古今注》卷九，见《与犹堂全书》第二集，第67页。
② 丁若镛：《答李汝弘》，见《与犹堂全书》第一集，第146页。

第四章 《论语古今注》的训诂特点

考据学。

丁若镛很重视文字训诂对于解经的作用,他在《字说》中言:

> 古者小学,专习字书字字讲究,象形、会意、谐声之所以然无不了然于心。目方属文而为篇章也,字字鸠合用适其宜,故其文不相蹈袭,新严警发。左孟庄屈,各成一体。后世不习字书,直读古文,故文字之在心目者皆连二字三四字,多至数十字,而各字各义都囫囵不明,及其发之于篇章也,古文全句随手使用,其中字义有迥,与事情乖戾者而亦罔觉,故文皆陈腐不切事情。①

对于当时学者囫囵字义、盲目引经的现象,丁若镛不以为然。所以在释经之时,丁若镛注重字义之训诂,以求完全把握原文含义。比如《泰伯篇》"曾子有疾"章曾子对孟敬子的忠告:"动容貌,斯远暴慢矣;正颜色,斯近信矣;出辞气,斯远鄙倍矣。"丁若镛训释如下:

> 朱子曰:"容貌,举一身而言。"《玉藻》之"九容"。〇补曰:暴,猝急也。慢,怠惰也。信者,诚之着也。〇朱子曰:"辞,言语也。气,声气也。鄙,陋也。"〇补曰:"倍"与"俏"通,谐声为悖。皆乖反之意。②

可见,丁若镛认为只有将章句中的关键词都训释清楚,方能谈章句之经义。因此在训释词义时也多次引用《说文》等小学材料,比如释《雍也篇》"君子博学于文"引《说文》曰:"博,大通也。"且丁若镛驳斥别人的注说也是以词义训诂为根据:

> 郑曰:"此道谓礼也。动容貌,能济济跄跄,则人不敢暴慢之;正颜色,能矜庄严栗,则人不敢欺诈之;出辞气,能顺而说之,则无恶戾之言入于耳。"

> 〇驳曰:非也。郑疑"斯远"二字宜属他人,故为此说。然若如郑

---

① 丁若镛:《字说》,见《与犹堂全书》第一集,第 25—26 页。
② 丁若镛:《论语古今注》卷四,见《与犹堂全书》第二集,第 95 页。

说,"斯近"二字又难读。朱子之义不可易也。○又按:《邶风》曰:"终风且暴",毛传曰:"暴,疾也"。疾风谓之暴风,故其诂如是也。动容貌有二病,一是急疾妄动,一是怠惰重动,二者俱不中礼,故欲远之。①

《论语集解》引郑玄注,依郑注,则这段话讲的是人在现实生活中如何避免被别人伤害的问题。在曾子看来,如果自身具备了礼的涵养,来自他人的暴慢、欺诞、恶戾之言就不会加于己身,而自身自然也就不会受到伤害。但是丁若镛则认为不确,如果曾子之言是远他人暴慢、鄙陋之行,那么"斯近信"的解释就显得格格不入。丁若镛还引《诗经·邶风》,毛传训"暴"为"疾",认为《论语》此章"暴"也应训为"疾"。

并且丁若镛站在实证主义的立场上,反对为了说理而强加给经典义理。还是"曾子有疾"章,东晋李充对于"人之将死"与"禽兽之将死"的区别发表了很不错的见解:

> 人之所以异于禽兽者,以其慎终始在困不挠也。禽兽之将死,不遑择音,唯吐窘急之声。人若将死,而不思令终之言,唯哀惧而已者,何以别于禽兽乎?是以君子之将终必存正道不忘格言,临死易箦,困不违礼,辩论三德,大加明训,斯可谓善言也。②见皇《疏》。

而丁若镛对此的评价是:"此义极好,然经旨在有意无意之间。"③丁若镛虽然反对在解释经义的时候为了说理而说理,但丁氏反对的是他不赞同的理。也就是说,虽然丁若镛重视字词训诂,但是其经学的研究目的却在义理。《为盘山丁修七赠言》:"学问是吾人所不得不为之事,古人谓:'第一等义理。'余谓此言有病,当正之曰:'唯一无二底义理。'"④在《诗经讲义序》一文中,丁若镛指出经籍之中的义理是相对更重要的:"若义理无所得,虽日破千卷,犹之为面墙也。虽然其字义之训诂有不明,则义理因而晦,或训东而为西,

---

① 丁若镛:《论语古今注》卷四,见《与犹堂全书》第二集,第96页。
② 丁若镛:《论语古今注》卷四,见《与犹堂全书》第二集,第95页。
③ 丁若镛:《论语古今注》卷四,见《与犹堂全书》第二集,第95—96页。
④ 丁若镛:《为盘山丁修七赠言》,见《与犹堂全书》第一集,第165页。

第四章 《论语古今注》的训诂特点

则义理为之乖反，兹所以古儒释经多以诂训为急者也。……盖诂训既明，而义理无所事矣。"① 又说"诂训之学所以发明经传之字义，以达乎道教之旨者也"②。所以在丁若镛看来，训诂不明故义理难明，明训诂是为明义理。

并且这一理念也决定了丁若镛对于汉儒与朱熹释经成就的评判不同，丁若镛对于汉宋二者学术方法的评价在《为政篇》"学而不思"章论及："汉儒注经以考古为法而明辨不足，故谶纬邪说未免俱收，此学而不思之弊也。后儒说经以穷理为主而考据或同疏，故制度名物有时违舛，此思而不学之咎也。"③ 他认为汉学虽然以考证作为方法，但是缺乏明确的辩论分析，是"学而不思"，比如许慎《说文》用阴阳五行之说解释数字与干支，就是古文学家受战国以后哲学观点影响的体现。而宋学以穷理为主而疏忽考据，是"思而不学"。④

而对于汉儒和朱熹的学术（释经）成就，丁若镛评价道：

> 然（谓汉儒）诂训之所传受者，未必皆本旨，虽其得本旨者，不过字义明而句绝正而已，于先王先圣道教之源，未尝窥其奥而溯之也。朱子为是之忧之，于是就汉魏诂训之外，别求正义，以为集传、本义、集注、章句之等，以中兴斯道，其丰功盛烈，又非汉儒之比。⑤

丁若镛认为汉儒对于字句的训诂有相当一部分是信而可征的，但是汉儒却止于字句，并未发经义之本旨，而朱子能在吸收旧注的基础上发明义理，这个功劳是汉儒不能比的。且纵观全书，丁若镛"驳曰"中驳斥最多的是包咸、皇侃及邢昺的注疏，其次是郑玄、何晏、孔颖达。至于对朱子的解释，茶山从未用一个"驳曰"体例，而是多用"补曰"和"质疑"来补充或怀疑朱子之说，因此，在《论语古今注》中可以窥见丁若镛对朱子学怀有适度的

---

① 丁若镛：《诗经讲义序》，见《与犹堂全书》第一集，第106—107页。
② 丁若镛：《五学论二》，见《与犹堂全书》第一集，第121页。
③ 丁若镛：《论语古今注》卷一，见《与犹堂全书》第二集，第64页。
④ 邢丽菊：《韩国实学的发展与茶山丁若镛》，见《实学文化丛书——传统实学与现代新实学文化（二）》，中国实学研究会，2017年，第234页。
⑤ 丁若镛：《五学论二》，见《与犹堂全书》第一集，第122页。

尊重。而在《论语古今注》中，丁若镛也会不自觉地以义理的目光审视汉儒注解，比如《阳货篇》：

> 17.11 子曰："礼云礼云，玉帛云乎哉？乐云乐云，钟鼓云乎哉？"
>
> 郑曰："礼非但崇此玉帛而已，所贵者乃贵其安上治民。"○马曰："乐之所贵者，移风易俗，非谓钟鼓而已。"○案：《孝经》云："移风易俗莫善于乐，安上治民莫善于礼。"马、郑取之以解此章。然安上治民、移风易俗皆礼之功用，岂礼乐之本哉。礼乐本于孝悌忠信，故子曰："人而不仁如礼乐何？"①

此章郑玄和马融取《孝经》文为礼乐作注："移风易俗莫善于乐，安上治民莫善于礼"，丁若镛却认为"移风易俗""安上治民"是礼乐的功用，而并非礼乐之本，所以郑、马之注仍有未尽之处，丁若镛认为正与礼乐之本不在于玉帛和钟鼓这些形式一样，礼乐之本也不在于移风易俗和安上治民，"礼乐之本在仁，仁者，人伦之至也"。因此我们可以看出，与清代朴学的纯粹以训诂还原文本原貌不同，丁若镛的训诂是为了更好地挖掘文本背后的精义，站在空疏义理的对面倡导另一种实用义理。

所以，丁若镛的经学不是惟汉以尊或惟宋为是，而是折中于汉宋，以诂训为津梁而最终还是要达到对义理的通达。朱子经学也正是在这个意义上被茶山肯定的。

---

① 丁若镛：《论语古今注》卷九，见《与犹堂全书》第二集，第63—64页。

第五章
从《论语古今注》的训诂看丁若镛的经学思想

第一节
实学的追求

思想的产生必然有其社会现实的土壤，18世纪前半期，整个朝鲜社会充满了矛盾和不协调。在经历了"壬辰倭乱"和"丁卯胡乱"之后，朝鲜经济衰退，百姓失去了对国家的信赖，统治阶级内部则党争不断。从18世纪后半期到19世纪初，朝鲜王朝由保守势力独揽大权。[①]而朱子的性理学不再适用于社会的需求，并且从政治理念沦为了政治斗争党同伐异的理论工具。处在这一时代的丁若镛在汲取了多方思想之后形成了自己的实学思想体系，并且因为主张"接受西洋文物、追求改革与变化的实事求是的思想，遭到了保守势力的镇压"[②]。

丁若镛的实学思想来源有三，"中国之清初经世学派、日本江户时代之古义学派、朝鲜英正时代之实学派，皆重视经验"[③]。其《自撰墓志铭》说："六经四书，以之修己，一表二书，以之为天下国家，所以备本末也。"一般认为"一表二书"（《经世遗表》《牧民心书》和《钦钦新书》）是丁若镛实学的主要著作。但是其实学思想不仅表现在政治著作上，也能在其对于经书的注解过程中体现出来。

一、应用于解经的实学思想

丁若镛的实证主义思想在解经中体现为两点，一则是对经典原文本身的

---

① 参见韩英：《试论丁若镛对朱子学的批判》，载《当代韩国》2003年第3期，第27—31页。
② 孙涛：《颜元和丁若镛的哲学思想比较》，延边大学硕士论文，2007年，第6页。
③ 金彦钟：《丁茶山〈论语古今注〉原义总括考征》，学海出版社，1987年，第462页。

第五章　从《论语古今注》的训诂看丁若镛的经学思想

求证，二则是对经典解释的求证。

丁若镛对于经典原文的求证，主要是重视版本之间的比较，《论语古今注》中的"考异"部分即针对《论语》原文的争议作出探讨。①《十三经策》中正祖所提的一些问题就涉及经典的篇章、段落、文字、概念等内容，"可见当时韩国学界对中土考据学重大环节的熟悉"②。比如正祖曾问《论语·问王篇》被删的问题，丁若镛回答道："问王篇之见删于张侯者，臣以为《论语》有三，而问王知道二篇唯《齐论》有之，按《经籍志》张禹合齐、鲁二书，删其烦惑，除其滥伪，及乎《古论》之出，果与《鲁论》相合，则问王之见删必有当时之的据，不必嗟惜其泯没也。"③

丁若镛对于经典解释的求证，一则体现在其对训诂的重视④，二则体现在对于旧注的重视。丁若镛认识到了朝鲜七书大全统治之下的学风时弊，那就是学者忽视朱子之前旧注的作用。《十三经策》："今之学者，徒知有《七书大全》不知有《十三经注疏》，虽以春秋、三礼之照耀天地而不列乎七书之目，则废之而不讲，外之而不内，此诚斯文之大患，世教之急务也。"⑤

杨逢彬先生采用高邮王氏父子释"终风且暴"和"夫佳兵者不祥之器"的方法，作了160余篇考证文章⑥，在这一考察中发现，当汉儒与清儒之说不同时，最终证明汉儒乃是正确的。"在这一考察中无意发现，当汉儒之说和宋、清诸儒及现代诸家之说不同时，正确的往往是汉儒，像王氏父子'终风且暴'那样足以推翻汉儒成说的精湛之作，在清儒的考据文章中，所占比例是很小的；尤其当清儒及现代诸家用语言系统外部的证据对汉儒之说进行证伪时，则几乎未见有正确者。"⑦丁若镛认为释经之法有三，一为传闻，二为师

---

① 详见本书第二章第八节"校勘版本"。
② 黄卓越：《茶山四书经学的返古主义路径——兼论其与朱王之学的关系》，载《浙江社会科学》2006年第5期，第143页。
③ 丁若镛：《十三经策》，见《与犹堂全书》第一集，第40页。
④ 详见本书第四章第三节"重视训诂，更重义理"。
⑤ 丁若镛：《十三经策》，见《与犹堂全书》第一集，第36页。
⑥ 160余篇考证文章见杨逢彬《论语新注新译》一书。
⑦ 杨逢彬：《试证注古书不可轻易否定汉儒成说——以〈论语〉为例》，载《长江学术》2014年第2期，第94页。

承,三为意解。汉儒的释经方法多为传闻与师承,朱子的释经方法主要是意解。丁若镛认为虽然意解也可作为释经方法之一,但是可信度还是存疑的。传闻和师承则所出时代与经籍相近,自然以近古为信。所以,丁若镛也认为就各代注解而言,汉魏要更可信于魏晋,魏晋又要更可信于隋唐。而学界百年来朱子独尊的情形,有可能会覆盖那些近古而可信的注解。诚如王力先生所言:"我们只是不要墨守故训,却不可以一般地否定故训。训诂学的主要价值,正是在于把故训传授下来。"[①]

总之,丁若镛释经的基本路径可以概括为:"通过详细的考订、辨识,确定经文在原初状态下的实际意义,而将后来朱熹等理学家以己之见注入其中的释解排空出去,以最终保持经典本身的初始性。"[②]这一路径正以丁若镛的实证主义思想筑基,并与其对社会实践的追求相吻合。

二、修己与治人的政治实践

虽然丁若镛主观上反对对经文的过度理解,以及为了说理而强行曲解经文,但是对经文的说解总是难免受到主观意识的影响。丁若镛重视实用与实践,在《为盘山丁修七赠言》中言:

> 孔子之道,修己治人而已。今之为学者,朝夕讲劘只是理气四七之辨,河图洛书之数,太极元会之说而已,不知此数者于修己当乎?于治人当乎?且置一边。[③]

在丁若镛看来,经学并非悬浮于空中的楼阁,而是能给予实践指导的方法论,解决如何修己、如何治人的问题。又说:

> 《兑命》曰:"唯学,学半。"谓修己于吾道,全体只是半功也。今

---

① 王力:《王力语言学论文集·训诂学上的一些问题》,商务印书馆,2000年,第530页。

② 黄卓越:《茶山四书经学的返古主义路径——兼论其与朱王之学的关系》,载《浙江社会科学》2006年第5期,第144页。

③ 丁若镛:《为盘山丁修七赠言》,见《与犹堂全书》第一集,第168页。

第五章　从《论语古今注》的训诂看丁若镛的经学思想

《书传》曰："唯敩，学半。"谓教人于吾道，全体实当半功，两解不相妨也。知此意则便当留意于经世之学。

孔子于子路、冉求之等每从政事上论品，颜子问道必以为邦令，各言志亦从政事上求对，可见孔子之道，其用经世也。凡缴绕章句，自称隐逸，不肯于事功上着力者，皆非孔子之道也。①

在丁若镛看来，"修己于吾道"只是半功，和"教人于吾道"相结合才完美，并且孔子与学生论学"每从政事"，可见孔子之道其用在于经世。所以，在《论语古今注》中，丁若镛的义理阐发也多涉及政治学的思考，强调经学在政治实践上的理论指导。

其一，主张为君正己。

总之，政也者，正也。圣人所操约故重言复言总只一贯。究其归趣，无不吻合。齐景公问政于孔子，孔子曰："君君臣臣，父父子子。"此所谓为政以德也。季康子问政于孔子，孔子对曰："政者，正也。子率以正，孰敢不正。"此谓正己而物正也。子曰："其身正，不令而行，其身不正，虽令不从。"子曰："苟正其身矣，于从政乎何有？不能正其身，如正人何？"哀公问政，孔子曰："政者，正也。君为政则百姓从政矣，君之所为，百姓之所从也。君所不为，百姓何从？"……皆是此说。②

按："政者，正也"是《颜渊篇》季康子问政于孔子时孔子的回答。丁若镛在训释"为政以德"时，引用了这句话，又引《颜渊篇》齐景公问政于孔子，孔子答："君君臣臣，父父子子"；季康子问政于孔子，孔子答："子率以正，孰敢不正"；《子路篇》孔子说："其身正，不令而行"，"苟正其身矣，于从政乎何有"；《礼记·哀公问》哀公问政于孔子，孔子答："君为政则百姓从政矣"。引用了孔子数言，但说的都是一个道理，即为君当先正己。范祖禹云："盖道之本在于修身，而后及于治人。"《论语》一书主要是教人修身之

---

① 丁若镛：《为盘山丁修七赠言》，见《与犹堂全书》第一集，第168页。
② 丁若镛：《论语古今注》卷一，见《与犹堂全书》第二集，第45页。

书,强调道德的重要性,《学而篇》孔子曰:"弟子入则孝,出则弟,谨而信,泛爱众,而亲仁。行有余力,则以学文。"子夏曰:"贤贤易色,事父母能竭其力,事君能致其身,与朋友交,言而有信,虽曰未学,吾必谓之学矣。"可见儒家强调先为仁再为学,而对于执政者来说也是一样的,强调先修己再治人,先正己再正人。

其二,主张以仁牧民。

6.29 子曰:"夫仁者,己欲立而立人,己欲达而达人,能近取譬,可谓仁之方也已。"

仁者,向人之爱也。君牧仁于民。〇补曰:树身得位曰立,遂性无阏曰达。己之所欲,先施于人,恕也。〇朱子曰:"譬,喻也。方,术也。近取诸身,以己所欲譬之他人,知其所欲。"①

按:丁若镛的仁学主张就是"向人之爱",强调人与人之间的关系。在丁若镛看来,"仁"是总名事,孝、弟、慈是行"仁"的具体德目,恕是行"仁"的方法,所以,丁若镛在《论语》中寻求的义理主要有二:一为行孝弟,二为行忠恕。这二者都是可以应用到牧与民的关系上的,以孝弟牧民就是"牧民慈为仁",以忠恕牧民就是"忖他心如我心"。与"己欲立而立人,己欲达而达人"相对的是孔子所言的"己所不欲,勿施于人",所以丁若镛将这句话理解为"己之所欲,先施于人",都是讲行仁的方法"恕也"。孔子在《礼记·哀公问》里说:"古之为政,爱人为大。不能爱人,不能有其身。"②就是说要为政以仁,为政以爱人。

---

① 丁若镛:《论语古今注》卷三,见《与犹堂全书》第二集,第48页。
② 杨天宇:《礼记译注》,上海古籍出版社,2004年,第660页。

第二节
仁学的主张

一、丁若镛的"二人为仁"说

丁若镛的实学思想贯彻其解经风格，一是追求经文内容之实，注重版本之间的异同；二是追求文本训释之实，力求字词训诂以近古义。其释经的基本路径可以概括为：将朱熹等理学家颇为主观的释解排空出去，以详细的征引与考辨来确定经文的原状与原义，以求回归经典本身。这一路径正以丁若镛的实学思想筑基，并与其对社会实践的追求相吻合。也就是说丁若镛虽然重视训诂，但其经学研究的根本目的还是在于以诂训为津梁最终通达义理。

而丁若镛认为"孔子之道"，首先在于"仁"，"仁"也是丁若镛实学思想体系的哲学基础。丁若镛在《大学公议》里说："仁者，人伦之明德，乃孝、弟、慈之总名。"①"恕者，絜矩之道。所以谓孝弟慈，以成仁者也。"②又在《为盘山丁修七赠言》中说："孔子之道，孝弟而已。以此成德，斯谓之仁。忖以求仁，斯谓之恕。孔子之道，如斯而已。"③也就是说，在丁若镛看来，"仁"是总名事，孝、弟、慈是行"仁"的具体德目，恕是求得"仁"的方法，德是求得"仁"的结果。所以，丁若镛在《论语》中寻求的义理主要有二：一为行孝弟，二为行忠恕。《学而篇》有子曰："其为人也孝弟，而好犯上者，鲜矣；不好犯上，而好作乱者，未之有也。君子务本，本立而道生。孝弟也者，其为仁之本与！"丁若镛于此阐述其"仁"说：

---

① 参见方浩范、束景南：《丁若镛实学中"仁"学思想体系的建构——孔孟仁学思想体系的复归与继承》，载《孔子研究》2008年第1期，第30页。

② 参见方浩范、束景南：《丁若镛实学中"仁"学思想体系的建构——孔孟仁学思想体系的复归与继承》，载《孔子研究》2008年第1期，第30页。

③ 丁若镛：《为盘山丁修七赠言》，见《与犹堂全书》第一集，第167页。

补曰：道者，人所由行也。仁者，二人相与也。事亲孝为仁，父与子二人也；事兄悌为仁，兄与弟二人也；事君忠为仁，君与臣二人也；牧民慈为仁，牧与民二人也。以至夫妇朋友凡二人之间，尽其道者皆仁也，然孝弟为之根。①

丁若镛训"仁"为"二人相与"，是从形训而为之发义理。在《论语古今注》中，丁若镛多次阐述他的"二人为仁"说，比如《颜渊篇》：

【质疑】《集注》曰："仁者，本心之全德。"○案：仁者，人也。二人为仁。父子而尽其分则仁也，君臣而尽其分则仁也，夫妇而尽其分则仁也，仁之名必生于二人之间，近而五教远而至于天下万姓，凡人与人尽其分斯谓之仁。故有子曰："孝弟也者，其为仁之本。"仁字训诂本宜如是。②

在丁若镛看来，仁字训诂本就应解作"二人为仁"，"仁"只基于一方是无法成立的，"仁"就是守护好二人之间的关系与道德。"二人"是父子、是兄弟、是君臣、是牧民、是夫妇，也是朋友。父子之间，仁是行孝；兄弟之间，仁是行悌；君臣之间，仁是行忠；牧民之间，仁是行慈；延伸到夫妇、朋友等人与人之间，恪守好自己的本分与道德，守护好这段关系，这就是仁，而所有的具体德目之中，孝弟是最基本的。"资于孝可以事君，推于孝可以慈幼，资于弟可以使长，孔子之道使天下之人一一皆孝弟，故曰：人人亲其亲，长其长而天下平。"而且，丁若镛还认为："行仁之根，在于本心。""凡人与人尽其分，斯谓之仁。故先圣训仁字者，皆曰仁者人也。"处理人与人之间的关系，在于自主，尽其本分才能称之为"仁"，"若仁之名，必得行事而成焉"。所以，丁若镛对于实现"仁"的先天性本能与后天性实践分得非常清楚。

《里仁篇》子曰："参乎！吾道一以贯之。"曾子曰："唯。"子出，门人

---

① 丁若镛：《论语古今注》卷一，见《与犹堂全书》第二集，第 22 页。
② 丁若镛：《论语古今注》卷六，见《与犹堂全书》第二集，第 97—98 页。

问曰:"何谓也?"曾子曰:"夫子之道,忠恕而已矣。"丁若镛于此阐述其对"二人为仁"的实践观:

> 补曰:行恕以忠,故孔子单言恕,而曾子连言忠恕也。《周礼疏》云:"中心为忠,如心为恕。"盖中心事人谓之忠,忖他心如我心谓之恕也。……子贡问曰:"有一言而可以终身行之者乎?"子曰:"其恕乎。己所不欲,勿施于人。"○案:终身行之,则凡事亲、事君、处兄弟、与朋友、牧民使众,一应人与人之相接者,一以是一恕字行之也。此非一贯而何一贯之义。①

丁若镛引《周礼疏》训"中心为忠,如心为恕",又说"中心事人谓之忠,忖他心如我心谓之恕",以形训而为之发义理。丁若镛认为"恕"是行仁的方法,如果不能正确认识这两个概念,就不能正确指导行为。而"仁"是强调人与人之间的关系,孝弟如是,忠恕亦如是。事亲、事君、兄弟相处、朋友相交、治理民众等一切人与人之间的相处之道,如果用一个词来概括,那就是"忠恕"。丁若镛《心经密验》言:"恕者,何也?不欲受于子者勿施于父;不欲受于父者勿施于子;不欲受于弟者勿施于兄;不欲受于兄者勿施于弟;不欲受于臣者勿施于君;不欲受于君者勿施于臣;不欲受于幼者勿施于长;不欲受于长者勿施于幼。凡人与人相处之际,皆用此道,所谓絜矩之道也。"② 总而言之,就是孔子所说的"己所不欲,勿施于人",多站在别人的立场上思考问题,行事多替别人着想,这种"仁"是带有积极的利他主义倾向的,"要点在于'爱人'和'行善'"③。

二、与程子"仁"学观的差异

无论是"行孝弟"还是"行忠恕",我们可以在丁若镛的仁学主张中看

---

① 丁若镛:《论语古今注》卷二,见《与犹堂全书》第二集,第150—151页。
② 丁若镛:《心经密验》,见《与犹堂全书》第二集,第159—160页。
③ 方浩范、束景南:《丁若镛实学中"仁"学思想体系的建构——孔孟仁学思想体系的复归与继承》,载《孔子研究》2008年第1期,第26页。

到非常积极的社会互动性和人伦道德性,也就是说,丁若镛认为"仁"不在天道、天理或本心,而在人与人之间,也就是他一直强调的"二人为仁"。丁若镛回忆自己在京城的生活时,有一篇《观鸡雏说》,其中讲到他对"仁"的见解:

> 昔程夫子观鸡雏,记者曰仁也。余家京城之中,犹岁养鸡一群,乐观其雏。方其新说于卵也,黄口脆软,绿毳蒙茸,片刻不离母翼。母饮亦饮,母啄亦啄,和气蔼然,慈孝双挚。稍长而离母,则又弟兄相随,行即同行,栖即同栖。狗唁则胥卫,鸱过则相声。其友爱之情,又油然可观。孝弟也者,其为仁之本与。汝等雏之稍长者也,虽不能专爱于父母,顾不欲笃情于兄弟,反为彼至卑至微之物所笑而贱之也乎,吁。①

文章第一句所说的"程夫子观鸡雏",是指程颢(明道,1032—1085)"观鸡雏,此可观仁"之语。北宋道学发展到南宋,以"仁"说为核心,以张载《西铭》和程颢《识仁篇》为代表的新仁说,突出"万物一体"的观念和境界。②程子思想中精神境界的仁,其意义为万物一体,那么,其思想中作为宇宙原理的仁,其意义是"生生不息",其言:

> 万物之生意最可观,此元者善之长也,斯所谓仁也。人与天地一物也,而人特自小之何耶?③……切脉最可体仁。观鸡雏,此可观仁。④

"鸡雏"即刚破壳而出的小鸡,生意盎然,朝气蓬勃,"此可观仁",体现出"仁"蕴含在"万物之生意"中,生命成长、万物盎然就是仁。程颢认

---

① 丁若镛:《观鸡雏说》,见《与犹堂全书》第一集,第20页。
② 程子曾大力赞扬体现了儒家万物一体精神的《西铭》(原名《订顽》),认为张载此篇文字真正把握到了"仁之体",其言"《订顽》一篇,意极完备,乃仁之体也""学者须先识仁。仁者浑然与物同体"。"仁之体"是指仁的本质,"识仁"是对仁的本质的理解和体验,程子又说:"人能放这一个身在天地万物中一般看,则有其妨碍?""所谓万物一体者,皆有此理。"程颢从精神境界上讲仁,并把仁看作是宇宙的原理。
③ 朱熹:《河南程氏遗书》,商务印书馆,1935年,第133页。
④ 朱熹:《河南程氏遗书》,商务印书馆,1935年,第63页。

第五章 从《论语古今注》的训诂看丁若镛的经学思想

为"生"就是《周易》所说的作为万物根本原理的"元",即"仁",并举出观鸡雏和切脉可以体会生生之仁,这些都是把"仁"作为宇宙生生不息的原理。对于程子的观鸡雏说,刘宗周曰:"岂惟鸡雏。盈天地间,并育并行,莫不足观仁。天地之大德曰生。天地絪缊,万物化醇。生之谓性。万物之生意最可观,此元者善之长也,斯所谓仁也。"[①]南宋理学家杨时、吕大临、游酢也都以这种"万物一体"的思想解释"仁"。[②]冯友兰在其早年的《中国哲学史》中曾以"明道所说的修养方法"一节叙述程明道的《识仁篇》,认为在明道思想中,宇宙乃一生之大流,乃一大仁,而人本来与天地万物为一体,有仁德之人即能与天地万物为一体。也就是说,自程子始,儒家仁学突破主体精神而趋向宇宙精神,超越孔孟之"仁"作为个体生命力的内涵,而被赋予了宇宙生命力的意蕴。

如果说以程子为代表的性理学家对仁学进行了抽象的哲学提升,那么丁若镛的仁学观则更倾向于返回到孔孟的道德伦理学。从字形结构看,"仁"产生于人际关系的需求与人伦机制的形成,是标示人与人之间情感关系的一个概念。在各种人际关系中,父母与子女之关系最密切亦最根本,故"仁"最早被理解为"亲亲"或"爱亲"。这一观念的产生也是中国古代以血缘为纽带的宗法关系在意识形态中的反映。孔子试图从建立理想的亲情关系入手去建立理想的社会,所以提出"孝弟为仁之本"。丁若镛也选择从亲情关系和人伦道德去定义"仁"的属性,"母饮亦饮,母啄亦啄,和气蔼然,慈孝双挚。稍长而离母,则又弟兄相随,行即同行,栖即同栖"[③]。丁若镛看到家里的小鸡与母鸡亦步亦趋、片刻不离,长大之后鸡群又同行同栖,感慨这是来自自然界真挚的慈孝友爱之情。继而丁若镛认为作为"仁"之本的"孝弟"是存在于

[①] 黄宗羲著,全祖望补修,陈金生、梁运华点校:《宋元学案》,中华书局,1986年,第555页。

[②] 陈来:《仁学视野中的"万物一体"论(上)》,载《河北学刊》2016年第3期,第1—6页;《仁学视野中的"万物一体"论(下)》,载《河北学刊》2016年第4期,第1—7页。

[③] 丁若镛:《观鸡雏说》,见《与犹堂全书》第一集,第20页。

父母、兄弟之间的常理,"狗唁则胥卫,鸥过则相声"①,鸡、狗、鸥等自然生灵如是,人更应如是。

一群鸡雏,两种诠释,简单来说,与以程子为代表的性理学家一般把"仁"看作是天性不同,丁若镛对"仁"的见解是充满人性的;以程子为代表的理学家所了解的世界观是性理的世界观,丁若镛所了解的是人伦的世界观。性理世界观建立在无限的人性论上,只有建立在"人是无限的,而且可以体现无限性的本质"的基础上,性理论的架构才可以展开。相对地,丁若镛却认为只有打破无限人性论的格局,承认人是感通而有限的,人伦的价值世界才可以呈现。

第三节
理学的维度

一、对朱子释经理念之认同

后来的学者在谈论实学派与朱子学关系的时候,总是喜欢将二者放在对立的立场,因为实学派确实对朱子学的很多义理之辩持反对意见,但是不能否认的是,朱子的学说给予了实学派很多启发,同时也是研究实学派不可缺少的维度。朱熹进入丁若镛的核心视野,并成为茶山学密切关注的一个对象,有两方面的原因。其一是以朱熹为代表的理学在朝鲜儒学史上长期处于主流思想的地位,所有韩国学者的思想立论或尊崇或驳斥,但都难以绕过朱子的学说;其二是朱熹的释经理念对于丁若镛来说也具有相当的借鉴意义。

后人一般认为,汉学重训诂,宋学重义理。《四库全书总目·经部总叙》云:"自汉京以后,垂二千年,儒者沿波,学凡六变……要其归宿,则不过汉学、宋学两家,互为胜负。夫汉学具有根柢,讲学者以浅陋轻之,不足服汉

---
① 丁若镛:《观鸡雏说》,见《与犹堂全书》第一集,第20页。

第五章　从《论语古今注》的训诂看丁若镛的经学思想

儒也。宋学具有精微，读书者以空疏薄之，亦不足服宋儒也。"① 北宋初年的古书注释还沿袭着唐代"疏不破注"的传统，但到了庆历年间，学风遂变，学者纷纷开始怀疑旧注，读书以议论为主，不尚考证。王应麟《困学纪闻》卷八记载了这一时况：

> 自汉儒至于庆历间，谈经者守训故而不凿。《七经小传》出，而稍尚新奇矣。至《三经义》行，视汉儒之学若土埂。……陆务观曰："唐及国初，学者不敢议孔安国、郑康成，况圣人乎？自庆历后，诸儒发明经旨，非前人所及。然排《系辞》，毁《周礼》，疑《孟子》，讥《书》之《胤征》、《顾命》，黜《诗》之《序》，不难于议经，况传注乎？"②

而朱熹虽然是著名的理学家，却反对当时"不读书、尚空谈"的风气。至于治经，朱熹亦批评"不虚心以求经之本意，而务极意以求之本文之外"③的时弊。而且，朱熹很重视训诂对于解经的作用："某寻常解经，只要依训诂说字。"④ 又言："学者之于经，未有不得于辞而能通其意者。"⑤ 蔡方鹿评价朱熹道："他将训诂注疏之学与义理之学相结合，使义理的阐发建立在较为可靠的经注材料的基础上，一定程度地克服了宋学的流弊。"⑥ 因此，朱熹是理学的集大成者，也是宋代"训诂通义理"的代表人物。他高度评价两汉魏晋的训诂经注，将经典义理建立在准确缜密的训诂之上，提倡熟读经文、详解字义的扎实学风，展现出极为卓越的训诂建树。在朱子看来，训诂是经学之基

---

① 永瑢等：《四库全书总目》卷一，中华书局，1965年，第1页。
② 王应麟撰，阎若璩笺：《困学纪闻》，山东友谊出版社，1992年，第550—551页。阎若璩按："排《系辞》谓欧阳永叔；毁《周礼》谓欧阳永叔、苏轼、辙；疑《孟子》谓李觏、司马光；讥《书》之《胤征》、《顾命》谓苏轼；黜《诗》之《序》谓晁说之。"
③ 朱熹撰，朱杰人、严佐之、刘永翔主编：《朱子全书·晦庵先生朱文公文集（三）：答万正淳》，上海古籍出版社、安徽教育出版社，2002年，第2415页。
④ 朱熹撰，朱杰人、严佐之、刘永翔主编：《朱子全书·朱子语类：易八》，上海古籍出版社、安徽教育出版社，2002年，第2419页。
⑤ 朱熹撰，朱杰人、严佐之、刘永翔主编：《朱子全书·晦庵先生朱文公文集（五）：书中庸后》，上海古籍出版社、安徽教育出版社，2002年，第3831页。
⑥ 蔡方鹿：《朱熹经学与中国经学》，人民出版社，2004年，第253页。

础，义理为经学之旨归，二者具有双向贯通的统一性。"只为汉儒一向寻求训诂，更不看圣人意思，所以二程先生不得不发明道理，开示学者，使激昂向上，求圣人用心处，故放得稍高。不期今日学者乃舍近求远，处下窥高，一向悬空说了，扛得两脚都不着地。其为害反甚于向者之未知寻求道理，依旧只在大路上行。今之学者却求捷径，遂至钻山入水。"① 只知训诂而不能探求大意，固为汉人之弊；至于"脱略章句，陵籍训诂，坐谈空妙，展转相迷"的空疏学风，其弊更甚于前者。朱子之学代表了理学的主流方向，折射出两宋"训诂通义理"的整体发展。所以，朱熹的考据学对于丁若镛来说，不是一种对抗性的障碍而是一个可获启发的范例。

丁若镛对于朱熹学说的态度是双重的。首先，丁若镛肯定朱熹的释经成就。其《经义诗》（共六部分）中论及了朱子对《诗》《书》《礼》《易》等经书的训释成就，比如论《诗》云："紫阳（朱熹）劈破真豪快，垂二千年只眼高。"论《书》云："文体艰平判渭泾，紫阳（朱熹）慧眼独分明。"论《礼》云："礼记迢迢亦古经，汉儒修润本零星。勉斋分付犹疏略，细楷终难副考亭（朱熹）。"论《易》云："晦庵（朱熹）定论照千秋。"论《春秋》云："陈完毕万铺张说，终被云翁（朱熹）慧眼分。"② 朱熹的主要突破就是能"就汉魏诂训之外，别求正义"，开辟出训诂与义理并举的道路。因此在对比汉儒和朱熹的释经成就时，丁若镛对朱熹作出了高度评价：

> 然其（谓汉儒）诂训之所传受者，未必皆本旨，虽其得本旨者，不过字义明而句绝正而已，于先王先圣道教之源，未尝窥其奥而溯之也。朱子为是之忧之，于是就汉魏诂训之外，别求正义，以为集传、本义、集注、章句之等，以中兴斯道，其丰功盛烈，又非汉儒之比。③

在《论语古今注》很多具体字句的考据与《论语》原义的阐发上，丁若

---

① 朱熹撰，朱杰人、严佐之、刘永翔主编：《朱子全书·朱子语类：训门人一》，上海古籍出版社、安徽教育出版社，2002年，第3600页。
② 参见黄卓越：《茶山四书经学的返古主义路径——兼论其与朱王之学的关系》，载《浙江社会科学》2006年第5期，第141页。
③ 丁若镛：《五学论二》，见《与犹堂全书》第一集，第122页。

第五章 从《论语古今注》的训诂看丁若镛的经学思想

镛也对朱熹的说法表示了高度赞同。在其他学者对朱子之说进行不合理的抨击时,丁若镛也会站在朱子的立场上进行维护,比如《卫灵公篇》:

> 15.10 子贡问为仁,子曰:"工欲善其事,必先利其器。居是邦也,事其大夫之贤者,友其士之仁者。"

> 朱子曰:"子贡悦不若己者,故以是告之。"引《家语》。○王草堂曰:"'子贡悦不若己者'虽出自《家语》《说苑》,然此处并无此意。"○案:王说谬。①

王复礼的《四书集注补》4卷"皆驳朱(熹)法",在"事其大夫之贤者,友其士之仁者"章,朱子认为孔子是教导子贡交友之道,"无友不如己者"。王复礼则认为虽然子贡喜欢和不如己者相处这件事在《孔子家语》和《说苑》中都有提及,但《论语》此章无此意。丁若镛则赞同朱子说,而认为王说不确,并引《礼记·中庸》"在下位不获乎上,民不可得而治矣;获乎上有道,不信乎朋友,不获乎上矣"注此章。

因此我们可以看到,丁若镛对于朱子的经学给予了相当的理解和尊重,认同朱熹"由训诂通义理"的释经理念,认可朱熹的释经成就,并且维护朱熹的部分训诂成果。但如果我们全面地看待茶山经学,就会发现其对于朱熹的部分理学观念及后来朱子学风气的批评同样是很突出的。

二、对朱子理学观念之"质疑"

《论语古今注》六体例之一"质疑"是丁若镛对于诸家解读《论语》的质疑,其中,大部分是对于朱子说解提出的质疑。

(1)丁若镛质疑朱熹之"四端根于心"说,代之以"仁义礼智成于行事"说。

> 1.2 有子曰:"其为人也孝弟,而好犯上者,鲜矣;不好犯上,而好作乱者,未之有也。君子务本,本立而道生。孝弟也者,其为仁之本与!"

---

① 丁若镛:《论语古今注》卷八,见《与犹堂全书》第二集,第 104—105 页。

173

【质疑】孟子曰:"仁义礼智根于心。"仁义礼智譬则花实,惟其根本在心也。恻隐、羞恶之心发于内而仁义成于外。……今之儒者,认之为仁义礼智四颗在人腹中如五脏,然而四端皆从此出。此则误矣。然孝弟亦修德之名,其成在外,又岂有孝弟二颗在人腹中如肝肺然哉?程子云:"人性中曷尝有孝弟来?"其意亦谓孝弟成于外而已。非谓人性之中无可孝可弟之理也。①

按:朱熹《孟子集注·尽心上》注"仁义礼智根于心"言:"仁义礼智,性之四德也。……盖气禀清明,无物欲之累,则性之四德根本于心,其积之盛,则发而着见于外者,不待言而无不顺也。"②所以丁若镛此处质疑孟子此言,实则是质疑朱熹的"四端根于心"说。朱熹的"四端"说发于孟子,《孟子·公孙丑上》曰:"恻隐之心,仁之端也;羞恶之心,义之端也;辞让之心,礼之端也;是非之心,智之端也。人之有是四端也,犹其有四体也。"朱熹注此曰:"恻隐、羞恶、辞让、是非,情也。仁、义、礼、智,性也。心,统性情者也。端,绪也。因其情之发,而性之本然可得而见,犹有物在中而绪见于外也。"③孟子认为恻隐、羞恶、辞让、是非四种情感是仁义礼智的萌芽,仁义礼智即来自这四种情感,故称四端。孟子提出的"四端"说是以其"性善论"为基础的。朱熹忠实于此说,并在心、性、情的概念上加以发挥,认为情是性之所发,强调"性之本然",即"仁义礼智四端根于心"。丁若镛反对此说,认为"仁义礼智"乃成于行事之德,并非在心之理,强调后天性的实践,而非先天性的赋予。

朱熹《论语集注》引程子言:"盖仁是性也,孝弟是用也,性中只有个仁、义、礼、智四者而已,曷尝有孝弟来。"④丁若镛认为程子此言是说本性中无孝弟,孝弟是外在行事之德,并非朱熹所理解的"四端根于心"。朱熹《孟子集注》又说:"端,绪也。因其情之发,而性之本然可得而见,犹有物

---

① 丁若镛:《论语古今注》卷一,见《与犹堂全书》第二集,第 22—23 页。
② 朱熹:《四书章句集注·孟子集注》,中华书局,2010 年,第 355 页。
③ 朱熹:《四书章句集注·孟子集注》,中华书局,2010 年,第 238 页。
④ 朱熹:《四书章句集注·论语集注》,中华书局,2010 年,第 48 页。

第五章　从《论语古今注》的训诂看丁若镛的经学思想

在中而绪见于外也。"丁若镛则认为："仁义礼智之名成于行事之后，故爱人而后谓之仁。爱人之先，仁之名未立也……四端为四事之本。"① 依据朱子《论语集注》，"四端"的"端"为"端绪"，杨儒宾认为"端绪"其实是端末之义，它预设恻隐之后有一未发出的"仁"为其基本，所以学者要从"端绪"回看尚未显现的在中之物。朱注的论点与有名的"已发与未发"说② 的思考相近，都属于心性论的解释范畴。丁若镛则力主木之本末两头皆为"端"，而孟子之"四端"的"端"当如赵歧注所说的"本"之义。"仁"建立在恻隐之感上而发于行事，爱及他人，亦即"仁"之名一要建立在恻隐之感的基础上，二要见于行事之后。就隐喻的观点说，"仁"不是朱子所说的恻隐之心底层的心灵层面，而是经由恻隐之心延伸于外的人际层面。"仁"是外回向，而不是内回向。"四端"之解是丁、朱两人对于孟子解说差异的关键所在。

（2）质疑朱熹的"气质之性"说，代之以"性嗜好"说。

17.2 子曰："性相近也，习相远也。"

【质疑】朱子曰："性相近是气质之性，若本然之性则一般无相近。"

案：心性之说最精微，故最易差，唯其字义先明，乃可分也。其在古经，以虚灵之本体而言之，则谓之大体；以大体之所发而言之，则谓之道心；以大体之所好恶而言之，则谓之性。天命之谓性者，谓天于生人之初，赋之以好德耻恶之性，于虚灵本体之中，非谓性可以名本体也。性也者，以嗜好厌恶而立名。……先儒每以气质清浊为善恶之本，恐不无差舛也。苟以气质之故，善恶以分，则尧舜自善，吾不足慕；桀纣自恶，吾

---

① 丁若镛：《孟子要义》卷一，见《与犹堂全书》第二集，第 47—50 页。
② "已发"与"未发"来源于《礼记·中庸》："喜怒哀乐之未发谓之中，发而皆中节谓之和。"北宋程颐首次从体用动静角度进行了发挥。他以未发为心之体，已发为心之用；未发之体寂然不动，已发之用感而遂通。其后，杨时、罗从彦、李侗等人重视对心性本体未发气象的静观体悟，缺乏理论上的突破。后朱熹撰写《已发未发说》等文，作了进一步的推究，主要观点有两点，一是认为未发为性，已发为情。朱熹说："喜、怒、哀、乐，情也。其未发，则性也。"二是认为心通贯已发未发。未发之性是心体不动之处，已发之情是心体的发用流行。

不足戒，惟所受气质有幸不幸耳。……先儒谓孔子所言是"气质之性"，孟子所言乃"本然之性"，而本然之性则人物皆同，审如是也，不特人皆可以为尧舜？凡物之得本然之性者，亦皆可以为尧舜，岂可通乎？①

按：这是二者对"性"之认识的差异。朱熹的"气质之性"说也是根于"性善论"的基础，朱熹《朱子语类》说："先生言气质之性，曰：'性譬之水，本皆清也。以净器盛之，则清；以不净之器盛之，则臭；以污泥之器盛之，则浊。本然之清，未尝不在。但既臭浊，猝难得便清。'"朱熹认为，人性本善就如同水皆清，但是气质之性有善有恶，"天地间只是一个道理。性便是理。人之所以有善有不善，只缘气质之禀各有清浊"。朱子把这种善恶决定论称为"气禀有定"，人性都是好的，但是在社会上滚来滚去，禀的气不一样，就形成了不一样的善恶。丁若镛反对这种将人之善恶归究到气质、气禀的说法，如果照这种说法，尧舜不足称，桀纣不足戒，因为善恶仁暴和他们本人无关，只能怪他们所禀的气不一样罢了。所以丁若镛主张"性嗜好"说，即性之所嗜好，乃好德耻恶，孔子所说的"性相近"，意为"好德耻恶之性，圣凡皆同"②，但选择亲近贤人受熏陶还是亲近小人受污染，这就差得很远了。

丁若镛撰《心经密验》一文，对于心性问题作了总结。他对于性的解释不但采用经验论的进路，而且很低调。他主张"性本以嗜好立名，不可作高远广大说"③。所谓高远广大，指的是"大体法身"之类，理学家所说的"性体""义理之性""本然之性"皆属此类。至于"嗜好为性"则有两义，一是以眼前的耽乐为嗜好，一是以毕竟之生成为嗜好。前者的嗜好可以说是种欲望论，后者则可以用"适宜"来理解。丁若镛《心经密验》云："性宜于行善，如稻宜于水种，黍宜于旱种，而葱蒜之壅鸡类。"④如果说前者是嗜好，是主观的偏好，那么后者为适宜，是客观上的有利。不管"嗜好之性"取何意义，它最大的特色在于不是佛老或理学家特别强调的超越之性，而是扎根于

---

① 丁若镛：《论语古今注》卷九，见《与犹堂全书》第二集，第24—32页。
② 丁若镛：《论语古今注》卷九，见《与犹堂全书》第二集，第24页。
③ 丁若镛：《心经密验》，见《与犹堂全书》第二集，第144—145页。
④ 丁若镛：《心经密验》，见《与犹堂全书》第二集，第145—146页。

第五章 从《论语古今注》的训诂看丁若镛的经学思想

身体上的驱力论,其实两者都是欲望论。

(3)质疑朱熹的"以天命为理"观念,代之以"天命昭福祸之理"。

> 16.8 孔子曰:"君子有三畏。畏天命,畏大人,畏圣人之言。小人不知天命而不畏也。狎大人,侮圣人之言。"

> 【质疑】朱子曰:"畏者,严惮之意也。天命者,天所赋之正理也。"○案:《中庸》曰:"天命之谓性",《大学》曰:"顾諟天之明命",朱子以性为理,故遂以天命为理也。虽然赋于心性,使之向善违恶,固天命也。日监在兹,以之福善祸淫,亦天命也。诗书所言天命,岂可槩之曰:"本心之正理乎?"《诗》云:"畏天之命,于时保之。"若云:"畏心之理,于时保之",岂可通乎?《康诰》曰:"惟命不于常。"《诗》云:"天命靡常。"心之正理,岂无常乎?且畏者,恐惧也,恐不但严惮而已。①

按:朱熹《论语集注》云:"天命者,天所赋之正理也。"②把"天命"解释为"理",认为天以是理赋人,人以得是理而为人。丁若镛引邢昺说:"老子《道德经》曰'天网恢恢疏而不失',言天之网罗恢恢疏远,刑淫赏善不失毫分也。"虽然同意朱子所说的天命赋理、使人向善,但并不同意其"天命即理"的观点,而是认为因为天命公允,让世人看到善恶有报,为恶之人必会有祸殃,使人恐惧,所以人才会向善弃恶。在丁若镛看来,朱熹的解释是把孔子的哲学概念都改造成了形而上的抽象概念。并且正是因为朱熹的解释具有很强的理论抽象性,所以很容易陷入不必要的争论,因而成为朝鲜王朝的政客们弹劾政治对手的工具。③丁若镛深受此苦,所以他在《为盘山丁修七赠言》中批评朝堂上这种借性理说来党同伐异的宵小行为:"经旨明而后道体显,得其道而后心术始正,心术正而后可以成德,故经学不可不力。有或据

---

① 丁若镛:《论语古今注》卷八,见《与犹堂全书》第二集,第171—172页。
② 朱熹:《四书章句集注·论语集注》,中华书局,2010年,第172页。
③ 高明文:《丁若镛思想中孔子的天命与仁的关系》,载《当代韩国》2016年第3期,第71页。

先儒之说，党同伐异，今无敢议者，是皆凭借图利之辈，非真心向善者也。"①因此，将程朱玄秘的观念推翻，建立起与真实世界更贴近的解释，这就是丁若镛努力的方向。

对《里仁篇》"一以贯之"的解释也体现了丁若镛的这一努力。《里仁篇》所言"一贯之道"，是儒门的一大公案，程朱将此章提升到极高明的天理流行之层次，所谓"一本之所以万殊""万殊之所以一本"云云。而曾子回答的"夫子之道，忠恕而已矣"中的"忠恕"两字也被程伊川解作"忠体恕用"，亦即"忠"如天道之诚，"恕"乃推拓之义。朱子则认为："圣人之心，浑然一理，而泛应曲当，用各不同。"将"理"与"圣人之心"画上了等号。程朱对此章的解释，完全是"理一分殊"的方式。丁若镛则完全颠倒了这种解释，丁氏认为："吾道不外乎人伦。凡所以处人伦者，若五教、九经，以至经礼三百，曲礼三千，皆行之以一恕字。如以一缗贯千百之钱，此之谓一贯也。"②既然人伦是根本的道德实体，人与人之间的"伦"如何证成？其关键在于忖己度物之"恕"。"一"不能当作实体字，只能当作指示词用。恕即是"一"，此概念被视为儒门的"一字铭"，此章"非传道之诀，儒家无传道法也"。四书"千言万语，无非一恕字之解"，而"忠"只是辅助"恕"的德目。不管在东方或西方，"一"字都极容易玄秘化，丁若镛却有意将它解密了。

（4）质疑朱子的"礼乐在敬与和"观点，代之以"礼乐之本，在乎人伦"。

17.11 子曰："礼云礼云，玉帛云乎哉？乐云乐云，钟鼓云乎哉？"

【质疑】朱子曰："敬而将之以玉帛则为礼，和而发之以钟鼓则为乐，遗其本而专事其末则岂礼乐之谓哉？"〇案：季氏旅于泰山未尝不致敬三家，彻以雍诗，自以为致和，和敬未足以为礼乐，孔子曰："人而不仁如礼何，人而不仁如乐何？"《八佾篇》。孟子曰："仁之实，事亲是也。义之实，从兄是也。礼之实节，文斯二者是也。乐之实，乐斯二者是也。礼乐之本，起于人伦。"玉帛钟鼓未足以为礼乐也，僭礼僭乐而自以为礼

---

① 丁若镛：《为盘山丁修七赠言》，见《与犹堂全书》第一集，第168页。
② 丁若镛：《论语古今注》卷二，见《与犹堂全书》第二集，第150页。

第五章 从《论语古今注》的训诂看丁若镛的经学思想

乐者,君子笑之。故曰:云乎哉?云乎哉?①

按:朱子曰:"敬而将之以玉帛则为礼,和而发之以钟鼓则为乐。"将礼乐之本归之于内心的"敬"与"和"。朱子的"敬论"与其心论和性论也有着很密切的理论关联,朱熹多次谈到"敬",所涉义理纷繁,若以一言以蔽之,则可说"敬,只是此心自做主宰处",可见朱熹之论"敬"重在心做主宰这一点上,强调"自做主宰",也就是心的"自存"义、"自省"义。《朱子语类》:"敬,只是此心自做主宰处。""敬"乃是心的自我内敛,也就是主一,这是礼之本。"和"乃是《中庸》语汇,意指发而中节,心之和气所发为乐。可见,朱子是将礼乐收到内心上来。丁若镛则引《孟子》:"仁之实,事亲是也。义之实,从兄是也。礼之实,文斯二者是也。乐之实,乐斯二者是也。礼乐之本,起于人伦。"②不但不取心性论的进路,还将文化世界的概念之礼乐还原到人伦秩序的孝弟,孝弟则是因"事亲""从兄"的关系而来,所以礼乐的终极依据在于仁为"二人之性"。

由以上各例可以看出,丁若镛虽然对朱子本人有着相当的敬意,对朱子的解经理念和部分观点也秉持相当的认可,但只要涉及伦理学导向与性理学导向分歧的核心概念时,丁若镛都毫不迟疑地站在了朱子的对立面,以反性理观的理论基础立论。建立在人伦交际关系上的人性论是丁若镛思想的总纲,在"仁""心""性"等重要的理学观念上,丁若镛都表现出了与以朱子为代表的理学家截然不同的立场。比如虽然二者都将"仁"视作道德之本,但理学家所生发出的"仁自是性""仁便是本""仁是体,爱是用"的仁学观更多的是对道德形上学地位的确立。而丁若镛所以为的"仁"是建立在人伦之上的,"为仁由己"谓"为仁由我也,仁生于二人之间,父与子二人,兄与弟二人,然为仁由我不由仁也,非二人与共成之"③。丁若镛的"心""性",既然没有以内在的超越的道德之理为依据,其内涵最多只有向着"外在性"发展的道德之驱力。因此,丁若镛与理学家对儒家道德之理解的差异,乃是体系的差异,

---

① 丁若镛:《论语古今注》卷九,见《与犹堂全书》第二集,第64页。
② 丁若镛:《论语古今注》卷九,见《与犹堂全书》第二集,第64页。
③ 丁若镛:《论语古今注》卷六,见《与犹堂全书》第二集,第94页。

也是质的差异。如果理学家透过性理的世界观，建构了一套性理的经学，我们不妨说，丁若镛刚好走了相反的方向，他透过古义的重新确定，将经学之性理概念一一瓦解，并且将其从形上的世界引导到人伦的世界来。

第四节 《论语古今注》对"训诂通义理"道路的启示

长期以来，儒家经学处于独尊的地位，古代的训诂之学乃为经学的入门学问，服务于儒经的研治，是作为解经的工具而存在的，其支撑着经学但又依附于经学。这就像梁启超所说："文字训诂，此学本经学附庸——因注释经文而起。"而这一注释经文实践的基本目的就是对经典义理的阐发。从《论语古今注》的训诂之中我们可以看出丁若镛深厚的经学思想，因此，可以说丁氏最大的训诂成就，就是在"由训诂通义理"的这一条解经路径上取得了较大成功。值得注意的是，与丁若镛差不多同时的中国，也正掀起一场经学训诂的高峰，那就是我们的乾嘉学术。以戴震为首的乾嘉学派也秉持"训诂通义理"的学术宗旨，然而却陷入了与丁若镛不同的学术困境。

乾嘉时期，虽然有学人将训诂划归于小学的畛域①，但更多学者将训诂归属到经学之中，例如钱大昭说：

> 世之谈经学者有二焉：一为训诂之学，一为义理之学。言训诂者，初以《尔雅》为宗，爬搜古义，神而明之，足以蕲至圣贤格物致知之妙，

---

① 这在一些清人学术札记中有所反映，例如凌扬藻《蠡勺编》卷二十一"小学"条："六书之义，乃小学一端耳。后世小学既废，而移其名于'六书'，史志所载类然。《旧唐书·经籍志》以训诂、小学分二门，抑知训诂亦小学也？"钱泰吉《曝书杂记》卷二"元和惠氏所著书"条："初学治经，当从诂训入，所谓小学也。定宇《九经古义》于汉法诂训、古字古言，多疏通证明。"盛百二《柚堂笔谈》卷一："诸经皆有旁注。允升尝曰：旁注之作，知其粗者，以为小学训诂之入门；悟其妙者，知为研精造道之要法。"参见曹海东：《乾嘉学术札记训诂理论研究》，商务印书馆，2020年，第34—35页。

第五章 从《论语古今注》的训诂看丁若镛的经学思想

故两汉经师莫不从事于此。①

依钱大昭所言，经学研究涵括了训诂搜考与义理探求两个方面，然而正如钱氏所说由训诂"足以蕲至圣贤格物致知之妙"，因此，实则学者所重视的是"由训诂通义理"的解经路径。戴震也强调"故训明则古经明，古经明则贤人圣人之理义明"（《题惠定宇先生授经图》），钱大昕指出"训诂者，义理之所由出，非别有义理出乎训诂之外者也"（《经籍籑诂序》），阮元说"古今义理之学，必自训诂始"（《冯柳东三家诗异文疏证序》），又说"圣贤之言，不但深远者非训诂不明，即浅近者亦非训诂不明"（《论语一贯说》），都是对这一传统解经路径的经典表述。"训诂通义理"指运用训诂方法对经典文献进行释义解读，从而深入阐发经典中的义理思想的学术路径。它根植于"小学"的历史传统，通过乾嘉之学的积极阐扬，成为训诂学的核心理念。针对明末王学鄙弃训诂的空疏学风，清初学者提倡"通经学古"的学术方向，开启了清代的朴学风气。乾嘉之学将语言文字作为朴学的根基，让"训诂通义理"成为清代小学的整体共识。戴震是其中的代表人物，其《与是仲明论学书》言："经之至者道也，所以明道者其词也，所以成词者字也。由字以通其词，由词以通其道，必有渐。"戴氏建立起"字—词—道"的学术次第，强调小学是通达经书义理的唯一途径。戴震之后，纪昀、钱大昕、王鸣盛、段玉裁、阮元等人都对"训诂通义理"加以讨论，使之成为清代小学的核心命题。然而在清儒大力阐扬"训诂通义理"的同时，也蕴含着这一路径的内在困境。虽然清儒秉持"训诂通义理"的方法论，不断强调训诂是通向义理的必经之路，但在具体的解经实践上，在戴震通过《孟子》字义的训诂形成了以"通情遂欲"为特点的思想体系之后，乾嘉学者整体在义理之学方面都缺乏建树，治学逐渐走向了"只知训诂而不明义理"的狭窄方向。孟琢先生对此作出了精彩的陈述：

> 以钱大昕、段玉裁、王引之三人为例：钱大昕虽然强调"训诂明而

---
① 钱大昭：《四书就正录序》，见王昶辑《湖海文传》卷二十一，上海古籍出版社，2013年，第 209—210 页。

后知义理之趣"，但其学术多为对字词、制度、事实的个别考证，缺乏深入的义理思考。正如肖永明所言："在考据学的学术追求与儒家的信仰之间，晓征只能采取调停的态度，而折衷的结果就是形成了'训诂即义理'的权宜之计，义理因而彻底沦为了空泛但又不可或缺的门面话。"段玉裁笃信戴震的"训诂通义理"之说，主张当"由考核以通乎性与天道"，然究其一生，虽在小学上有重要建树，其义理之学实乏善可陈；这让他在晚年陷入矛盾，发出了"又喜言训故考核，寻其枝叶，略其本根，老大无成，追悔已晚"的慨叹。王引之集中于经典文本的训诂校勘，"吾治经，于大道不敢承，独好小学。……其大归曰：用小学说经，用小学校经二事而已矣"，事实上放弃了对义理的深入探求。钱大昕、段玉裁、王引之是乾嘉之学的代表人物，对他们来说，义理之学或是不可或缺的"门面"，或是求之不得的"追悔"，或是不敢承担的"舍弃"，皆体现出"训诂通义理"的发展困境。①

而造成清儒这一学术困境的原因，除了清代压抑的政治文化环境这一外因，孟琢先生将更重要的原因归结为乾嘉之学的内在理路，即清代学术激烈的汉宋门户对立。汉代和宋代是经学发展的两个高峰，虽然两代的儒家学者在释经时都有兼顾训诂和义理的时候，但就总体的释经风格而言，在"训诂"和"义理"的天平上，汉儒倾向于"训诂"，宋儒倾向于"义理"。释经风格虽有差异却并没有优劣之分，然而对二者的评价却容易受到时代学术语境的影响，在清代推尊汉学的学术风气下，宋儒备受讥诋排评，学人多斥其治经尽废训诂，空究义理。如阎若璩云："古来相传训诂之学，至宋人而亡，朱子尤其著者。"程恩泽云："宋人弃训诂，谈义理，自谓得古人心，不知义理自训诂出。"依此类訾议，宋儒于训诂学非但无济益之功，反有戕害之过。完全地否定宋学，清代学者相反地走上了由专精趋于狭隘、偏执的训诂本位化道路，正如钱穆所批评的那样："此如清儒治经，初谓训诂明而后义理明，其论亦非不是。而极其所至，训诂小学日明，经学大义日晦。"②

---

① 孟琢：《"训诂通义理"的现代之路：论中国训诂学的阐释学方向》，载《中国社会科学》2023年第3期，第101页。

② 钱穆：《略论治史方法》，见《中国历史研究法》，生活·读书·新知三联书店，2013年，第149页。

第五章 从《论语古今注》的训诂看丁若镛的经学思想

如果我们对比丁若镛和乾嘉学者的治学风格，就会发现丁若镛之所以能在"训诂通义理"的道路上走得更远，在于丁氏汉宋兼采的学术态度。丁若镛虽然一生都没有亲身入燕京进行考察，但是通过借阅朋友的书籍和奎章阁的藏书，仍对清代学者的研究现状十分了解。如其在《答金德叟》中提道："阎若璩、朱彝尊之论，尤详著可考，但段落不明，蒙士难知，为可欠耳。"①《大学公议》又提道："近闻翁覃溪（翁方纲）门友阮元，取大戴礼曾子十篇表章，而注解之，亦道统连脉之意。"②丁氏在自己的著作中也多次引用清代学者的言论，其对清代学术之熟稔，可见一斑。而在丁若镛看来，清儒学术之弊也在于排宋宗汉的风气，其言：

> 清儒之学长于考据，考据之法精于诂训而略于义理，又积伤于理气性情之说。凡理气性情之说欲一彗以清扫之，自以为折衷汉宋而其实宗汉而已。宋未必尽非，而性命之理存而勿论；汉未必尽是，而迂僻之解信之不疑。其护短匿疵之论倍严于俗儒之卫宋，此之流弊将不知性命为何物、诚正为何业，其害可胜言哉？宋之屈伸姑舍，尧、舜、周、孔之道果可以字句诂训之学继之承之乎？宋未必尽是，而其欲体行于身与心则是矣。岂若汉儒治章句、述诂训以翼博士之荣禄者哉？（《梅氏书平》）③

在丁氏看来，总结清儒之学，则是"长于考据，考据之法精于诂训而略于义理"，清代考据学对汉宋之学有着严重偏心的取舍，自以为折中于汉宋，其实宗汉而已。清儒所强调的"由训诂以求义理"，训诂明而古经明，古经明而义理明，古经的义理必须通过"以字通词，以词通道"的途径来获得，过于强调字词之义与义理的联系。这与宋儒的释经路径大不相同，宋明理学发展到末流，往往空谈心性，束书不观，其最大特点如宋代学者黄震所说，就是"摆落训诂，直寻义理"，宋儒之"义理"便可随意解之，求"义理"也无须经过语言文字的工夫就可"径至"而达到。这一点也一直为清儒所指

---

① 丁若镛：《答金德叟》，见《与犹堂全书》第一集，第 68 页。
② 丁若镛：《大学公议》卷一，见《与犹堂全书》第二集，第 6 页。
③ 白敏祯著，李永男译：《丁若镛哲学思想研究》，苏州大学出版社，2013 年，第 67 页。

摘，戴震指出，宋儒所谓"谓大道可以径至"的方法，对寻求"义理"是十分有害的。其在《与是仲明论学书》中说："谓大道可以径至者，如宋之陆、明之陈王，废讲习讨论之学，假所谓'尊德性'以美其名，然舍夫'道问学'则恶可命之'尊德性'乎？未得为中正可知。群经六艺之未达，儒者所耻。"更是不认同将主于义理的宋学与汉学并称："言者辄曰：'有汉儒经学，有宋儒经学，一主于故训，一主于义理。'此诚震之大不解也者。夫所谓理义，苟可以舍经而空凭胸臆，将人人凿空得之，奚有于经学之云乎哉？"（《题惠定宇先生授经图》）自戴震以来，乾嘉学者为了强调训诂对于义理的重要性，对小学进行了片面化的推重，揪住宋明理学的末流学风猛烈抨击宋儒，以至于对宋儒尤其是朱子的训诂成就也全面否定，如阎若璩云："古来相传训诂之学，至宋人而亡，朱子尤其著者。"如果说戴震是基于义理的立场反驳朱子的理学观点，那么后来学者的批评则有一部分是汉宋对立的门户之见了，如说朱子为"不值几文钱者"。

由于朱子学在朝鲜儒学史上长期处于主流思想的地位，以朱子四书学为教科书的教学背景使得丁若镛对朱熹的经学成就有全面而深刻的了解，探虎穴而得虎子，因此丁若镛对于朱子经学的反思是超越训诂而基于义理层面的反思。而不同于清代学者对政治的回避，丁若镛是怀着为朝鲜王朝拔除沉疴的思想来解读经书的，在这一点上，比起专攻考据的乾嘉学者，明末清初的经世致用派学者更能引起丁若镛的共鸣。因此丁若镛不仅能汲取顾炎武和黄宗羲的政治理论思想，也能理解宋儒对汉儒"牵于训诂"的批评，因为他也是以六经之义理为最终追求的。在"汉宋之争"的学术史叙事中，汉学和宋学的对立往往意味着训诂与义理的冲突割裂。事实上，只有立足于训诂与义理的统一性，才能把握汉宋学术的历史全貌。在朱子学教育背景下成长的丁若镛了解朱熹的训诂成就和理学思想，因此对朱子学的接受具有认同和质疑的两面性。深受朝鲜王朝空疏义理学之害的丁若镛懂得汉代经学平实训诂的珍贵，致力于挽王朝之将倾的学术追求又使丁若镛看到了汉代经学略于义理的不足，因此丁若镛对汉学也有较为客观的接受和批评。总体而言，丁若镛正是立于贯通汉宋的学术立场，对二者进行兼采与扬弃，因而能在"训诂通义理"的道路上走得更远，这也是现代训诂学者能从丁氏著作中得到的启示。

参考文献

一、著作

[1] 丁若镛.与犹堂全书（全七集）[M].郑寅谱，安在鸿，校.汉城：新朝鲜社发行，1934—1938.

[2] 杨天宇.礼记译注[M].上海：上海古籍出版社，2004.

[3] 孔安国，传.孔颖达，正义.尚书正义[M].上海：上海古籍出版社，2007.

[4] 许慎.说文解字[M].徐铉，校定.北京：中华书局，2013.

[5] 何晏，集解.皇侃，义疏.论语集解义疏[M].北京：商务印书馆，1937.

[6] 何晏，注.邢昺，疏.论语注疏[M].北京：北京大学出版社，1999.

[7] 郭璞，注.尔雅[M].北京：中华书局，1985.

[8] 刘义庆.世说新语[M].沈海波，评注.北京：中华书局，2011.

[9] 陆德明.经典释文序录疏证[M].吴承仕，疏证.北京：中华书局，1984.

[10] 韩愈.论语笔解[M].北京：中华书局，1991.

[11] 欧阳修.欧阳修集编年笺注[M].李之亮，笺注.成都：巴蜀书社，2007.

[12] 陈祥道.论语全解[M].台北：台湾商务印书馆，1986.

[13] 程颢，程颐.河南程氏遗书[M].朱熹，辑.上海：商务印书馆，1935.

[14] 晁公武.郡斋读书志校正[M].孙猛，校正.上海：上海古籍出版社，1990.

[15] 朱熹.四书章句集注[M].北京:中华书局,2010.

[16] 朱熹.朱子全书[M].上海:上海古籍出版社;合肥:安徽教育出版社,2002.

[17] 胡广,杨荣,金幼孜,等.四书大全校注[M].周群,王玉琴,校注.武汉:武汉大学出版社,2009.

[18] 张居正.张居正直解《论语》《大学》《中庸》[M].北京:中国言实出版社,2017.

[19] 刘宗周.刘宗周全集:论语学案[M].杭州:浙江古籍出版社,2012.

[20] 王世贞.弇州山人四部稿[M].台北:伟文图书出版社有限公司,1976.

[21] 黄宗羲.宋元学案[M].全祖望,补修.陈金生,梁运华,点校.北京:中华书局,1986.

[22] 顾炎武.日知录[M].长沙:岳麓书社,1994.

[23] 朱彝尊.经义考[M].北京:中华书局,1998.

[24] 陆陇其.三鱼堂四书大全[M].清康熙嘉会堂刻本.

[25] 陆陇其.松阳钞存[M].清同治至民国刻西京清麓丛书本.

[26] 陈仁锡.续修四库全书:无梦园遗集[M].上海:上海古籍出版社,2002.

[27] 毛奇龄.论语稽求篇[M].北京:中华书局,1991.

[28] 毛奇龄.续修四库全书:四书改错[M].上海:上海古籍出版社,2002.

[29] 戴震.戴震文集[M].赵玉新,点校.北京:中华书局,1980.

[30] 永瑢,等.四库全书总目[M].北京:中华书局,1965.

[31] 段玉裁.说文解字注[M].上海:上海古籍出版社,1981.

[32] 刘宝楠.论语正义[M].高流水,点校.北京:中华书局,1990.

[33] 陈澧.陈澧集[M].上海:上海古籍出版社,2008.

[34] 王昶.湖海文传[M].上海:上海古籍出版社,2013.

[35] 白敏祯.丁若镛的哲学思想研究[M].李永男,译.苏州:苏州大学出版社,2013.

[36] 蔡振丰.朝鲜儒者丁若镛的四书学:以东亚为视野的讨论[M].上海:华东师范大学出版社,2012.

[37] 蔡茂松.韩国近世思想文化史[M].台北:东大图书公司,1995.

[38] 曹海东.乾嘉学术札记训诂理论研究[M].北京:商务印书馆,2020.

[39] 崔冠华.阎若璩与丁若镛古文《尚书》考辨比较研究[M].秦皇岛:燕山大学出版社,2016.

[40] 杜国庠.杜国庠文集[M].北京:人民出版社,1962.

[41] 郭芹纳.训诂学[M].北京:高等教育出版社,2005.

[42] 葛兆光.中国思想史:第1卷[M].上海:复旦大学出版社,2001.

[43] 葛荣晋.中国实学思想史[M].北京:首都师范大学出版社,1994.

[44] 何九盈.中国古代语言学史[M].北京:商务印书馆,2013.

[45] 洪诚.训诂学[M].南京:江苏古籍出版社,2000.

[46] 黄侃,黄焯.文字声韵训诂笔记[M].武汉:武汉大学出版社,2013.

[47] 黄俊杰.东亚视域中的茶山学与朝鲜儒学[M].台北:台湾大学出版中心,2006.

[48] 胡朴安.中国训诂学史[M].上海:上海书店,1984.

[49] 金彦钟.丁茶山《论语古今注》原义总括考征[M].台北:学海出版社,1987.

[50] 梁启超.梁启超谈儒学[M].武汉:华中师范大学出版社,2010.

[51] 梁启超.论中国学术思想变迁之大势[M].上海:上海古籍出版社,2006.

[52] 陆宗达,王宁.训诂与训诂学[M].太原:山西教育出版社,1994.

[53] 陆宗达.陆宗达语言学论文集[M].北京:北京师范大学出版社,1996.

[54] 陆宗达.训诂简论[M].北京:北京出版社,2002.

[55] 李泽厚. 中国古代思想史论 [M]. 北京: 人民出版社, 1985.

[56] 李永男, 金相洪. 丁若镛文学与中国文化 [M]. 桂林: 广西师范大学出版社, 2015.

[57] 李学勤. 字源 [M]. 天津: 天津古籍出版社, 2012.

[58] 李学勤. 简帛佚籍与学术史 [M]. 南昌: 江西教育出版社, 2001.

[59] 李零. 简帛古书与学术源流 [M]. 北京: 生活·读书·新知三联书店, 2004.

[60] 潘重规. 论语今注 [M]. 台北: 里仁书局, 2003.

[61] 钱穆. 中国历史研究法 [M]. 北京: 生活·读书·新知三联书店, 2013.

[62] 区永超. 论语修辞研究 [M]. 上海: 复旦大学出版社, 2018.

[63] 王力. 龙虫并雕斋文集 [M]. 北京: 中华书局, 2015.

[64] 王力. 王力语言学论文集 [M]. 北京: 商务印书馆, 2000.

[65] 王宁. 训诂学原理 [M]. 北京: 中国国际广播出版社, 1996.

[66] 王素. 唐写本论语郑氏注及其研究 [M]. 北京: 文物出版社, 1991.

[67] 邬可晶. 《孔子家语》成书考 [M]. 上海: 中西书局, 2015.

[68] 杨树达. 修辞学讲义 [M]. 北京: 当代世界出版社, 2017.

[69] 杨伯峻. 论语译注 [M]. 北京: 中华书局, 2009.

[70] 杨伯峻. 春秋左传注 [M]. 北京: 中华书局, 1981.

[71] 杨逢彬. 论语新注新译 [M]. 北京: 北京大学出版社, 2016.

[72] 杨昭全. 韩国文化史 [M]. 济南: 山东大学出版社, 2009.

[73] 杨儒宾. 异议的意义: 近世东亚的反理学思潮 [M]. 台北: 台湾大学出版中心, 2012.

[74] 虞万里. 榆枋斋学林 [M]. 上海: 华东师范大学出版社, 2012.

[75] 虞万里. 榆枋斋学术论集 [M]. 南京: 江苏古籍出版社, 2001.

[76] 赵学清. 说文部首通解 [M]. 北京: 中华书局, 2019.

[77] 张国淦. 历代石经研究资料辑刊 (四): 历代石经考 [M]. 北京: 北京图书馆出版社, 2005.

[78] 张舜徽.郑学丛著[M].武汉：华中师范大学出版社，2005.

[79] 张溥.汉魏六朝百三名家集[M].南京：江苏古籍出版社，2002.

[80] 郑远汉.辞格辨异[M].武汉：湖北人民出版社，1982.

[81] 钟书林.知其不可而为之：《论语》研读十二讲[M].武汉：武汉大学出版社，2014.

二、论文

[1] 艾文贺，张黛英，刘昊，等.儒家伦理哲学的新旧基础：以伊藤仁斋、戴震和丁若镛为例[J].社会科学战线，2019（2）：1-17，281，294.

[2] 安允儿.王徵与丁若镛：16至18世纪中韩两位实学家对西洋奇器的研究与制造[J].韩国研究论丛，2007（1）：295-306.

[3] 蔡雁彬.朝鲜时代儿童的伦常教育读本[J].东亚人文学，2012（10）：287-304.

[4] 蔡振丰.由丁茶山的儒学诠释论东亚伦理学的发展[J].外国问题研究，2019（3）：4-12，118.

[5] 陈静.丁若镛上梁文研究[J].集宁师范学院学报，2020（1）：37-40.

[6] 陈来.仁学视野中的"万物一体"论（上）[J].河北学刊，2016（3）：1-6.

[7] 陈来.仁学视野中的"万物一体"论（下）[J].河北学刊，2016（4）：1-7.

[8] 陈冰冰，郝君峰.苏轼的《鱼蛮子》和丁若镛的《耽津渔歌》的对比考察[J].世界文学评论，2010（1）：258-262.

[9] 方浩范，束景南.丁若镛实学中"仁"学思想体系的建构：孔孟仁学思想体系的复归与继承[J].孔子研究，2008（1）：23-31.

[10] 方浩范.茶山丁若镛经学哲学思想[J].周易研究，2014（5）：76-83.

[11] 方旭东.章句之学不可忽：朱子《论语集注》"可与共学"章的章

句问题[J].厦门大学学报,2014(4):102-111.

[12] 方仁,张悦.丁若镛对京房辟卦说的批判[J].周易研究,2016(3):72-80.

[13] 高明文.丁若镛思想中孔子的天命与仁的关系[J].当代韩国,2016(3):61-71.

[14] 何忠礼.高丽朝科举制度要录[J].韩国研究,1996(3):108-138.

[15] 黄怀信.《孔丛子》的时代与作者[J].西北大学学报,1987(1):31-38.

[16] 姜日天.丁若镛的天道观与18、19世纪韩国实学形而上学[J].湖湘论坛,2010(3):86-89.

[17] 蒋丽梅.丁若镛《易》注中的政治思想研究[J].周易研究,2019(5):42-48.

[18] 金香花,刘斌.《孟子》在朝鲜半岛的接受、版本与诠释特点[J].许昌学院学报,2017(6):111-117.

[19] 金弘明.茶山丁若镛的田制论[J].当代韩国,1994(2):80-83.

[20] 金彦钟.丁茶山的仁义礼智观[J].儒学评论,2018(12):251-256.

[21] 贾璐.简论朱熹的训诂原则[J].江南大学学报(人文社会科学版),2015(1):114-120.

[22] 黄卓越.茶山四书经学的返古主义路径:兼论其与朱王之学的关系[J].浙江社会科学,2006(5):140-148.

[23] 刘毓庆.《商颂》非宋人作考[J].山西大学学报(哲学社会科学版),1980(1):61-69.

[24] 李学勤.竹简《家语》与汉魏孔氏家学[J].孔子研究,1987(2):60-64.

[25] 李健胜.从所载子思言行看《孔丛子》的伪书性质:兼说疑古派观点的价值与意义[J].史学月刊,2010(6):106-114.

[26] 李钟虎.以星湖学派为中心的韩国实学思想与退溪学[J].东岳论丛,

1998（6）：81-85.

[27] 李伟，代大为.试论朝鲜王朝茶山丁若镛对王阳明"心学"之融合与发展[J].延边大学学报（社会科学版），2022（5）：40-45，142.

[28] 林忠军.论虞翻卦变说对若镛易学之影响[J].孔子研究，2019（3）：66-77.

[29] 林忠军.中国爻变说与韩国丁若镛爻变哲学[J].学术月刊，2018（10）：30-38.

[30] 林在主，张悦.丁若镛与吴澄的《周易》解释方法比较[J].周易研究，2016（2）：45-55.

[31] 孟琢."训诂通义理"的现代之路：论中国训诂学的阐释学方向[J].中国社会科学，2023（3）：98-115，206-207.

[32] 孟琢.论正名思想与中国训诂学的历史发展[J].北京师范大学学报（社会科学版），2019（5）：67-72.

[33] 欧阳辉纯.自然之性、天命之性与气质之性：儒家忠德视域下朱熹人性论的三个维度与表征[J].宁夏社会科学，2017（2）：22-26.

[34] 彭林.论丁若镛对朱熹《中庸章句》心性说的批评[J].清华大学学报（哲学社会科学版），2005（6）：27-33.

[35] 朴鸿硕.简论丁若镛的民本思想[J].山东师范大学学报（人文社会科学版），2008（5）：73-76.

[36] 任振镐.《论语》及其注释书在韩国古代的发展经过[J].阴山学刊，1997（4）：10-12.

[37] 单江东.礼失而求诸野：评韩国硕儒丁若镛的《与犹堂全书》[J].中国图书评论，2015（9）：121-125.

[38] 唐明贵.何晏《论语集解》探微[J].聊城大学学报（社会科学版），2004（6）：35-39，127.

[39] 唐明贵.朱熹《论语集注》探研[J].中华文化论坛，2006（3）：116-121.

[40] 唐明贵.韩国《论语》学研究概述[J].东北亚外语研究，2019（3）：

8-13.

[41] 魏长宝.论顾炎武的经学思想[J].孔子研究,2000(4):82-89.

[42] 吴东平.数量词的文化建构[J].河南师范大学学报(哲学社会科学版),2002(5):68-71.

[43] 辛源俸.朱熹、毛奇龄和丁若镛的《周易》占筮观比较研究[J].周易研究,2014(5):38-48,57.

[44] 谢栋元.修辞与训诂[J].辽宁师院学报,1982(1):63-69.

[45] 杨逢彬.试证注古书不可轻易否定汉儒成说:以《论语》为例[J].长江学术,2014(2):94-103.

[46] 尤西林.匆忙与耽溺:现代性阅读时间悖论[J].文艺研究,2004(5):23-28.

[47] 于富章."如(若、奈)××何"的结构试析[J].东北师范大学学报(哲学社会科学版),1987(1):89-95.

[48] 虞万里.《诗经》今古文分什与"板荡"一词溯源[J].文学遗产,2019(5):181-186.

[49] 朱七星.朝鲜封建社会末期实学思想的集大成者:茶山丁若镛[J].延边大学学报(哲学社会科学版),1979(A1):23-29.

[50] 张晓波.览镜自鉴:朝鲜丁若镛眼中的中朝科举制度及其科举改革主张[J].暨南史学,2019(1):215-228.

[51] 张春海.试析《牧民心书》中丁茶山的行政思想[J].当代韩国,2001(4):81-84.

[52] 朱岩.韩国奎章阁本《书义》性质与作者再考[J].图书馆杂志,2022(5):128-135.

[53] 金彦钟.辨析茶山丁若镛的论语精义九条[C]//茶山的四书经学:第三届茶山学国际学术研讨会论文集.北京:商务印书馆国际有限公司,2008.

[54] 李成市,尹龙九,金庆浩.刘思孟,译.平壤贞柏洞364号墓出土竹简《论语》[C]//中国文化遗产研究院.出土文献研究:第10辑.北

京：中华书局，2011.

[55] 李昑昊.韩国《论语》学与东亚《论语》学[J].台湾东亚文明研究学刊，2008（6）：257-263.

[56] 李俸珪.韩国学界关于茶山学研究的焦点[C]//黄俊杰.东亚儒学研究的回顾与展望.台北：台湾大学出版中心，2005.

[57] 宋日基.明永乐内府刻本《四书大全》的韩国传入与流通[C]//宫廷典籍与东亚文化交流国际学术研讨会论文集.北京：故宫博物院，2013.

[58] 吴培德.清代《论语》注本举要[C]//孔学研究（第十九辑）：云南孔子学术研究会第十九次学术研讨会论文集.云南孔子学术研究会，2012.

[59] 邢丽菊.韩国实学的发展与茶山丁若镛[C]//实学文化丛书：传统实学与现代新实学文化（二）.中国实学研究会，2017.

[60] 张崑将.丁茶山与太宰春台对《论语》的解释比较[C]//黄俊杰.东亚视域中的茶山学与朝鲜儒学.台北：台湾大学出版中心，2006.

[61] 贾璐.朱熹训诂研究[D].上海：复旦大学，2011.

[62] 李春强.明代《论语》诠释研究[D].扬州：扬州大学，2014.

[63] 宁太兴.丁若镛的《乐书孤存》研究[D].武汉：华中师范大学，2018.

[64] 潘佳淇.丁若镛的心性修养论研究[D].延吉：延边大学，2020.

[65] 谯云云.丁若镛《尚书古训》词义考证研究[D].扬州：扬州大学，2020.

[66] 沈贞玉.韩国《论》《孟》研究典籍解题[D].济宁：曲阜师范大学，2016.

[67] 孙涛.颜元和丁若镛的哲学思想比较[D].延吉：延边大学，2007.

[68] 王静.顾炎武和丁若镛的实学思想比较研究[D].南京：南京师范大学，2020.

[69] 郑令媛.丁若镛《诗经讲义》与朱子《诗》说对比研究[D].深圳：深圳大学，2017.

附录

《论语古今注》《论语》原文后小字汇总

1. 学而篇（凡 16 篇）

1.3 皇本作"鲜矣有仁"。

1.4 皇本作"与朋友交，言而不信乎"。

1.10 石经本"抑与"作"意予"。

1.11 "三年"以下重出《里仁篇》。

1.12 石经无"可"字。

1.15 石经作"贫而乐道"。

2. 为政篇（凡 24 章）

2.7 《盐铁论》作"是为能养"。

2.18 《史记》"学"作"问"。

2.21 石经本"孝乎"作"孝于"。

2.23 陆德明云："'也'一作'乎'。"○谓第一"也"字。

3. 八佾篇（凡 26 章）

3.16 为去声。

3.21 张禹包咸周氏本"问社"作"问主"。

3.23 从平声。

3.26 临去声。

4. 里仁篇（凡 26 章）

4.6 石经本无第一"者"字。

4.10 陆德明云："郑本'适'作'敌'，莫音慕。"

4.13《汉疏》引此章上"礼让为国"，之下多"于从政"三字。

4.18 见音现。

4.26 数入声。

5. 公冶长篇（凡 27 章）

5.10 皇侃本"朽"作"圬"，王肃云："圬，墁也。"

5.17 皇氏本"而敬"之间有"人"字。

5.25 足去声。

6. 雍也篇（凡 29 章，朱子《论语集注》28 章）

6.2《释文》云："他本或无亡字。"

6.3 衣去声。

6.4《集注》连上为一章。

6.8 复去声。

6.21 知、远皆去声。

6.25 皇氏本作"井有仁者焉"。〇案：孔注云："仁人堕井"，皇本盖据是也。

6.28《中庸》作"鲜能久矣"。

7. 述而篇（凡 39 章，朱子《论语集注》37 章）

7.2 识去声。

7.10 皇氏本连上为一章，《集注》亦然。

7.12 《伯夷传》云："富贵如可求。"

7.14 《史记》云："学之三月不知肉味。"

7.16 皇氏本"疏"作"蔬"。

7.17 《史记》"加"作"假"。

7.27 陆德明曰："此旧为别章，今宜与前章合。"○朱子曰："'子曰'字疑衍文。"○案：邢氏本亦合之为一章。然君子善人既非同名亦难殊品恐古本为是。

7.35 郑本皇本陆本无"病"字。

8. 泰伯篇（凡 21 章）

8.1 陆德明云："一本'得'作'德'。"

8.20 陆氏本作"有乱十人"。

9. 子罕篇（凡 31 章，朱子《论语集注》30 章）

9.4 《史记》作"无"。

9.7 《集注》与上章合为一章。

9.8 郑本"空空"作"悾悾"。

9.10 皇氏本云："虽少者必作。"

9.13 贾音估。

10. 乡党篇（为总一章，分为 34 节）

10.3 皇氏本作"左右其手"。

10.4 陆氏本无"进"字。

10.6 皇本无"之"字。【考异】皇氏本"袗"作"缜"，陆氏本"袗"作"紾"。

10.14《说文》"气"作"既",许曰:"既,小食也。"邢曰:"气,小食也。"

10.18 陆云:"《鲁论》'瓜'作'必'。"

10.21 陆本无"阶"字。《郊特牲》无"阶"字。

10.27 重出《八佾篇》。

10.34 郑玄本"时哉"不重言,见陆氏《释文》。

11. 先进篇（凡 25 章）

11.3 旧本德行上有"子曰"二字。《史记·冉伯牛传》亦云:"孔子称之谓德行。"

11.7 皇氏本又有"未闻好学者也"六字。

11.8《史记》"才"作"材"。

11.13 皇氏本"子乐"之下有"曰"字。

11.15 中去声。

11.16 皇氏本"瑟"上有"鼓"字

11.18 皇氏本"辟"或作"僻"。陆云:"匹亦反。"○古本"喭"或作"谚",见《文选》注。

11.20《集解》连上为一章。

11.25 郑本"归"作"馈"。

12. 颜渊篇（凡 24 章）

12.2《史记》作"问政"。

12.5 皇氏本作"四海之内皆为兄弟"。

12.7 皇氏本作"使民信之矣"。

12.10《小雅》"诚"作"成"。

12.12 陆德明云:"子路无宿诺或分别章。"

12.15 皇氏本"子曰"下有"君子"二字。

12.18 皇氏本无上"之"字。

12.19 皇氏本云:"君子之德风也,小人之德草也。"

12.23 皇氏本"忠告而以善道之"。

13. 子路篇(凡 30 章)

13.10《集注》本"期"作"朞"。

13.14《盐铁论》"之"作"诸"。

13.15 皇氏本有"可以"字(即"一言而可以丧邦")。

13.18 郑玄本"躬"作"弓",见《释文》。

13.29 皇本误作"即戎就兵可以攻战也"。

13.30 补曰:当与上章合为一章。

14. 宪问篇(凡 47 章)

14.16《汉书·邹阳传》云:"齐桓公法而不谲。"

14.18《后汉书·应劭奏》"莫"上有"人"字。

14.20 陆氏《释文》"子言"作"子曰"。○皇氏本"道"下有"久"字。

14.21 金云:"《东汉书》引此句作'则其为之也难'。"

14.25 为去声。

14.27《集注》本分为二章。

14.28 皇氏本"而"作"之"。【考异】皇氏本曰:"君子耻其言之过其行。"

14.30 皇氏本"哉"作"我"。【考异】案:"我"字似是。

14.37 皇氏本于"公伯寮"下有"也"字。

14.38 辟去声。

14.39《注疏》连上为一章。

15. 卫灵公篇（凡 42 章，朱子《论语集注》41 章）

15.1 陆本"陈"作"阵"。旧本"明日遂行"属下章。案：《集解》"明日遂行"属之下章，《集注》上下章合之为一，今按《史记》在陈绝粮在去卫七年之后，宜别为一章。

15.6 行皆平声，惟行笃敬去声。

15.17 皇本"慧"作"惠"。

15.24 皇本无"之"字。

15.30 上"过"平声，下"过"去声。

16. 季氏篇（凡 13 章，朱子《论语集注》14 章）

16.1 皇本"持"作"扶"，"扶"作"持"。

16.4 《说文》"便佞"之"便"作"谝"。

16.5 皇本"道"作"导"。○乐并当音洛，唯礼乐之乐音岳。

16.11 "齐景公"以下《集解》《集注》皆分为二章。○皇本"德"作"得"，又无"而"字。

17. 阳货篇（凡 25 章，朱子《论语集注》26 章）

17.1 归、馈同。

17.2 《集注》分为二章。

17.9 《注疏》连上为一章。

17.11 陆本"籥"作"踊"。

18. 微子篇（凡 11 章）

18.4 归音馈。

18.8 《释文》云："'朱张'郑作'侏张'。"

18.10 陆本"施"作"驰"。

19. 子张篇（凡25章）

19.4 泥去声。

19.5 亡音忘。

19.8 文去声。

19.22 识音志。《汉书·刘向传》及蜀石经皆作"志"。

20. 尧曰篇（凡6章，朱子《论语集注》3章）

20.2《集解》《集注》连上连下通为一章。

20.3《集解》《集注》连上二节通为一章。

后记

本书主要分析了《论语古今注》的训诂内容、训诂方法，总结了丁若镛《论语古今注》的训诂特点以及在《论语古今注》中体现出的丁若镛的经学思想。下面就这四方面作一个总结。

关于丁若镛《论语古今注》的训诂内容，本书从考察旧注、解释词义、分析句读、串讲大义、引证据史、说明语法、说明修辞、校勘版本等八个方面对丁若镛的训诂工作进行了细致的梳理。"考察旧注"是对《论语古今注》援引旧注的用例分析，也是对"补曰"和"驳曰"两种基本体例的举例分析。"解释词义""分析句读"和"串讲大义"是对《论语古今注》基本训诂内容的分析，所举的都是比较能体现丁若镛特殊观点的例证，再结合国内注家的见解，对丁若镛的说解进行讨论。"引证据史"是对《论语古今注》"引证""事实"两种体例进一步的剖析，"引证"是引其他经书或史书中与《论语》原文相同的事例或有关的言语，用以佐证词或句的训释；"事实"是引史书中与《论语》原文有关的史实，说明此章的历史背景，帮助理解文意，体现了丁若镛训诂时注重核证古代文献语言的文献精神。"说明语法"分析了丁若镛对于虚词和句法的说解，考虑到时代问题，丁若镛在解释章句时能注意到语法问题，确实难能可贵。"说明修辞"分析了丁若镛在《论语古今注》中主要谈到的两种修辞现象：比喻和互文。"校勘版本"是体现丁若镛实证思想的部分，丁若镛对不同版本《论语》加以比较，同时在"考异"体例中对校勘问题予以辩证。

关于丁若镛《论语古今注》的训诂方法，本书从学理层面训诂学的三种基本训释方法——形训、声训、义训进行了论述。丁若镛在词义训释时能够结合《说文》《尔雅》等小学材料,考证说理也能结合广阔的文献和经书材料,因而取得了较为成功的训诂成果。然而就具体的条例来看,丁若镛的部分词义训诂和方法也存在一些问题,比如对字形的说解有时望文生义,对六书的概念认识不清、不能充分地运用因声求义之法,部分字词释义出现偏差等等。

关于丁若镛《论语古今注》的训诂特点,第一点是广征博引。中国之汉儒、宋儒、元明清诸儒、日本之古学派及朝鲜之先贤的注说,丁若镛皆有所引。并且站在相对客观的立场上,以追求经典原义为目的,对各家的注解均有批评与认同。第二点是释经体现出对孔子和《论语》的尊崇,丁若镛通过分析孔子当时所处的年代背景、社会环境,以及孔子的其他言论,从思想的一致性和逻辑的合理性上来解读《论语》中孔子的言行记录,释经时充分展现对现实情理的尊重,也是其实学思想主导下的训诂成果。第三点是重视训诂,但更重义理。虽然丁若镛重视字词训诂,但是其经学的研究目的却在义理,所以,丁若镛的经学不是惟汉以尊或惟宋为是,而是折中于汉宋,从《论语古今注》中反映出丁氏"由训诂通义理"的释经路径。

也正是因为丁若镛所遵循的释经路径,所以其训诂明显是为义理服务的,因此我们有必要探讨一下丁若镛所寻求的义理,即在《论语古今注》中反映出的丁若镛的经学思想。

丁若镛最根本的经学思想追求,也是其思想体系的基调即实学,撇开政治学著作上体现出来的各种实学思想不谈,经学上体现出来的实学思想主要有两点:求实证和重实践。丁若镛的实证主义思想在解经中体现为两点,一则是对经典原文本身的求证,二则是对经典解释的求证。而重实践则是强调经学在政治实践上的理论指导,将"修身治人"的思想落实到执政理念上,一则主张为君正己,先修己再治人,先正己再正人;二则主张以仁牧民,向人之爱,推己及人。

而丁若镛实学思想体系的哲学基础则是"仁",丁若镛的仁学观有着鲜明的个人特色,其以"二人为仁"作为"仁"字的训释,我们可以在丁若镛的仁学主张中看到非常积极的社会互动性和人伦道德性,这也是其思想与理学最大的差异,即丁若镛认为"仁"不在天道、天理或本心,而在人与人之间,也就是丁若镛一直强调的"二人为仁"。

朱子学是研究丁若镛思想不可缺少的维度,丁若镛与朱子学的关系并不像之前的学者简单贴上"反朱子学"的标签这么简单。纵观茶山学,丁若镛对于朱子的学说是持有双重态度的,首先,丁若镛对朱子本人有着相当的敬意,认同朱熹"由训诂通义理"的释经理念,赞扬朱熹的释经成就,并且维护朱熹的部分训诂成果。但如果从阐发经书义理的角度就可以看到丁若镛"反朱子学"的一面:当涉及伦理学导向与性理学导向分歧的核心概念时,丁若镛都毫不迟疑地站在了朱子的对立面,以反性理观的理论基础立论。从《论语古今注》的训诂之中我们可以看出丁若镛深厚的经学思想,丁若镛正是立于贯通汉宋的学术立场,对二者进行兼采与扬弃,因而能在"训诂通义理"的道路上走得更远,这也是现代训诂学者能从丁氏著作中得到的启示。

丁若镛《论语古今注》的训诂内容是丰富的,其中运用到的训诂方法全面而客观,对于《论语》的注释研究具有重要意义。前人对于丁若镛的研究多集中在思想文化方面,也仅仅将《论语古今注》作为旁证其哲学思想的文献之一,忽视了《论语古今注》注释训诂方面的成就与研究价值,这是前人研究的一个不足之处。

作为朝鲜后期的儒学大师兼实学派扛鼎者,丁若镛的学问体系集众家之长于一身。丁若镛受中国儒学、朝鲜实学、西学、日本古学派的影响,"是具有东亚及西学视野的学者"[1],这种多维度的影响也反映在《论语古今注》中。陈澧说:"所谓下己意,非必尽出己说,但以己意引众家之说,即是己意。"[2] 丁若镛此书博引众家之言,便是一"引"字显其功力。丁若镛以其独到而广阔的视野所征引的注说涉及古今与异国,在理解、综合、发挥、评判的基础

---

[1] 蔡振丰:《朝鲜儒者丁若镛的四书学——以东亚为视野的讨论》,华东师范大学出版社,2011年,第23页。

[2] 陈澧:《陈澧集·东塾集外文:与徐子远书之二》,上海古籍出版社,2008年,第456页。

上对各家注说"是其所当是，非其所当非"，进退取舍之间，丁若镛的训诂思想已在其中了。丁若镛最重要的训诂思想在于考据与义理并重，对朱子之学有批评也有继承，尤其对于汉儒旧注的态度，实在是超前而又理智。因此，丁若镛无愧为朝鲜王朝《论语》注释的集大成者。

　　本书是在笔者硕士毕业论文的基础上扩充改进而成，论文的选题在研二时选定，那时承蒙导师引荐，到韩国利川高中任教一年，发现古代韩国（主要指朝鲜王朝）的学者深受中国传统文化的影响，并且对于中国经学的研究也是成就斐然，所以选取了儒学大师丁若镛的著作作为研究对象，希望能为东亚经学的研究尽一份微薄的力量。本书的出版要感谢笔者的硕导赵学清教授和师母蒋鹏举老师，导师和师母总是对笔者温言勉励，关怀备至；同时，笔者的博导虞万里教授对本书的写作也提供了宝贵的意见，深谢各位老师的帮助和关心。此外，还要感谢冯新宏老师和邱水鱼老师对本书的认真校对和辛勤付出。本书在论述时虽力求客观全面，但囿于个人能力，仍有许多不足亟待改进，仍有很多问题没有说清，希望各位专家学者多多批评指正。

v